KB102890

**20년차 신 부장의
채권투자 이야기**

20년차 신 부장의

채권투자
이야기

신년기 지음

지음

다가오는 시대의 투자자들에게 가장 중요한 것은 다양성과 전문성이다. 이런 관점에서 볼 때, 채권 투자는 그 어느 때보다 중요하고 필요한 시점에 접어들었다. 아이러니하게도 우리나라 서점에는 채권에 대한 전문적인 책을 거의 찾아보기 힘들다. 이런 점에서 이 책은 그 자체로 가치가 있다.

최근의 매크로 경제 상황은 불확실성이 가득하다. 어느 방향으로 움직일지, 다음 순간에 어떤 도전이 우리를 기다리고 있을지 예측하는 것은 점점 더 어려워지고 있다. 채권은 이런 불확실성 속에서도 투자자에게 안정적인 수익을 제공할 수 있다. 뿐만 아니라 최근 상장된 채권형 ETF를 이용하면 개인도 이제는 글로벌 헤지펀드의 다양한 전략을 구사할 수 있다.

무엇보다 이 책의 가장 큰 가치는 신년기 상무님의 깊이 있는 경험과 통찰력을 공유한다는 데 있다. 그의 다양한 채권투자 경험은 투자의 세계를 이해하고, 성공적으로 이를 활용하는 데 있어 평범한 개인 투자자들에게 매우 유용한 가이드가 될 것이다. 그래서 나는 이 책을 망설임 없이 추천한다.

– 김동주(김단테, 업라이즈투자자문 대표, 「절대수익 투자법칙」 저자)

코비드 팬데믹이 끝나고 오랜만에 들어가는 서울 출장에서 만난 저자와의 저녁자리에서 곧 해외채권 관련 책 출간을 준비한다는 소식을 처음 접했습니다. 저자의 채권투자 실력을 직·간접으로 경험했던 업계 선배로서 많은 기대와 함께 '혹시나 너무 전문적인 내용으로 흘러가지 않았으면 좋겠는데' 하는 우려는 책을 읽으면서 깨끗하게 사라졌습니다.

항상 공부하면서 해외 채권시장에서 일어나는 많은 궁금증에 대한 날카로운 질문과 대답은 수많은 국내외 채권투자 전문가와의 커뮤니케이션을 통해 저자 고유의 훌륭한 지적 자산으로 채워졌음은, 오랜 기간 옆에서 지켜보고 직접 경험한 본인에게는 의심의 여지가 없습니다. 특히 저자의 캐릭터라 할 수 있는 배우고, 연구하고, 추진하는 능력은 탁월합니다.

본문에서 저자는 해외채권(Global Fixed Income)이라는 다소 무거운 주제를 현실에서 실제 접할 수 있는 실용적인 내용으로 꾸려 잘 설명하고 있습니다. 단순한 채권투자 전략과 이론에 관한 내용보다는 투자 경험을 바탕으로 재미있게 기술된 실제 투자 기회와 사례를 간접 체험한다는 점에서 이 책은 차별화될 수 있다고 생각합니다. 해외채권을 투자하고 있는 현직, 해외채권 운용역을 꿈꾸는 학생은 물론, 관련 투자 부서에서 막 배치된 신입 직원들에게 꼭 추천하고 싶은 책입니다. 이 책을 읽고 지적 호기심을 채우는 독자들에게 큰 도움이 되기를 바라며, 저자에게도 큰 자랑이 되기를 바랍니다.

– 국준호, 롬바드오디에 한국담당 대표

이 책은 해외채권 운용 분야의 베테랑인 저자가 해외채권형 ETF 투자에 대해 본인의 실제 운용경험을 바탕으로 이론적인 내용은 물론 실제 투자 사례를 중심으로 쉽고 재미있게 알려주고 있어 참신성이 돋보인다. 해외투자에 관심이 있는 독자들에게 일독을 적극 권한다.

– 김상근, 신한은행 자금시장그룹장

월간 한 번 있는 본부의 모든 딜러와 간부가 모여서 하는 월간 운용전략 회의 때였습니다. 외화채권 운용팀에서 주제를 선정해서 발표하는 날이었습니다. 최근의 시장은 금리는 올라갈 것 같고 크레디트 스프레드는 확대될 것 같은 전망이 유효한 상황이었습니다. 이런 상황에서 매수 위주의 포트폴리오를 가지고 있을 수밖에 없는 해당 팀으로서는 빠른 시간 내에 상당 부분의 채권을 매각하는 것 이외엔 달리 시장에 대응할 수 있는 수단이 없던 상황이었습니다. 이때 신년기 팀장은 금리가 상승할 때 수익을 취할 수 있는 ETF와 크레디트 스프레드 헤지형 펀드를 투자하여 보유 포트폴리오를 급격하게 매각하여 변경하는 것보다 빠르게 리스크를 헤지하고 시장대응력을 높이겠다고 발표했습니다.

항상 그랬습니다. 본인이 맡고 있는 팀의 운용 제한 상황을 탈피할 수 있는 상품을 제안하고, 신상품 검토서를 올리고, 제한 완화를 요청하고, 신규로 운용 가능한 상품에 편입을 위원회에 상정하고, 관련 당사자를 설득하고, 본인의 힘으로 안 되면 본부장이나 부장에게 지원사격을 요청하고, 남들은 1년에 한 번도 잘 하지 않는 제안을 수시로 하였습니다. 상급자 입장에서는 참으로 잠시도 쉴 틈을 주지 않고 계속해서 고민하고 공부할 거리를 던져주는 괘씸한 부하직원이기도 했습니다.

이 책은 신년기 팀장의 고민과 경험에서 나온 초연결된 글로벌 금융시장에서 무엇을 보고, 어떻게 판단해야 할지 기준이 부족한 일반 투자자를 위해 가장 중요한 경제지표에 대한 이해와 정책 수단인 금리에 대한 전망 및 위험신호인 크레디트 스프레드 등에 관한 개념을 정립할 수 있는 좋은 가이드가 될 것입니다.

우리는 한국에 살지만, 이제는 미국 및 선진국 시장의 금융시장 상황과 정책의 결과에 자유로울 수 없고, 중국 등 이머징 시장이 급변하는 상황에서도 자산을 안전하게 지키고 수익을 달성해야 하는 상황입니다. 이 책은 그러한 상황에 대한 지식이 필요한 분들에게 중요한 기본적인 프레임을 제공해 줄 수 있는 역할을 할 것으로 보입니다. 주요 선진국의 경제지표의 흐름을 읽고 의미를 파악하고 시장의 변화에 대하여 끊임없이 집중하는 것이 현대 금융시장에서 가장 필요한 미덕이고 자질이라는 것을 알려줄 것으로 기대합니다.

– 임한규, KR투자증권 부사장(전 신한은행 GMS본부 본부장)

2020년 팬데믹 회고, 그리고 ETF와의 만남

"오늘은 얼마 깨졌냐?"
"전일 대비 100억 원 추가 평가손실이 발생했습니다."

2020년 3월, 코로나 확산으로 세계보건기구, WHO^World Health Organization^
는 전염병이 전 세계적으로 유행하는 현상인 팬데믹Pandemic을 선언하였습
니다. 그리고 전 세계 모든 경제활동이 멈췄으며, 주가와 크레디트 채권가
격은 급락을 거듭하였습니다. 1조 원 이상의 해외채권 포트폴리오를 운용
하고 있는 팀의 책임자로서, 제가 낼 수 있는 해답은 없었습니다. 그저 눈
뜨고 매일 적게는 수십억, 많게는 100억 원 이상 손실이 발생하는 '비극'
을 그저 바라만 볼 뿐이었습니다.

금융시장에 참여하는 기관투자자의 일원으로, 채권 운용역은 운용상품
의 종류와 시장 상황과 관계없이 수익을 꿈꾸며 도전합니다. 매일 촌각을
다투며 시장 흐름에 집중하면서 때로는 과감한 베팅을, 때로는 무한한 인
내심으로 수익을 내기 위해 노력합니다. 그 과정에서 이루어낸 수익의 희
열은 그들만이 느낄 수 있는 감정일 것입니다.

아무것도 할 수 없었습니다. 그저 금융위기 때처럼 회사들의 연쇄 부도를 걱정하는 상황이 아니니 일단 손절매를 유보하고 지켜보는 것 이외에는 어떤 방법도 찾을 수 없었습니다. 보유의 고통은 컸습니다. 왜 진작에 포지션을 줄이지 못했을까, 안전자산인 달러를 충분히 사놓지 못했는가라는 후회는, 한때 드넓은 초원에 자리 잡은 목장이던 공단에서 노스텔지어를 꿈꾸는 어린 목동의 헛된 꿈일 뿐이었습니다.

주말에도 침대에 누워 눈을 감고 억지로 잠을 청하든지, 아니면 멍하게 천장만 바라보고 있었습니다. 아내가 바람이라도 쐬자며, 간만에 주변 율동공원 호수를 산책합니다.

"개나리가 피었네. 내가 좋아하는 프리지어도 피었어. 이거 연애할 때 오빠가 자주 사주었던 꽃들이네."

춘래불사춘春來不似春. 봄은 왔지만, 봄 같지가 않습니다. 평소라면 잠시나마 활짝 핀 꽃을 보며 아내의 감탄에 호응하겠지만, 당시에는 그저 멍하니 바라볼 뿐입니다. '백신도 치료제도 없는 상황에서, 다시 우리가 일상생활을 회복할 수 있을까? 그리고 금융시장이 정상화되어 주식도, 채권가격도 제자리를 찾을 수 있을까?' 하는 생각뿐이었습니다.

그러던 어느 날, 저에게 한 줄기 희망의 빛이 되는 뉴스를 접하게 되었습니다. 2020년 3월 23일 한국시각 늦은 밤, 미국 중앙은행인 연방준비위원회(연준)에서 회사채를 매입하겠다는 뉴스를 접합니다. 투자등급 채권매입, 그리고 하이일드 등급을 포함한 ETF 상품 매입 등을 포함한 세부내용과 함께 말이지요. 세부내용 중 눈에 띄는 자산은 ETF였습니다.

'연준에서 채권과 더불어 ETF를 매입하기로 결정했을까?'

제가 연준의 입장이 되어서 생각해보았습니다. ETF를 매입한다는 것은 그것이 추종하는 벤치마크 안에 들어가 있는 모든 채권을 매입하는 효과를 가져옵니다. 예를 들면 당시 신용등급이 투자등급에서 하이일드로 강등(Fallen Angel 또는 '추락천사'라고도 합니다)당한 포드라는 회사가 발행한 특정 채권을 매입하면 포드만을 도와주는 것이 됩니다. 그러나 FALN US - iShares Fallen Angel ETF에 편입되어 있는 모든 Fallen Angel 채권을 대상으로 유동성을 공급한다는 효과를 가져오게 됩니다. 연준은 이 확산 효과를 기대했을 것입니다.

모든 종목이 확산 효과와 함께, 동반 상승할 것이라고 저는 확신했습니다. 그리고 ETF를 가지고 다양한 전략을 조합할 수 있습니다. 전통적인 듀레이션에 베팅하는 채권형 ETF뿐만 아니라 금리 상승 때 수익을 얻는 상품, 크레디트 강세에 베팅하는 이자율 에지형 ETF, 미 달러 대비 강세를 기대하는 이머징 마켓 및 중국 위안화 통화 표시 채권 ETF 등으로 새로운 포트폴리오를 만들 수 있습니다.

2020년 하반기에 위험자산이 초강세로 극적으로 전환하면서, 저희 포트폴리오에 편입한 ETF들은 쏠쏠한 수익을 거두었습니다. 이제 매일매일 승전고를 울립니다. 3월 한 달 동안 방에 틀어박혀 멍하니 천장만 바라보았던 바보 같은 나의 모습은 사라지고, 같이 고민하고 치열하게 시장과 싸워준 동료들과 웃음꽃이 피어납니다.

그러나 이듬해인 2021년부터 과잉 유동성에 따른 인플레이션에 대한 우려, 이에 대한 연준의 소극적인 대응으로 인하여 2022년부터 저희 세대에서는 그동안 경험하지 못했던 인플레이션 시대를 맞이하였습니다. 연준은 그간의 대응에 실수를 인정하면서 뒤늦게 급한 기준금리 인상, 양적 축소 등의 일련의 긴축정책을 실행했습니다. 그 결과 다시 주식, 채권가격은 급락하는 결과를 가져왔습니다.

펜데믹에 따른 짧지만 깊은 경기침체의 늪, 그리고 연준을 대표하는 중앙은행들의 과감한 완화적인 통화정책, 정부의 재정정책으로 인하여 경기가 빠르게 회복하고 안정을 찾는 과정을 거치더니, 과잉 유동성과 함께 빠른 경기확장 국면에 들어서면서 40여 년 만에 찾아온 고물가 시대를 맞이하게 된 것입니다. 기간의 길고 짧음은 차치하고서라도 경기사이클은 존재한다는 것을 불과 2년 사이에 실제로 경험하게 된 것이지요.

오크트리 대표인 하워드 막스는 금융위기 당시 과감하게 부실채권 펀드 내에 동 채권들을 매입하여 높은 수익률을 얻었는지에 대한 대답으로 "나는 앞으로 일어날 일에 대해서는 알 수가 없다. 다만 현재 내가 경기사이클상 어느 위치에 서 있는지는 충분한 훈련을 통하여 알 수 있었다. 거기에 따라 투자 원칙을 정하였을 뿐이다"라고 하였습니다. 즉 현재 내가 서 있는 경기사이클이 어디인지 정확히 알고, 거기에 맞는 상품을 투자하는 것이 위험관리와 높은 수익을 동시에 이루는 것이라고 깨달았습니다.

향후 어떤 경기사이클이 어떻게 다가올지 정확하게 예측하는 것은 '신의 영역'입니다. 그러나 적어도 어떠한 경기사이클이 오더라도 이에 대비하는 공부는 반드시 필요합니다. 따라서 제가 커리어 대부분을 보냈던 해외채권 분야와 해외채권형 ETF 상품을, 경기사이클별로 분류하고 이것을 독자에게 알리고 싶었습니다. 저의 분류가 반드시 정답은 아닙니다. 정치를 흔히 살아 움직이는 생물이라고 하듯이, 운용하는 사람은 스스로 자기의 위치를 해석하여 변할 줄 아는 카멜레온과 같아야 한다고 생각합니다.

지난 팬데믹 이후 흔히 '서학개미', '로빈후드' 등의 별칭을 얻으며 전 세계 수많은 개인투자자가 미국 주식, ETF에 투자하여 높은 수익률을 얻었습니다. 그 과정에서 해외 금융시장에 대한 이해와 투자에 대한 자신감이 쌓였습니다. 2022년 세계 각국에서 겪고 있는 고물가 시대, 그리고 중앙은행의 기준금리 인상 및 소위 양적 축소라고 일컫는 유동성 회수 등 긴축정책으로 금리가 치솟고 주식을 대표하는 위험자산 가격의 하락을 겪었습니다. 이 과정을 보면서 저는 두 가지를 확신하게 되었습니다. 그것은 예전과 달리 개인투자자들의 금융 지식이 높아졌다는 것과 이를 바탕으로 해외채권에 대한 투자 수요가 높아질 것이라는 기대감입니다. 그것의 투자 방법은 주로 해외에 상장된 ETF가 될 것입니다.

이 책은 미국에 상장된 해외채권형 ETF를 중심으로 설명합니다. 구성은 네 개의 대주제로 이루어졌습니다. Part 1에서는 채권의 기초 및 주요 전략에 대해 기술하였습니다. 이론 나열식이 아닌 실무에서 바로 사용할 수 있는 핵심 내용을, 사례 및 문제를 직접 풀어보는 형식으로 이야기를 전개함으로써 이해하기 쉽게 서술하였습니다.

Part 2에서는 ETF 투자에 있어서 알아두어야 할 사항과 해외채권형 ETF에 대해 소개하였습니다. ETF 상품 내용 및 용어 설명에 중점을 두어, Part 3~Part 4를 이해하는 데 도움이 되도록 구성하였습니다.

Part 3은 해외채권시장에 가장 영향을 미치는 고용, 물가, 성장과 관련한 경기지표를 설명하고, 이 경기지표가 채권 금리 및 크레디트 스프레드에 미치는 영향을 사례로 들어 서술하였습니다. 이어 경기사이클에 따른 '채권가격－금리 및 크레디트 스프레드－흐름'을 언급한 후, Part 2에서 서술한 채권 전략에 따른 해외채권형 ETF 리스트를 기반으로 적합한 상품을 예시로 보여주었습니다.

Part 4는 경기사이클에 맞는 해외채권형 ETF 투자 사례를 22개의 에피소드 형식으로 풀어나갑니다. 필자의 경험을 토대로, 투자 의사결정 과정을 생생하게 묘사하여 마치 독자가 의사결정을 하는 트레이딩 현장에 있는 느낌을 받을 수 있도록 노력하였습니다.

이 책의 이야기를 전개하는 신 부장은 해외채권 운용 20년 경력의 베테랑입니다. 그가 강단에서 설명하는 이론 및 적용 사례, 그리고 가상의 국내 1위 자산 규모의 시중은행 외화채권부에서 팀원들과 투자 의사결정을 하는 과정은 실제 저의 경험 사례들을 중심으로 서술한 '팩션Fact+Fiction'입니다.

여기서 언급하는 ETF 상품들은 해당 경기사이클에 적합한 하나의 예시이며, 유사한 상품 리스트는 Part 2의 3장에 카테고리별로 정리하였습니다. 저는 이 책을 통해 독자들이 특정 경기 상황에 적합한 상품을 소개하는 '백과사전'으로 활용하기를 기대합니다. 그리고 생생한 현장의 대리 체험을 통하여 재미와 박진감을 느꼈으면 합니다.

신달라 부장

해외채권 운용 20년 경력의 베테랑, 강의를 통해 실무에 필요한 스킬과 자신의 해외채권 시장의 노하우를 전하고 있다. 함께 일하는 직원들의 의견을 경청하고, 상품에 대한 이해가 완벽하게 되면 빠르게 결정을 내린다.

두동강 차장

리스크부서 출신의 외화채권부의 2인자이자 채권운용 경력 10년 차, 매사 조심스러운 성격으로 신달라 부장에게는 '악마의 변호인'으로 불린다.

차영하 과장

평균회귀의 법칙을 신봉하는, 일명 미스터 민(Mr. Mean)으로 불림. 시장 분석 능력이 뛰어나 신 부장에게 유난히 신뢰를 받는 직원이며, 평소 말꼬리가 긴 것이 특징이어서 신 부장에게 늘 지적당하곤 하지만, 상대의 기분을 잘 맞춰주는 것이 장점이다.

안예슬 대리

연차가 낮고 먼저 나서서 말하는 것을 꺼리는 성격이지만, 평소 항상 백데이터를 준비하고 지시에 충실하다. 또한 배우려는 의지가 강하다.

김승리 주임
국내 최고의 금융공학대학원인 가이스트에서 박사 학위를 받은 수재로, '젊은 천재'이다. 역발상에 능하고 부서의 막내이지만 시장을 보는 시각, 자신감이 있다.

장대성 본부장
고래고래 소리를 지른다고 해서 '장 고래'라는 별명으로 불린다. 직원들과 논의를 통해 함께 일한다는 느낌을 주는 신 부장과는 다른 유형의 인물이다.

안이가
채권운용에 관심이 많은 신입사원

오만기
수업 참여도와 채권에 대한 이해도가 높은 신입사원

어벙철
신입사원 연수를 마치고 개인퇴직연금부로 발령받은 신입사원. 적극적인 수업 태도는 좋으나 응용력이 살짝 아쉽다.

PART 3 ▬▬▬▬▬▬▬▬▬▬▬▬▬▬▬

미 연준이 중시하는 경기지표 및
경기사이클에 따른 채권가격

PART 4
경기사이클에 적합한 해외채권형 ETF

PART

1

채권투자,
이것들만 알아두면
투자가 쉬워진다

01

금리: 채권의 '가격'

신달라 부장은 직장생활 25년 중 20년을 해외채권 운용에 종사한 1세대 포트폴리오 매니저입니다. 2018년 3월 신난은행에 경력직으로 입사하여 현재 외화채권부 부장으로 근무하고 있습니다. 호탕하고 다혈질이면서도 동료들의 의견을 적극적으로 경청하며 토론을 좋아합니다. 그런 그가 2023년 1월 30일부터 신난은행의 200명 신입사원을 대상으로 2회 차에 걸쳐 채권투자 기초에 대한 강의를 하기로 되어 있습니다.

'채권의 복잡한 용어, 복잡한 수식을 가지고 설명하면 듣는 사람들이 이해하지 못하고 기억에 남는 것도 없을 거야. 최대한 간결하게, 그리고 재미있게 설명해야지.'

드디어 신입사원들과 만나는 시간. 전 직장이었던 오이디푸스 자산운용 매니저 시절, 금융투자협회에서 '해외채권의 이해'라는 과목으로 강의한 이후에 7년 만에 강단에 섰습니다. 떨리는 마음을 가다듬고, 그는 무거운 입을 엽니다.

"안녕하세요, 신입사원 여러분! 신난은행 입사를 진심으로 환영합니다.

저는 외화채권부 신달라 부장입니다. 오늘과 내일 이틀 동안 매일 2시간씩 채권의 기초에 대하여 설명해드리겠습니다."

우레와 같은 박수가 나오자 신 부장은 처음 떨리던 마음을 조금이나마 다잡습니다.

"자, 그럼 주식투자를 안 해본 사람 손들어보세요."

단 한 명도 손을 들지 않습니다. 마치 그들을 주린이(주식 어린이, 즉 주식 초보자의 별칭)로 보지 말라는 간접적 행동이랄까?

"네, 보니까 주식은 여러분 모두에게 친숙한 단어 같아요. 저는 실제로 '서학개미', '동학개미' 이런 말들은 주식에 적극적으로 투자하여 돈을 벌게 된 젊은이들 중심으로 만들어진 단어라고 생각하거든요. 그러면 질문을 한 가지만 더 해봅시다. 채권을 직접 투자하거나 적어도 채권형 펀드나 ETF에 투자해본 사람은요?"

주식투자를 해보지 않은 사람만큼 채권을 투자한 사람이 많지 않습니다.

"네, 채권은 여러분에게 생소한 단어로 보이네요. 그러면 본격적으로 채권에 대하여 설명해드리겠습니다."

신 부장이 노트북으로 화살표 키를 누르자 연결되어 있는 앞 모니터 화면이 바뀌면서 한 단어가 나옵니다.

빚

신 부장이 앞에 있는 한 직원을 지목하면서 묻습니다.

"주식은 한마디로 정의하라면 뭐죠?"

"회사에 대한 권리입니다."

"빙고! 자, 여기 이분에게 모나미 볼펜 5자루 선물로 드립니다."

신 부장이 미리 선물로 준비해둔 모나미 볼펜 5자루 묶음을 직원에게 줍니다. 역시 청중의 관심을 끄는 방법은 다양한 질문과 부담 없는 선물 증정입니다.

"이분께서 말씀하신 것처럼 주식은 주주의 권리를 나타내는 증서입니다. 반면에 채권은 발행자인 기업이 채권 보유자에게 '언제까지(채권 만기) 여기 적혀 있는 금액만큼(원금), 일정기간 동안 얼마의 이자를 내고 갚겠습니다' 하는 일종의 빚입니다.

그러면 한 가지 더 묻겠습니다. 첫 질문에서 주식투자를 안 해본 분이 없다고 하셨어요. 주식투자를 할 때 그리고 파셨을 때, 여러분은 분명히 시장에서 보이는 가격으로 하셨을 거예요. 채권시장도 분명히 있거든요. 그러면 우리가 시장에서 거래할 때 채권가격이라는 것도 있을 거잖아요. 이것이 무엇일까요?"

아직 채권은 생소한 개념입니다. 그러나 채권을 만기까지 보유하면, 채권 발행자가 망하지 않는 한 원금을 받을 수 있으며 만기까지 이자를 받는다는 설명을 하기 위하여 온갖 이론을 설명하면, 1년이 지나도 모자랍니다. 채권의 본질을 설명하고 그들이 실무에 나가서, 그리고 개인투자로 채권, 또는 채권형 상품을 사게끔 하는 것이 이 강의의 목적입니다.

잠시의 적막을 깨고 한 여직원이 대답합니다.

"금리 또는 수익률 아닌가요?"

"제대로 말씀해주셨습니다. 이번에는 은행원의 필수품, 팔 토시 한 세트 드립니다."

청중들의 웃음과 여직원에 대한 파이팅 목소리가 섞인 틈에, 신 부장은 슬라이드 한 장을 넘깁니다.

금리

"맞습니다. 채권의 가격은 이 금리로 표현합니다. 그리고 금리는 매일 변합니다. [그림 1-1]은 미 연방정부에서 발행하는 국채, 또는 Treasury Note 10년 만기의 최근 1개월간의 변화입니다."

슬라이드를 한 장 넘기자 그래프가 나옵니다.

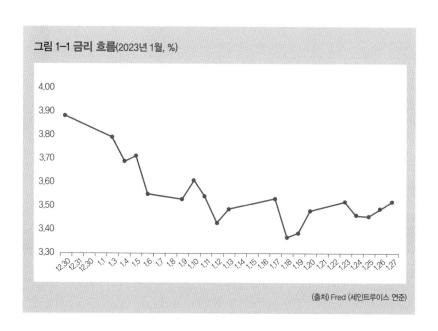

그림 1-1 금리 흐름(2023년 1월, %)

(출처) Fred (세인트루이스 연준)

"그런데 저를 포함하여 채권을 운용하는 사람들은 채권시장에서 거래를 하잖아요. 그러면 금리를 가격으로 바꿔야겠지요? 자세한 것을 이야기하기 전에 다음 그래프를 한번 볼까요?"

신 부장이 다음 슬라이드로 넘기자, 금리 그래프를 뒤집은 것 같은 그래프가 나옵니다.

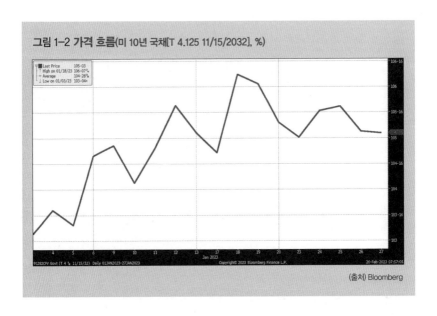

그림 1-2 가격 흐름(미 10년 국채[T 4.125 11/15/2032], %)

(출처) Bloomberg

"채권투자자들은 이와 같이 시장에서 형성하는 가격을 가지고 거래를 하게 됩니다. 그러면 채권의 가격을 금리라고 했는데, 이 금리와 가격 간에는 어떤 관계가 있을까요?"

앞에 앉은 뿔테 안경을 쓴 남직원이 손을 들고 대답합니다.

"마, [그림 1-1]의 금리 그래프하고, [그림 1-2]의 가격 그래프 모양을 보니까 서로 데칼코마니 모양을 하고 있는데, 이거 서로 반비례하는 거 아입니꺼?"

"정답입니다. 먼저 교과서에 다음의 나오는 그래프 보여드릴게요."

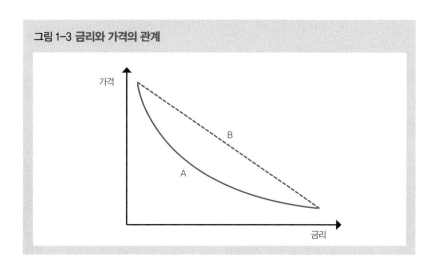

그림 1-3 금리와 가격의 관계

"금리와 가격의 관계는 [그림 1-3] 그래프의 A에서처럼 반비례 관계입니다. 이것을 수식으로 표현하면 다음과 같습니다."

$$p = \frac{c}{(1+y)^1} + \frac{c}{(1+y)^2} + \cdots + \frac{c}{(1+y)^n} + \frac{M}{(1+y)^n}$$

c = 매기간 이자지급액

y = 채권 이자율

n = 채권의 만기

M = 채권의 액면가

(출처) https://terms.naver.com/entry.naver?docId=3431645&cid=58438&categoryId=58438

"마지막으로 지금 여러분 앞에 있는 노트북에서 '엑셀 파일 1. 금리'를 열어보시고 실습을 한번 해보시죠. 두 가지 경우의 금리를 적용하여 가격을 계산해봅시다. 엑셀에 나온 것처럼 만기 5년, 즉 2028년 1월 30일, 이자지급 주기 연 2회, 이자지급을 위한 쿠폰금리 연 4%, 원금이 100일 때, 현재 금리가 1~20%일 때를 감안하여 채권가격을 계산해봅시다. 엑셀 식은 다 만들어놨습니다. 빨간색 셀, 20% 지점까지 마우스로 드래그해보세요. 그래프도 저절로 그려질 겁니다."

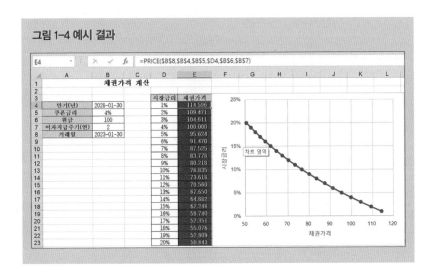

그림 1-4 예시 결과

"채권의 시장금리가 높아질수록 이 수식, 그리고 예제를 통하여 확인하였습니다. 오늘 1교시에 여러분은 이것만 기억하면 됩니다. 채권은 '빚'이고, 채권가격은 금리로 표현된다. 그리고 채권 금리가 높아질수록 가격은 하락한다. 그러면 작년에 왜 금리가 올랐는지는 다음 시간에 다루도록 하겠습니다. 이상 1교시를 마치겠습니다. 10분간 휴식입니다."

신 부장이 수업을 마치고 강단을 내려오려 할 때, 남직원이 다가왔습니다. 의례적인 질문을 하겠거니 생각할 찰나,

"부장님, 지가 가격과 금리 관계를 맞췄지 아입니꺼. 제 선물은 읍습니꺼?"

02

금리의 해부:
신 부장의 신박한 금리 분석

"잘 쉬셨습니까? 지난 시간에 주식은 주당 가격, 그리고 채권은 금리로 가격을 표현한다고 말씀드렸습니다. 그러면 시장에 형성되어 있는 금리가 상승할수록 채권가격은 어떻게 된다고요?"

"가격은 하락합니다!"

앞에 앉아 있는 신입사원 몇 명이 조용하게, 그러나 입을 맞춘 듯 대답합니다.

"좋습니다. 그러면 제가 오늘 '낭만닥터 김사부'가 되어서 금리라는 녀석을 해부하여 둘로 쪼개보겠습니다. 그에 앞서 3년 전 코로나 확산 및 팬데믹 선언 즈음에 나온 뉴스를 하나 볼까요? 참고로 요즘 핫한 ChatGPT[1]를 활용하여 기사 하나 가져왔습니다."

신 부장이 새로운 슬라이드를 넘기자 영문 기사 한 편이 나타납니다.

---

1 Chat Generative Pre-trained Transformer의 줄임말이며, OpenAI가 개발한 대화형 인공지능 챗봇이다. 2020년 2월 초 마이크로소프트에서 OpenAI에 100억 달러 규모 투자를 결정하였으며, 동 기술을 자사 검색엔진인 Bing에 탑재하는 등 전방위적 기술 적용에 나서고 있다.

"U.S. Treasury yields fell on Monday as investors sought safe-haven assets amid fears about the economic impact of the coronavirus, but credit spreads widened as concerns mounted about the ability of companies to service their debt.

The 10-year Treasury yield fell to a record low of 1.32%, while the 30-year yield set a new all-time low of 1.80%. However, the cost of insuring against default by investment-grade U.S. companies rose to its highest level since 2016.

The widening of credit spreads indicates that investors are becoming more cautious about the creditworthiness of companies, as the coronavirus outbreak threatens to disrupt global supply chains and dent economic growth."

"월요일에는 코로나바이러스의 경제적 영향에 대한 우려가 커지고 안전자산 선호 현상이 높아짐으로써 이로 인해 미국 국채 수익률이 하락하였습니다. 반면 회사들이 부채를 상환할 수 있는 능력에 대한 우려가 커지면서 크레디트 스프레드가 확대되었습니다.

10년 만기 미국 국채 수익률은 1.32%로 기록적인 최저치를 기록하였으며, 30년 만기 국채 수익률은 1.80%로, 역대 최저치를 갈아치웠습니다. 그러나 투자등급을 받는 미국 기업의 부도 위험 비용은, 2016년 이후로 최고치를 기록하였습니다.

크레디트 스프레드의 확대는 코로나바이러스 발생으로 세계적인 공급망이 방해받고 경제 성장이 위축될 우려가 커짐에 따라, 투자자들은 기업의 신용도에 대해 더욱 신중해지고 있음을 의미합니다.

(출처) https://www.reuters.com/article/us-usa-bonds/u-s-treasury-rates-fall-credit-spreads-widen-on-coronavirus-fears-idUSKBN20R2RJ (2020. 2. 24)

"기사의 첫 번째 문단은 미 국채 금리는 떨어지는데 크레디트 스프레드는 벌어졌다는 내용을 소개하고 있습니다. 무슨 의미를 담고 있을까요?"

갑자기 등장한 영문기사에, 미 재무부나 크레디트 스프레드Credit Spreads라는 용어는 신입사원들에게는 생소한 내용일 수 있습니다. 침묵이 오래 이어집니다.

"여기서 금리는 다음 두 개의 요소로 나눌 수 있습니다."

신 부장은 슬라이드 옆 전자칠판에 공식을 하나 적습니다.

금리 = 안전자산 금리 + 크레디트 스프레드

"이 개념만 이해하면 채권투자는 정말 쉬워집니다. 여기서 안전자산은 기사에서처럼 미국 국채를 의미합니다. 전 세계 최강국이며 경제 대국인 미국 연방정부가 부도를 낼 위험은 없다고 보는 것이죠. 이 공식에 미국 국채를 넣어보면, 미국 국채의 크레디트 스프레드는 0입니다. 그러면 크레디트 스프레드는 무엇을 의미할까요?"

세 번째 줄에 앉아 있던 단발머리 여직원이 손을 듭니다.

"크레디트 스프레드란 채권을 발행하는 기업 고유의 위험을 의미하는 것 아닌가요?"

"정답입니다. 마치 주식시장에서 위험프리미엄이라고 불리는 것과 동일합니다. 방금 제가 말씀드렸듯이 미국 국채의 크레디트 스프레드는 0이라고 했지요. 반면에 발행기업의 크레디트 스프레드는 미국 정부보다는 부도 위험이 높으니까 0보다 크겠지요. 따라서 채권 금리를 분석할 때 반드시 안전자산의 금리와 크레디트 스프레드를 같이 분석해야 합니다.

다시 기사로 돌아갑시다. 내용은 코로나바이러스 확산이 경제활동에 커다란 위협이 된다는 이야기였습니다. 그런데 왜 안전자산의 금리는 내려가고 크레디트 스프레드는 확대, 즉 높아지고 있을까요?"

왼쪽에서 맨 앞줄에 앉아 있는 '나안다羅眼多'라는 명찰을 달고 있는 남직원이 손을 들고 대답합니다.

"네, 코로나바이러스 때문에 사람들은 경제활동 및 생명에 위협을 느끼고 있으니까, 일반 기업들은 엄청난 손실 및 자칫 망할 수도 있다는 불안감에 그 위험보상정도가 높아지는 것입니다. 그래서 그 위험보상정도를 나타내는 크레디트 스프레드가 높아지는 것이고요. 그러니까 사람들은 최대한 안전한 자산으로 갈아타기 위해 현금, 금, 미국 국채 등으로 바꾸려고 하니까 미국 국채의 수요가 늘어나서 금리가 내려가는(가격이 비싸지는) 현상이 나타나는 것 아닐까 생각합니다."

"맞습니다. 그런데 금리를 이렇게 안전자산 금리와 크레디트 스프레드 두 가지 요인으로만 나눌 수 있을까요? 지금까지 수직으로 해부하여 분석하였다면, 이제 수평으로 해부하여 다음과 같이 나누겠습니다."

신 부장은 전자칠판에 쓴 내용을 깨끗이 지운 후, 새로운 공식을 적습니다.

금리 = 실질금리 + 인플레이션

"우리가 일반적으로 말하고 있는 금리는 사실 명목금리를 의미합니다. 명목이라는 말은 인플레이션 차감 전 금리라는 의미이기도 합니다. 2021년부터 인플레이션이 경제뉴스에 빼놓을 수 없는 주제가 되었지요? 위의 공식대로 본다면 실질금리가 그대로라면 인플레이션이 상승하면 명목금리도 상승하게 됩니다. 명목금리가 상승한다는 것은 채권가격이 하락하는 것이겠죠? 그러면 여기서 작년에 미 중앙은행인 연방준비위원회(이하 '연준')에서 계속 기준금리를 올리면서 나온 이야기가 뭐였죠?"

"인플레이션을 낮추겠다는 것이었습니다."

오른쪽에서 세 번째, 둘째 줄에 있던 '채애권蔡愛券' 명찰을 단 남직원이 자신 있게 대답합니다.

"네, 본인 이름처럼 그 분야를 잘 기억하고 계시네요. 사실 인플레이션이 심해지면 어떻게 될까요? 다음 슬라이드를 한번 볼까요?

(출처) https://rarehistoricalphotos.com/hyperinflation-weimar-republic-1922/

몇몇 신입사원의 키득거리는 웃음소리가 들립니다.

극단적인 예이지만, 제1차 세계대전 종전 후 배상금을 갚기 위하여 사정없이 돈을 찍어낸 독일에서 일어난 일입니다. 인플레이션이 너무 높아져서 돈의 가치가 떨어진 것이지요. 너무나도 높은 인플레이션은 재앙입니다. 그래서 연준은 인플레이션을 낮추겠다고 말한 것입니다. 그런데 연준이 기준금리를 올려서 인플레이션을 어떻게 잡겠다고 하는 것인가? 다음 순서를 보시죠."

신 부장이 다음 슬라이드로 넘기자, 순서도가 나옵니다.

1) 연준, 기준금리 인상으로 명목금리 상승

2) 인플레이션 상승일 경우, 실질금리 상승

3) 실질금리 상승으로 인하여 금융비용 상승 및 채권을 포함한 금융자산 가격 하락

4) 소비 지출 감소

5) 인플레이션 하락

6) 명목금리 하락

"이 순서대로 일어난 대표적인 그래프를 보여드리겠습니다. 여러분, 폴 볼커 아시죠? 1980년대 초반 미 연준의장으로서 무지막지한 기준금리 인상으로 인플레이션과의 싸움에서 승리한 인물입니다. 당시 인플레이션과 미 국채 10년 금리 간의 그래프입니다."

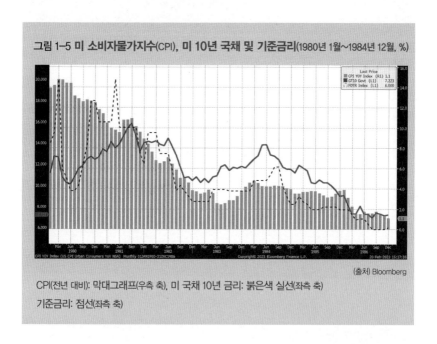

그림 1-5 미 소비자물가지수(CPI), 미 10년 국채 및 기준금리(1980년 1월~1984년 12월, %)

(출처) Bloomberg

CPI(전년 대비): 막대그래프(우측 축), 미 국채 10년 금리: 붉은색 실선(좌측 축)
기준금리: 점선(좌측 축)

1980년 초, 볼커는 인플레이션 상승에 대응하기 위해서 기준금리를 최대 20%까지 올립니다(점선). 그러자 10년 미 국채 금리도 따라 올라가면서 가격이 급락합니다(붉은색 실선). 이에 실질금리가 상승하고 소비지출이 감소하게 되면서 CPI가 점차 하락합니다(막대그래프).

정리 모드에 들어갑니다. 오랜만의 강의에 신 부장 얼굴에 피곤함이 가득합니다.

"네, 오늘 두 가지를 말씀드렸습니다. 채권 금리는 두 가지 형태로 나눌 수 있습니다. 슬라이드를 보시지요.

1. 채권 금리 = 안전자산 금리 + 크레디트 스프레드
2. 채권 금리 = 실질금리 + 인플레이션

공식 1은 채권 금리는 무위험자산 또는 안전자산 금리에서, 채권 발행 기업의 위험보상정도를 더한 것을 의미합니다. 공식 2에 따르면 채권 금리는 명목금리로서, 실질금리와 인플레이션의 합입니다. 특히 인플레이션의 움직임에 따라 채권 금리가 결정되는 점, 꼭 기억해두십시오.

내일은 지금 배운 채권 금리 해부학을 토대로, 제가 마음대로 정의한 채권 전략에 대하여 살펴보겠습니다. 내일은 실습이 좀 들어가 있으니까 오늘보다는 더 재미있을 겁니다.

오늘 강의 끝!"

03

듀레이션: 실질만기라고
불리고, 금리 민감도라고 쓰인다

채권 강의 2일 차이자 마지막 날입니다. 신 부장은 아침 일찍 연수원에 도착해서 강의할 내용을 점검합니다. 오늘 강의 내용만 제대로 습득하면 채권 운용역으로서 바로 실전 투입이 가능합니다.

어제 연수팀 이미래 과장에 의하면, 전날 '불멍의 밤'이 있었다고 합니다. 그간 살아오면서 가져온 모든 스트레스를 해소하고 편안한 마음을 가지고자, 신난은행 연수팀에서 기획한 프로그램입니다. 모닥불에 둘러앉아 그냥 하염없이 30분 동안 쳐다보는 것입니다. 스트레스를 다 잊으라는 프로그램 때문에 어제 익힌 채권 금리에 대해서 직원들이 다 잊었을까 봐 걱정입니다.

"안녕하세요. 좋은 아침입니다. 오늘은 2일 차입니다. 어제는 채권 금리에 배웠습니다. 중요한 3가지 기억하십니까?"

어제부터 제일 앞자리 한가운데 앉아서 열심히 필기하는 모습이 인상적이었던 여직원이 대답합니다. 명찰을 확인하니 이름이 '안이가'입니다.

"네, 첫 번째 채권에서의 가격은 '금리'로 표현한다. 두 번째 채권 금리는

'안전자산 금리+크레디트 스프레드'로 표현하기도 하며, '실질금리+인플레이션'으로 표현하기도 합니다."

"네, 안이가 씨가 정확하게 알고 계십니다"라고 말하며 신 부장은 안이가 씨에게 모나미 볼펜 5종 세트를 선물로 증정합니다. 안이가 씨의 표정이 알 듯 말 듯 아리송합니다.

"오늘 배울 개념에 들어가기 앞서서 한 가지만 물어볼게요. 여기 두 가지 종류의 채권이 있습니다. 채권 발행자는 동일하며 그는 두 가지 종류의 채권을 발행합니다. 하나는 만기 2년물 채권이고, 다른 하나는 만기 5년물 채권입니다. 두 가지 채권의 다른 조건은 동일합니다. 어제 엑셀로 만들었던 대로 두 가지 종류의 채권의 표를 볼까요?"

표 1-1 2년물 vs 5년물, 시장금리에 따른 채권가격

채권 가격 계산					
1. 2년물 채권			시장금리	2년물 채권	5년물 채권
만기(년)	2025.1.30		1%	105.9	114.6
쿠폰금리	4%		2%	103.9	109.5
원금	100		3%	101.9	104.6
이자지급주기(연)	2		4%	100.0	100.0
거래일	2023.1.30		5%	98.1	95.6
			6%	96.3	91.5
2. 5년물 채권			7%	94.5	87.5
만기(년)	2028.1.30		8%	92.7	83.8
쿠폰금리	4%		9%	91.0	80.2
원금	100		10%	89.4	76.8
이자지급주기(연)	2		11%	87.7	73.6
거래일	2023.1.30		12%	86.1	70.6
			13%	84.6	67.7
			14%	83.1	64.9
			15%	81.6	62.2
			16%	80.1	59.7
			17%	78.7	57.4
			18%	77.3	55.1
			19%	76.0	52.9
			20%	74.6	50.8

"이 표에서 시장금리 10%일 경우를 봅시다. 2년물 채권가격은 89.4, 5년물 채권가격은 76.8입니다. 참고로 시장금리와 쿠폰금리가 같은 4%에서는 모두 가격이 100이지요. 반면에 시장금리가 2%일 때는 2년물 채권가격은 103.9, 5년물 채권가격은 109.5가 되지요. 이 표를 정리한 그래프는 다음과 같습니다."

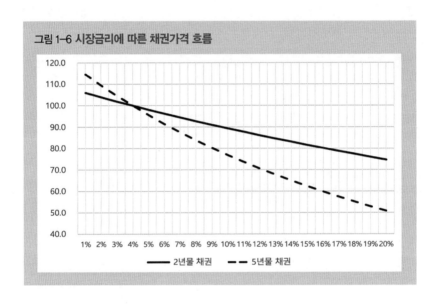

그림 1-6 시장금리에 따른 채권가격 흐름

"만기가 길수록, 시장금리가 변함에 따른 가격 변동 폭이 크지요? 이것은 어떤 개념으로 설명할 수 있을까요?"

앞에서 세 번째 줄 남직원이 손을 들고 대답합니다.

"부장님께서 말씀하셨듯이 만기가 길어서 가격 변동성이 커진 것 아닐까요?"

"맞습니다. 그런데 우리 좀 더 세련되게 용어를 바꾸어볼까요? 제가 말씀드리지요. 지금 말씀하신 대로 만기가 길어서 일어난 일인데, 이것을

'듀레이션'이 크기 때문에 일어난 일이라고 합니다. 듀레이션은 실질만기를 의미합니다."

경영학이나 경제학을 전공한 신입사원들은 고개를 끄덕일 수 있겠으나, 비전공자들에게는 생소한 개념입니다. 신 부장은 쉽게 풀어 설명합니다.

"주식은 일상생활에서 투자를 많이 하니까 잘 아실 겁니다. 주식 투자할 때 '베타'라는 개념 많이 쓰시지요? '베타'는 주가지수 변동 대비 개별 주식의 변동비율을 나타낸 것입니다. 예를 들어 한국인들이 가장 사랑하는 테슬라 주식과 주가지수인 S&P500의 최근 1년간 움직임을 보시지요.

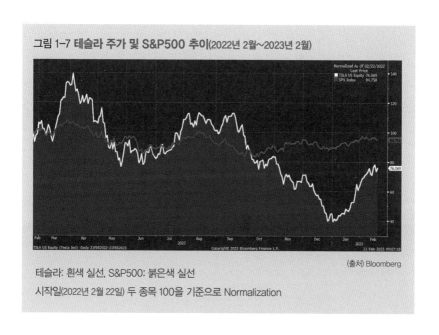

그림 1-7 테슬라 주가 및 S&P500 추이(2022년 2월~2023년 2월)

(출처) Bloomberg

테슬라: 흰색 실선, S&P500: 붉은색 실선
시작일(2022년 2월 22일) 두 종목 100을 기준으로 Normalization

[그림 1-7] 그래프에서 S&P500 지수 대비 테슬라 주가 움직임이 더 크다는 것을 확인할 수 있습니다. 동일 기간에 S&P500 대비 테슬라 주가의 민감도를 알아보지요(그림 1-8).

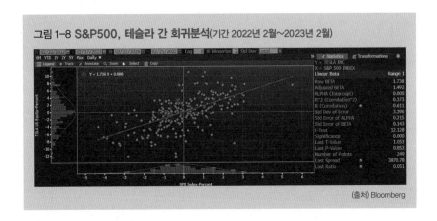

그림 1-8 S&P500, 테슬라 간 회귀분석(기간 2022년 2월~2023년 2월)

여기서 보면 주가지수 대비 테슬라의 민감도는 [그림 1-8]의 붉은색 실선의 기울기인 1.74 정도 나오지요. 이것을 베타라고 합니다. 다시 채권으로 돌아가서, 만기가 긴 채권의 가격 변동성이 더 크다는 것을 확인했습니다. 여기서 듀레이션은 채권 금리가 1bp, 즉 0.01% 변동할 때의 가격 변동성을 말합니다. 비유하자면, 듀레이션은 채권의 '베타'입니다."

신 부장은 다음 슬라이드로 넘어가면서 설명을 이어 나갑니다.

"듀레이션의 공식은 여러 가지가 있습니다만, 대표적으로 맥컬리 듀레이션Macaulay duration과 수정 듀레이션Modified Duration이 있습니다. 두 가지 듀레이션의 공식은 다음과 같습니다.

$$\text{맥컬리 듀레이션} = \frac{\sum_{t=1}^{n} \dfrac{t \times C}{(1+y)^t} + \dfrac{n \times M}{(1+y)^n}}{Current\ BondPrice}$$

t (respective time period): 매 시기
C (periodic coupon payment): 주기별 쿠폰이자 지급액
y (periodic yield): 기간 이자율
n (total number of periods): 총 기간 수
M (maturity value): 만기 가격

$$ModD = \frac{MacD}{(1+\frac{r}{k})}$$

Mac D: 맥컬리 듀레이션, r: 금리(현재 시장이자율), k: 이자 지급 횟수/년

제가 설명하는 듀레이션은 채권 금리 변화에 따른 가격 민감도를 의미합니다. 이것은 수정 듀레이션 개념에 가깝습니다. 수정 듀레이션 식은 다음과 같이 쉽게 구할 수 있습니다.

$$D \approx - [(P_1 - P_0) \div P_0] \div (r_1 - r_0)$$

P_1 : 미래가격, P_0 : 현재가격, r_1 : 미래 금리, r_0 : 현재 금리

자, 마지막으로 위의 2년 만기 채권과 5년 만기 채권의 듀레이션을 구해봅시다. 역시 엑셀 식을 이용하여 구할 수 있는데요. 여러분 앞의 엑셀 파일에서 'Duration' 함수를 이용해서 구해보세요. 현재 금리는 5%입니다. 제일 먼저 저에게 말씀하신 분에게 선물 나갑니다."

앞에서 두 번째 '오만기' 명찰을 단 남직원이 씩씩하게 대답합니다.
"2년물 채권 1.94년, 5년물 채권 4.57년입니다."
"정답입니다. 자, 오만기 씨에게는 연수 후 인사이동 나면 저와 1시간 점심 초대권을 드립니다. 자, 여기 초대권을 드리겠습니다."

앞줄 여직원이 손을 들어 질문을 합니다.
"부장님 말씀하신 대로 채권의 만기와 듀레이션이 일치하지 않네요. 그러면 채권만기, 시장금리 이외에 듀레이션에 영향을 주는 요인이 있을까요?"

'아차, 내가 제일 중요한 내용을 설명하지 않았구나.'

표 1-2 시장금리에 따른 듀레이션

듀레이션 계산						
1. 2년물 채권				시장금리	2년물 채권	5년물 채권
만기(년)	2025.1.30			1%	1.94	4.61
쿠폰금리	4%			2%	1.94	4.60
원금	100			3%	1.94	4.59
이자지급주기(연)	2			4%	1.94	4.58
거래일	2023.1.30			5%	1.94	4.57
				6%	1.94	4.56
2. 5년물 채권				7%	1.94	4.55
만기(년)	2028.1.30			8%	1.94	4.53
쿠폰금리	4%			9%	1.94	4.52
원금	100			10%	1.94	4.51
이자지급주기(연)	2			11%	1.94	4.49
거래일	2023.1.30			12%	1.94	4.48
				13%	1.94	4.47
				14%	1.94	4.45
				15%	1.93	4.44
				16%	1.93	4.42
				17%	1.93	4.41
				18%	1.93	4.39
				19%	1.93	4.38
				20%	1.93	4.36

신 부장은 덮으려던 한 노트북을 다시 열고 설명을 합니다.

"이번에는 시장금리가 고정되어 있고, 만기가 동일한 채권의 쿠폰금리 변화에 따른 듀레이션 변화를 알아봅시다. 이것도 여러분 노트북에 저장되어 있는 엑셀 파일을 제공하였으니 함께 보시죠."

표 1-3 쿠폰금리에 따른 듀레이션 변동

Duration 계산

			쿠폰금리	채권 가격
만기(년)	2033.1.30		0%	10.000
시장금리	4%		1%	9.450
원금	100		2%	9.007
이자지급주기(연)	2		3%	8.644
거래일	2023.1.30		4%	8.339
			5%	8.081
			6%	7.859
			7%	7.666
			8%	7.497
			9%	7.348
			10%	7.214
			11%	7.095
			12%	6.988
			13%	6.891
			14%	6.802
			15%	6.721
			16%	6.647
			17%	6.578
			18%	6.515
			19%	6.457

 "[표 1-3]을 보시면 모든 조건이 동일할 때, 쿠폰금리가 클수록 듀레이션이 작아집니다. 이 말은 현금을 빨리, 그리고 많이 받을수록 실질만기인 듀레이션이 짧아짐을 의미합니다. 그리고 채권만기와 듀레이션이 같아지는 지점은 이자수익을 받지 못하고 만기에 원금을 일시로 받을 경우에 한합니다.

 오늘 배운 내용을 정리하지요.

1. 듀레이션은 실질만기라고 쓰이고 금리에 대한 가격 민감도로 사용된다. 즉 채권의 베타다.
2. 듀레이션은 1의 용도로 사용할 경우, 수정 듀레이션을 사용한다.
3. 듀레이션은 a) 채권만기가 길수록, b) 시장금리가 낮을수록, c) 쿠폰금리가 낮을수록 그 수치가 크다.

벌써 1시간을 훌쩍 넘겼네요. 20분 휴식 후에 이제 여러분의 참여가 절실한 시간, 채권 전략 편에서 찾아뵙겠습니다."

그때 모나미 5종 세트의 주인공 안이가 씨가 신 부장 앞으로 옵니다.
"부장님, 저 채권운용에 정말 관심이 많습니다. 대학에서 경영학, 경제학 복수 전공을 했는데요. 저도 오만기 씨처럼 부장님께 점심 초대권 요청해도 될까요?"

04

신 부장 마음대로 정의한 채권 전략

　쉬는 시간, 강의장 밖 신입사원들이 옹기종기 모여 왁자지껄 대화하는 모습을 보니, 신 부장은 25년 전 첫 직장이었던 국제은행 신입사원 시절이 떠오릅니다. 당시 신 부장과 함께 채권매니저를 꿈꿨던 자칭 채권 장자방인 3인방 최유라, 조원화가 그립습니다. 그들은 2022년 금리 폭등의 풍파를 이기지 못하고, 각각 증권사 본부장 및 자산운용사 CIO에서 물러났습니다.

　'신입사원 때에는 채권 이론조차 가르쳐줄 선배가 없었는데…. 그들과 치열하게 토론했던 생각이 나네.'

　신 부장이 최 전 본부장, 조 전 CIO에게 저녁 약속 오퍼를 문자 보냅니다.

　"자, 잘 쉬셨습니까? 이제 채권 기초 마지막 시간입니다. 어제 채권 금리 및 금리 쪼개기를 통한 세부 요소들을 살펴봤고, 바로 전 시간에 금리에 대한 가격 민감도, 채권의 베타, 듀레이션에 대해 배웠습니다. 이 모든 것이 이번 시간에 배울 채권 전략을 배우기 위한 기초였습니다.

　대학 교재를 보면 여러 가지 채권 전략을 소개하고 있습니다. 예를 들어

기관의 현금 입·출입에 맞춰 채권투자를 하는 '자산-부채 매칭 전략[2]'이니, 짧은 만기와 긴 만기를 투자하는 '만기 바벨 전략[3]' 등을 언급합니다. 하지만 저는 전적으로 채권운용 경력을 바탕으로, 실제 실전에 쓰이는 채권운용 전략으로 분류했습니다."

듀레이션 베팅 전략

신 부장이 슬라이드를 넘기자 파월 의장의 얼굴과 함께 영문 스크립트가 나옵니다.

"이것은 2019년 7월 FOMC(미 연방공개시장위원회 정책 회의. 기준금리 결정 등 주요 통화정책을 결정하는 회의로서, 정기회의는 6주마다[연 8회] 열림)의 설명문 일부입니다.

> Consistent with its statutory mandate, the Committee seeks to foster maximum employment and price stability. In light of the implications of global developments for the economic outlook as well as muted inflation pressures, the Committee decided to lower the target range for the federal funds rate to 2 to 2-1/4 percent.
>
> 위원회는 법적 목표에 부합하도록 최대 고용과 물가 안정을 촉진하려고 노력합니다. 국제적인 발전이 경제 전망에 미치는 영향과 물가 상승 압력을 고려하여 연방기금 금리의 목표 범위를 (기존 2.25~2.50%에서) 2.00~2.25%로 낮추기로 결정했습니다.

---

2 예를 들어, 보험사에서 10년 만기 저축성 보험금이 100만큼 유입되었을 때, 만기가 일치하는 10년 만기 채권을 매입 후 만기까지 보유하는 전략

3 만기 2년과 10년을 각 100씩 투자하였을 때, 만기 6년 200을 투자하는 경우보다 채권의 볼록성(금리 하락 시 가격이 더 상승하고, 금리 상승 시 덜 하락하는 성격)이 커지는 장점이 있음

기준금리를 내렸습니다. 자, 이제 채권 금리는 어떻게 될 것 같아요?"

모나미 볼펜 5종 세트를 신 부장과의 점심 식사 초대권으로 바꾼 안이가 씨가 대답합니다.

"연준이 금리를 내렸으니 당연히 채권 금리도 따라 내릴 거 같습니다. 금리를 내리면 대출을 받으려는 수요가 늘어나고 시중에는 돈이 풀리는 등 경제활동도 활발해질 것입니다."

"맞습니다. 경영학과 출신답게 기준금리 인하의 효과까지 설명해주셨군요. 이렇게 금리가 낮아질 것이라고 생각을 하면, 듀레이션을 어떻게 해야 돈을 벌 수 있겠습니까?"

맨 앞줄에 앉아 있는 나안다 씨가 씩씩하게 대답합니다.

"듀레이션이 채권시장의 베타이니까 이 베타를 쭈욱 올려야 합니다."

"나안다 씨, 이름처럼 다 알아버리시네요. 그러면 우리 예시 하나 풀어보죠. 당시에 진짜 있던 채권입니다. 마윈이 세운 알리바바 아시죠? 이 알리바바가 발행한 채권이 있는데 개요는 다음과 같습니다.

발행일: 2015년 5월 28일

만기일: 2024년 11월 28일

발행규모: 22억 3,300만 달러

쿠폰금리: 3.6%

ISIN: US01609WAQ50

듀레이션: 4.57년(2019년 8월 1일 현재)

여기서 ISIN는 한마디로 채권의 '주민등록번호'가 되겠습니다. 즉 채권의 고유번호가 되겠지요. 이 채권의 2019년 8월, 1개월간 가격 변동을 보

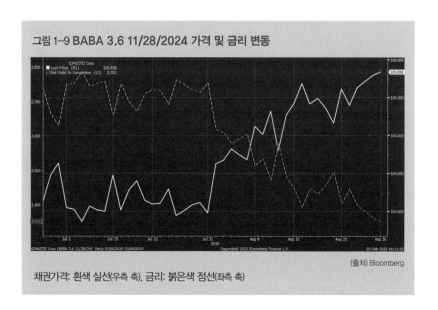

그림 1-9 BABA 3.6 11/28/2024 가격 및 금리 변동

채권가격: 흰색 실선(우측 축), 금리: 붉은색 점선(좌측 축)

겠습니다.

회사가 실적이 좋아서 채권가격이 올랐다는 것은 차치하고, 7월 FOMC 직후 채권시장에는 그야말로 훈풍이 붑니다. 채권 금리가 하락하여 가격이 오르는 상황이지요. 7월 31일자 가격이 103.98인데, 8월 말 가격이 105.84입니다. 가격은 1.86달러 상승했네요. 금리는 2.75%에서 2.35%로 하락했고요.

그러면 1분 시간 드릴 테니까 위의 듀레이션과 금리 변화를 가지고 가격이 1개월 동안 얼마나 변했는지 계산해볼까요?"

1분 동안 신 부장은 전자칠판에 공식을 적습니다.

$$D \approx -[(P_1 - P_0) \div P_0] \div (r_1 - r_0)$$

"자, 1분 지났습니다. 얼마일까요? 이번에는 원하시는 부서에 꼭 가시라고 찹쌀떡 드립니다."

좌측 맨끝 줄 남직원이 손을 듭니다.

"2달러 플러스입니다."

"그럼 일단 한번 풀어볼까요? 자, 제가 적은 수식을 좀 변행해보겠습니다. 중학교 1학년 수학 실력이 필요할 때입니다. 가격 변동을 좌변으로 치환할게요. 그러면 이렇게 식을 변형할 수 있습니다.

$$(P_1 - P_0) = -D \times (r_1 - r_0) \times P_0$$

자, 남은 건 숫자를 대입하는 일만 남았네요.

$(P_1 - P_0) = -4.57$년$\times(2.35 - 2.75)\% \times 103.98 = 1.9$ 정도 나오네요. 실제 시장에서 나타난 가격 변동과 큰 차이가 없습니다. 듀레이션 및 금리 차를 이용하여 수개월 이내의 가격 변동을 계산하는 데에는 큰 문제가 없습니다. 다만, 듀레이션은 뭐라고 말씀드렸죠? 실질만기라고 쓴다고 했지요? 시간이 갈수록 당연히 만기와 가까워지니까 듀레이션은 줄어들겠죠. 그 점은 감안해야 합니다. 아, 그리고 아까 답하신 분, 반올림한 거죠?"

"네, 그렇습니다."

신 부장이 찹쌀떡 한 봉지를 남직원에게 건넵니다.

"듀레이션 베팅은 그야말로 채권 금리가 내려갈 것이라고 확신이 들 때, 금리에 대한 채권가격 변동률, 즉 채권의 베타를 크게 해서 수익을 얻는 전략입니다. 어떻게 보면 가장 간단한 전략이지요. 한 가지 명심할 것은 금리 방향에 대한 확신이 있어야 합니다. 위의 예에서처럼 중앙은행이 확실하게 통화정책 방향을 트는 상황이 벌어져야 한다는 것이죠. 실제 일별 금리 방향성에 대처해야 하는 저희 같은 기관투자자들은 듀레이션 베팅을 잘하지 않습니다. 그러면 어떤 전략을 주로 쓸까요? 다음으로 넘어가겠습니다."

크레디트 스프레드 전략

신 부장은 다음 슬라이드로 변경하며 공식을 리마인드합니다.

> **채권 금리 = 안전자산 금리 + 크레디트 스프레드**

"지난 시간에 이 공식을 배웠습니다. 크레디트 스프레드 전략은 이름대로 안전자산 금리 부분을 삭제하고 크레디트 스프레드가 축소되기를 기대하는 전략입니다. 다시 한번 말씀드리지만, 크레디트 스프레드는 채권 발행기업의 위험보상정도(위험프리미엄)를 숫자로 나타낸 것입니다. 그리고 안전자산은 무위험자산, 달러 표시 채권의 경우에는 미국 국채를 안전자산으로 간주하여 그것의 금리를 안전자산 금리라고 말합니다."

앞줄 '송명백' 명찰을 단 한 남직원이 손을 들고 질문합니다.

"부장님, 그런데 채권 금리에서 안전자산을 선정할 때 안전자산 만기는 어떻게 정합니까?"

"좋은 질문입니다. 안전자산인 미 국채의 만기를 선택하는 방법은 발행사가 아시아 신흥국이냐 선진국이냐에 따라 안전자산 만기가 약간 다릅니다. 오늘을 기준으로 만기 연도에 따라 적용하는 국채 만기를 분류해보았습니다. 다음 슬라이드를 보시지요.

만기	~ 2025년	~2026년	~2029년	~2030년	~2038년	~2046년	2047년~
아시아 신흥국	2년	2년	5년	10년	10년	20년	30년
그 외	2년	3년	5년	7년	10년	20년	30년

'왜 이렇게 정했지요?'라고 묻지는 마십시오. 슬라이드에 나와 있는 표
와 같이 하기로 한 겁니다.

이제 본격적인 전략을 시행하려면 이 안전자산을 삭제해야 하는데 뭘
삭제하는 걸까요? 세 가지 방법이 있습니다.

1. 미 국채 선물[4] 매도

2. 미 국채 현물 공매도

3. 이자율 스와프 – 고정금리 지급 & 변동금리 수취

우리는 달러 표시 크레디트 채권을 매수할 때, 위의 공식처럼 안전자산
인 미 국채에 발행사의 위험보상 프리미엄을 얹어서 가격을 지불하여 가
지고 있는 것입니다. 여기서 보유 중인 안전자산을 삭제하기 위해서는 동
일하거나 유사한 종류를 매도합니다.

먼저 1의 경우 미 국채 선물을 매도함으로써 현재 채권 금리 안에 있는
국채 매수 포지션을 없애는 역할을 합니다.

---

4 선물(Futures)이라 함은 품질, 수량, 규격 등이 표준화되어 있는 파생상품을 말한다. 미 국채 선물은 해당
만기별 6% 쿠폰의 가상 채권이 있다고 가정할 때, 이것을 기초자산으로 만든다. 선물은 청산소(Clearing
House)에서 매일 손익을 정산하게 되어 있다.

2의 경우, 채권시장에서 동일한 종류의 국채 현물을 빌려서, 이를 매도하는 포지션을 취하여 크레디트 채권의 안전자산 포지션을 없애게 됩니다.

3의 경우에는 보유 중인 크레디트 채권과 동일한 원리금 스케줄 및 만기, 보유 원금 조건을 거래 상대방에게 그대로 이전하는 대신 동일한 스케줄, 만기 및 원금 조건에 맞는 변동금리 이자를 수취하는 스와프 계약을 맺음으로써 안전자산 포지션을 제거합니다. 여기서의 수식은 다음과 같습니다."

슬라이드를 넘기자 또 다른 공식이 하나 나옵니다.

$$채권\ 금리 = 안전자산\ 금리 + 크레디트\ 스프레드_1$$
$$= 스와프\ 고정금리 + 크레디트\ 스프레드_2$$

"여기서 스와프 고정금리는 변동금리인 SOFR^{Secured Overnight Financing Rate}과 매칭되는 벤치마크 금리입니다. 여기서 SOFR은 미 연방정부의 신용도와 동일한 1일 주기의 변동금리입니다. 안전자산 금리와 스와프 고정금리 간의 차이로 인하여 크레디트 스프레드$_1$과 크레디트 스프레드$_2$가 차이납니다.

그러면 어떤 상황일 때 크레디트 스프레드 전략을 사용할까요?"

나안다 씨가 손을 번쩍 들면서 대답합니다.

"발행사 실적이 좋아질 때, 경기지표가 좋아져서 기업들의 펀더멘털이 계속 좋아질 때, 금리 인하 등 완화적인 통화정책이 계속 시행될 때 등입니다."

"네, 맞습니다. 크레디트 스프레드는 발행사의 위험정도입니다. 그러면 이것이 축소된다는 것은 기업의 위험이 줄어든다는 의미이죠. 스프레드 축소의 다른 말은 크레디트 금리가 내려간다는 의미이므로 크레디트 가격이 상승한다는 것이지요.

다음 그래프는 S&P500 주가와 달러 표시 투자등급(신용등급 BBB- 이상) 채권 스프레드 간 추이 및 상관관계입니다.

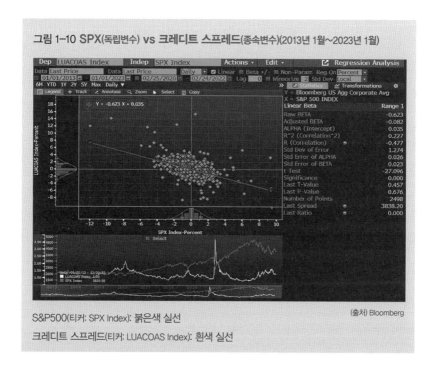

그림 1-10 SPX(독립변수) vs 크레디트 스프레드(종속변수)(2013년 1월~2023년 1월)

S&P500(티커: SPX Index): 붉은색 실선

크레디트 스프레드(티커: LUACOAS Index): 흰색 실선

(출처) Bloomberg

이 그래프에서 보듯, 지난 10년간 둘 간의 상관관계는 약 -48% 수준으로 비교적 높은 음의 상관관계를 가지고 있습니다. 즉 위험자산 선호가 높아질수록 크레디트 스프레드 축소도 빨라진다는 것입니다."

뭔가 궁금한 듯, '어병철' 씨가 손을 들고 질문합니다.
"부장님, 그런데 왜 상관관계가 마이너스입니까?"

"아, 주가가 상승할수록 크레디트 스프레드가 줄어들기 때문입니다. 크레디트 스프레드가 줄어든다는 것은 크레디트 금리가 내려간다는 것이고, 이것은 가격이 상승한다는 말과 동일하게 쓰이겠지요?"

신 부장이 웃으면서 계속 진행합니다.

"한 단계 더 진행해보겠습니다. 안전자산의 금리는 상승하고 크레디트 스프레드는 축소되는 현상도 생각해볼 수 있지 않을까요? 어떤 상황일 때 이런 현상이 벌어질까요?"

오만기 씨가 대답합니다.

"제가 학교에서 배웠던 내용은 경기가 좋아지면 소득과 소비가 늘어나면서 시중에 돈이 풀리고, 인플레이션이 상승하면서 금리는 높아진다고 들었습니다. 반면에 이런 경우 기업들의 펀더멘털은 좋아지는 것이니 고유의 위험보상, 즉 크레디트 스프레드는 축소될 거 같습니다."

'저 녀석, 인사이동 때 외화채권부로 발령 요청해야겠어.'

신 부장은 '사슴의 눈' 같은 또렷한 눈을 가지고 있고 수업 참여도와 채권 이해도가 높은 오만기 씨를 눈여겨보기 시작합니다. 단순히 점심 한 끼 가지고는 안 되겠습니다.

"오만기 씨의 말씀이 정확합니다. 보통 이런 상황을 경기확장기라고 부르는데요. 전체 채권 금리는 상승하지만, 그것을 해부해보면 크레디트 스프레드는 오히려 축소하는 현상을 볼 수 있습니다.

자, 이제 실습 하나 해보시죠.

위의 듀레이션 베팅 전략과 동일한 날짜에 USD 1,000,000 매입을 하고 1개월 후 매도합니다. 다만 매입한 7월 31일에 국채 선물 매도를 통하여 크레디트 스프레드만 남깁니다. 참고로 위에 안전자산의 만기는 2019년 현재 잔존만기 5년 남은 채권이니 국채 5년이 되겠습니다. 이 경우에는 금리 인하로 인하여 크레디트 스프레드 축소와 더불어, 향후 경기 개선에 대한 기대감으로 중·장기물의 금리 상승을 동시에 기대할 수 있습니다. 사람마다 기대하는 것은 다르니까요. 그런데 1개월 동안의 스프레드는 다음과 같습니다."

슬라이드를 넘기자 크레디트 스프레드 표와 추이가 나옵니다.

표 1-4 금리 및 스프레드 추이(2019년 7월 31일~2019년 8월 30일)

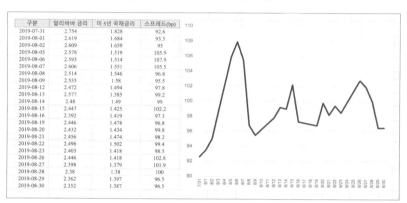

구분	알리바바 금리	미 5년 국채금리	스프레드(bp)
2019-07-31	2.754	1.828	92.6
2019-08-01	2.619	1.684	93.5
2019-08-02	2.609	1.659	95
2019-08-05	2.578	1.519	105.9
2019-08-06	2.593	1.514	107.9
2019-08-07	2.606	1.551	105.5
2019-08-08	2.514	1.546	96.8
2019-08-09	2.535	1.58	95.5
2019-08-12	2.472	1.494	97.8
2019-08-13	2.577	1.585	99.2
2019-08-14	2.48	1.49	99
2019-08-15	2.447	1.425	102.2
2019-08-16	2.392	1.419	97.3
2019-08-19	2.446	1.478	96.8
2019-08-20	2.432	1.434	99.8
2019-08-21	2.456	1.474	98.2
2019-08-22	2.496	1.502	99.4
2019-08-23	2.403	1.418	98.5
2019-08-26	2.446	1.418	102.8
2019-08-27	2.398	1.379	101.9
2019-08-28	2.38	1.38	100
2019-08-29	2.362	1.397	96.5
2019-08-30	2.352	1.387	96.5

"크레디트 스프레드의 듀레이션도 위의 채권 듀레이션과 동일한 4.57년 입니다. 그런데 1개월 후인 8월 말, 이 전략은 그다지 재미를 보지 못합니 다. 앞의 듀레이션 베팅 전략에서는 금리 하락으로 돈을 벌었는데, 도대체 어떤 일이 벌어진 걸까요?

네, 미국과 중국이 걸핏하면 보복관세를 매길 때이죠. 8월에 미국과 중 국 각각 160억 달러 규모의 수입품에 대한 25% 관세를 물려버립니다. 이 런 상황에서 중국계 기업인 알리바바는 기준금리 인하라는 훈풍을 별로 받지 못했던 것입니다. 어쨌든 1개월 스프레드는 오히려 소폭 확대되어

+3.9bp(=0.039%) 확대됩니다. 그러면 이 전략의 손익은 얼마일까요?"

송명백 씨가 대답합니다.

"약 1,782달러 손해입니다."

"네, 한번 풀어볼까요? 간단합니다."

신 부장이 전자칠판에 판서합니다.

$$- (+3.9/100)\% \times 4.57 \times 1,000,000 = -1,782.3$$

"위의 듀레이션 베팅 전략을 1,000,000만큼 했다면 수익은 다음과 같습니다."

$$1,000,000 \times 1.9 / 100 = 19,000$$

"크레디트 스프레드 전략은 전체적인 채권 금리의 방향성과는 관계없이 발행사의 실적 개선, 펀더멘털 개선, 그리고 완화적인 통화정책 등으로 크레디트 스프레드 축소에 베팅하는 전략입니다. 안전자산 금리 부분을 제거함으로써 듀레이션 리스크를 없앴으나, 안전자산 선호 현상 및 개별 회사, 글로벌 경제에 부정적인 뉴스가 나오면 손실을 볼 수 있는 전략입니다.

그러나 투자등급의 크레디트 스프레드 변동성은 안전자산 금리의 그것보다 훨씬 작습니다. 따라서 안전자산 포지션을 제거함으로써 금리 변동성을 상당 부분 제거할 수 있습니다. 즉 시장가격 하락 위험을 어느 정도 없앨 수 있습니다. 그래서 기관투자자들이 경기확장기, 즉 금리 상승기와 크레디트 스프레드 축소가 동시에 나타나는 시기에, 이 크레디트 스프레드 축소 전략을 사용합니다."

장·단기 커브 전략

물을 한 모금 마시고 신 부장은 다음 슬라이드로 넘깁니다.

"자, 이 슬라이드를 설명하기 전에 여러분, 원래 내가 오늘 100이라는 돈을 투자했다면 1년 후에 투자금을 돌려받을 경우와 5년 후에 투자금을 돌려받을 경우, 더 많이 받을 확률이 높은 경우는 언제일까요?

어벙철 씨가 큰 소리로 대답합니다.

"당연히 1년 후에 돈을 돌려받을 때가 더 안전합니다."

"맞습니다. 우리나라 대통령도 5년 단임제인데, 5년 후에 누가 대통령이 될지 아무도 모르잖아요? (웃음) 내가 돌려받을 시기가 지금보다 멀어질수록 위험은 커지죠. 그러면 이걸 채권으로 돌려서 말하면, 위험이 커질수록 내가 요구하는 수익률은 커질까요, 작아질까요?"

나예리 씨가 손을 들고 대답합니다.

"네, 아까 부장님께서 크레디트 스프레드를 발행사의 위험보상정도라고 말씀하셨습니다. 이것을 통해 유추하면 내가 돈을 떼일 확률이 높아질수록 그 위험보상정도가 높아져야 합니다. 따라서 원금을 돌려받을 시기가 멀어질수록 요구 수익률은 높아집니다."

"예리 씨, 정답입니다. 제가 이렇게 여러분의 대답을 유도하면서 길게 말씀드린 이유는 바로 이 슬라이드 때문인데요(그림 1-11). 이것은 지난 2014년 여름 미 국채 금리, 아, 이제부터는 금리를 때로는 수익률로 혼용하겠습니다. 둘은 제가 오늘 설명하는 동안에는 적어도 같은 의미입니다. 이 국채 수익률의 만기별 곡선을 나타낸 것입니다.

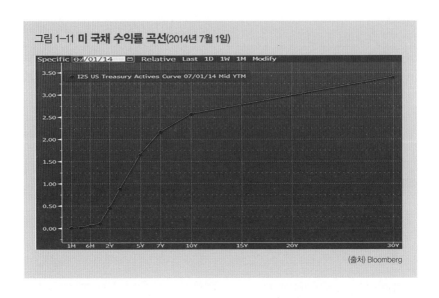

그림 1-11 **미 국채 수익률 곡선**(2014년 7월 1일)

(출처) Bloomberg

　그런데 말입니다. 요즘 여러분 가정에 난방비 폭탄, 서울시 택시비 인상 등
등 물가 인상 때문에 난리가 아니죠? 자, 인플레이션이 상승하면 연준을 포함
한 중앙은행은 어떤 액션을 취할까요? 어제 배운 내용 다시 복습해보죠.

1. 연준, 기준금리 인상으로 명목금리 상승

2. 인플레이션 상승일 경우, 실질금리 상승

3. 실질금리 상승으로 인하여 금융비용 상승 및 채권을 포함한 금융자산 가격 하락

4. 소비 지출 감소

5. 인플레이션 하락

6. 명목금리 하락

　그리고 이 공식을 다시 꺼내보겠습니다.

채권(명목)금리 = 실질금리 + 인플레이션

인플레이션이 상승하면 연준은 기준금리를 인상합니다. 그런데 기준금리는 만기가 매우 짧습니다(1일물, 한국은행의 기준금리는 7일물 RP 금리임). 그래서 기준금리를 올리기 시작하면 단기 금리부터 상승하게 되는데요. 결국 단기 금리가 장기 금리보다 높게 형성되는 상황이 벌어집니다. 다음 그림을 보시지요(그림 1-12).

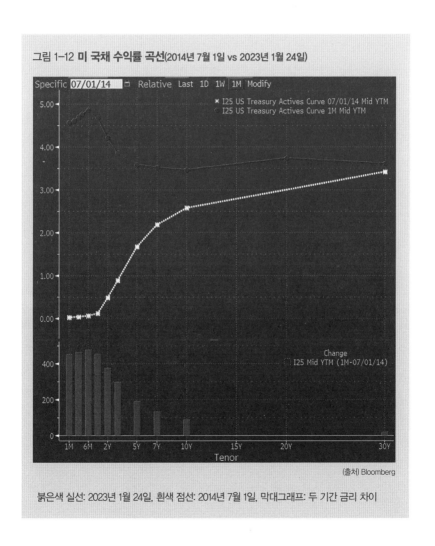

그림 1-12 **미 국채 수익률 곡선**(2014년 7월 1일 vs 2023년 1월 24일)

(출처) Bloomberg

붉은색 실선: 2023년 1월 24일, 흰색 점선: 2014년 7월 1일, 막대그래프: 두 기간 금리 차이

여기서 새로운 채권 전략을 만들 수 있습니다. 즉 장기 금리와 단기 금리 차이가 어떻게 변할 것인지를 예측하여 전략을 만드는 것입니다. 만기는 예측에 따라 다양하게 만들 수 있는데요. 미 국채 기준으로 주로 하는 전략은 2년 만기와 10년 만기 국채를 이용하여 만들게 됩니다. 주의할 점은 장·단기 금리 차를 이용할 때, 두 합성 포지션의 듀레이션은 0을 만드는 것이 원칙입니다. 무슨 말이냐면 첫 번째 전략인 듀레이션 베팅 전략, 즉 금리의 방향성으로 돈을 벌고 잃는 전략이 아니라는 겁니다. 단지 장·단기 금리 차이 방향으로 돈을 버는 것입니다.

장·단기 포지션은 다음과 같이 만들 수 있습니다.

> 장·단기 금리 차이 축소 시: A × 2년 만기 매도 + B × 10년 만기 매수
>
> 장·단기 금리 차이 확대 시: A × 2년 만기 매수 + B × 10년 만기 매도

그러면 우리 실습 한번 해봅시다. 여러분에게 미리 채권계의 워런 버핏이 된 기분을 느끼게 해드리겠습니다."

신 부장은 엑셀 포맷의 슬라이드를 열었습니다.

"2021년 12월 31일, 인플레이션이 심상치 않습니다. 왠지 연준이 기준 금리를 올릴 거 같습니다. 당시 두 채권의 금리 차이는 시장금리 차이를 감안하여 78.4bp, 즉 0.784%입니다. 먼저 여러분 엑셀함수 'Duration'으로 듀레이션을 계산해보세요. 30초 드리겠습니다."

30초 후 듀레이션이 나온 슬라이드를 엽니다.

표 1-5 장·단기 커브 전략 관련, 대상 채권 개요

구분	거래일	만기일	쿠폰금리	시장금리	듀레이션(년)	투자비율
2년물	2021-12-31	2023-12-31	0.75%	0.727%	1.99	4.65
10년물	2021-12-31	2031-11-15	1.375%	1.511%	9.24	1

"자, 화끈하게 여러분에게 정확하게 5억 6,500만 달러를 드리겠습니다. 우선 두 개의 채권을 합친 포지션의 듀레이션은 0을 만들어야 합니다. 투자비율대로 하면 2년물을 4.65만큼, 10년물을 1만큼 반대 포지션으로 투자하면 듀레이션은 0이 되지요. 연준이 인플레이션 때문에 금리를 올리고 싶어 합니다. 그러면 어떻게 포지션을 만들어야 할까요?"

오만기 씨를 의식하는 안이가 씨가 대답합니다.

"네, 단기 금리가 장기 금리보다 빨리 올라갈 것이기 때문에, 2년물 국채를 매도하고 10년물 국채를 매수하는 포지션이 적합합니다."

"그렇습니다. 안이가 씨는 이해하고자 하는 열정이 대단하군요. 2년물 국채를 4억 6,500만 달러만큼 공매도하고, 10년물 국채를 1억 달러만큼 매수합시다. 매수/매도 단위 및 거래비용은 생략합시다. 우선 2년 10년 금리 차이는 어떻게 변했을까요?

다음 슬라이드를 봅시다(그림 1-13).

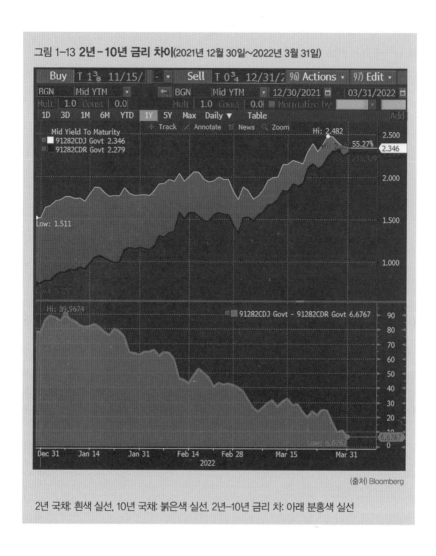

그림 1-13 **2년-10년 금리 차이**(2021년 12월 30일~2022년 3월 31일)

(출처) Bloomberg

2년 국채: 흰색 실선, 10년 국채: 붉은색 실선, 2년-10년 금리 차: 아래 분홍색 실선

　자, 78.4bp에서 이제 6.7bp로 축소되었습니다. 2년물은 0.727%에서 2.279%로 161.9bp, 10년물은 1.511%에서 2.346%로 상승하였습니다. 그러면 두 가지 케이스로 계산을 할 텐데, 먼저 수정 듀레이션 식을 이용하여 손익을 계산해봅시다. 누가 나와서 칠판에 적어주시겠어요?"

　오만기와 안이가의 싸움이다. 둘만 손을 번쩍 들었다.

"이번에는 오만기 씨가 나와서 적어주세요."

오만기 씨는 나와서 또박또박 식을 적어나갑니다.

개별채권 손익계산 = 투자원금 × 듀레이션 × [− 금리 변동 폭]

(−)는 매수, 매도일 경우 (+)

1. 2년물 손익 = 465,000,000달러 × 1.99년 × (1.619%) = +14,352,937달러

2. 10년물 손익 = 100,000,000달러 × 9.24년 × (−0.768%) = −7,719,035달러

1 + 2 = 663만 3,902달러

"장·단기 금리 차 베팅으로 인하여 이번 수익은 약 660만 달러로 수익률은 1.2%입니다."

"네, 제가 풀어본 내용과 일치합니다. 오만기 씨 수고하셨어요.

그러면 커브 차이만을 가지고 계산해볼까요? 여기서 새로운 개념 하나만 짚고 넘어갈게요. 이제 DV01이라는 개념을 배우게 되는데요. 이것은 1달러(혹은 채권통화에 따라 어떤 통화기호를 붙여도 좋다) 투자 시, 1bp가 변동할 때의 손익 변동을 말합니다. 이것을 BPV(Basis Point Value), 즉 (달러) 베이시스포인트 값이라고 부릅니다. 장·단기 커브 차에 따른 가치를 계산하기 위해서는 이 두 개 채권의 DV01을 알아야 합니다. 우선 제가 2년 국채에 대한 DV01을 계산해보면 다음과 같습니다.

$DV01_{2년}$ = 1달러 × (1.99년×0.01%) = 0.000199

그러면 여러분에게 1분 시간을 드릴 테니 10년 DV01을 구해보세요."

1분 후 몇 명의 신입사원이 지원하기 위하여 손을 듭니다. 맨 뒤 오른쪽 끝에 있는 남직원에게 기회를 줍니다. 그가 정성껏 판서합니다.

$$DV01_{10년} = 1달러 \times (9.24년 \times 0.01\%) = 0.000924$$

"네, 맞습니다. 다음은 두 채권의 투자금액을 곱합니다. 이것을 Delta(델타)라고 하며, 이것의 의미는 금리 1bp 변동 시 변하는 손익 수준입니다.

$$Delta_{2년} = 465,000,000달러 \times 0.000199 = 92,480.26달러$$
$$Delta_{10년} = -100,000,000달러 \times 0.000924 = -92,443.53달러$$

이미 말씀드렸지만 원래 두 개의 Delta를 더하면, 합성 듀레이션이 0이라서 0이 나와야 하는 것이 원칙입니다. 하지만 반올림 이슈 때문에 약간의 차이가 난다는 점 양해 말씀드립니다. 여기서 중상급 문제가 나옵니다. 이 장·단기 커브 포지션의 Delta는 얼마일까요?"

위의 10년 DV01을 구하기 위하여 판서한 남직원이 손을 듭니다.

"2년, 10년 Delta가 같다고 가정하면 두 개 중 어느 것을 커브 델타로 써도 무방합니다."

"네, 정답입니다. 쉽게 설명해드릴게요. 2년 금리 움직임이 전혀 없고, 10년 금리 움직임이 1bp이었다면, Delta_{10년} 값인 92,443.53의 변동 폭이 생기게 됩니다. 혹시 성함이?"

"네, 허풍입니다. 제 말이 더 거짓말 같다고 주위에서 놀리지만, 실제 모든 말은 진심으로 해야 한다고 믿는 사람입니다."

"좋습니다. 허풍 씨 잘 맞추셨어요. 그러면 금리 차 축소로 인한 이익을 구해볼까요? 어차피 단기채 매도, 장기채 매수의 포지션은 금리 차 축소일 때 이익을 얻는다고 했으므로 축소일 때 (+) 부호, 확대일 때 (−) 부호를 붙이면 됩니다. 3개월간 축소 폭이 71.7bp$^{(0.717\%)}$이므로 2년물 델타를 이용하여 한번 계산해보겠습니다.

92,480.26 × 71.7 = 6,630,834.64달러

반올림 등으로 인하여 약간 오차가 있지만, 약 660만 달러 수익을 얻게 됩니다.

자, 이제 정리하겠습니다.

1. 원래 동일한 발행자를 가정하였을 때, 만기가 긴 채권이 짧은 채권보다 원금을 잃을 확률이 더 크므로 높은 수익률을 요구하게 되며, 이에 따라 금리 커브는 우상향하는 모습을 보입니다.
2. 그러나 인플레이션 등으로 중앙은행이 긴축정책을 펼치게 되면, 초단기인 기준금리를 인상하게 되면서 만기가 짧은 순으로 순차적으로 금리가 상승하게 됩니다. 이 경우 장·단기 금리 차이가 좁혀지면서 역전되기도 합니다.
3. 장·단기 금리 차 전략은 개별 채권의 금리 하락을 예측한 듀레이션 베팅이나, 유사 만기의 안전자산과 크레디트 채권 간 차이 축소에 베팅하는 크레디트 스프레드 전략과 달리, 동일한 발행사의 장·단기 채권 금리 차이 방향에 베팅하는 전략입니다.
4. 일반적으로 이 전략은 무위험 자산군인 정부채를 가지고 구성합니다.
5. 금리 차 축소일 경우, 단기 채권 매도, 장기 채권 매수이며, 확대일 경우 단기 채권 매수, 장기 채권 매도 포지션을 구축합니다.

6. 포지션을 감안한 두 채권의 가중평균 듀레이션은 0으로 합니다(개별채권 방향성 제거).

7. 6에 의하여 각 채권별 투자금액을 감안한 개별 델타가 서로 같게 되며, 이 개별 델타 자체가 본 전략의 델타가 됩니다.

8. 매입 시, 그리고 매도(또는 평가) 시의 금리 커브 차이를 7의 델타에 곱하면 손익이 계산됩니다.

장·단기 금리 차 전략을 하고 싶은 분들은 이 요약 내용을 반복적으로 읽으면서 숙달하면 됩니다.

이틀 동안 수고 많으셨습니다. 사실 해외채권과 관련한 내용을 모두 강의하라면 그 기간이 1년이라도 모자랄 정도로 그 양은 아주 많습니다. 그러나 이틀간 제가 말씀드렸던 내용만 숙지한다면 지금 당장 현업에서 채권 운용하는 데 전혀 지장이 없을 것입니다. 그동안 수고 많으셨습니다. 감사합니다."

어제 시작할 때의 박수 소리 이상의 데시벨이 강의장을 울립니다. 신 부장이 강단을 내려와 나가려 할 무렵, 어벙철 씨가 다가와 90도 인사 후에 음료수 한 캔을 전해줍니다.

"부장님, 저 채권은 오늘 처음 접해봅니다만, 기회가 된다면 외화채권부에서 꼭 일하고 싶습니다. 저 어벙철입니다."

PART 2

ETF, 채권과의 궁합

01

ETF의 정의와 역사: 금융시장의 혁명적 사건

"부장님, 강의 좀 부탁드립니다."

"아이고 마 차장, 제가 진짜 바빠요. 작년에 그렇게 채권 죽을 쒔는데 올해는 정말 잘해야죠. 요즘 저와 팀원들 다 밤새우고 난리예요."

신난은행 연수팀 마당발 차장이 신 부장에게 추가 강의를 부탁하고 있습니다.

"어제 부장님 강의를 끝으로 신입사원 연수가 종료됐습니다. 마지막에 강의 평가를 진행했는데, 부장님 강의가 1등을 차지했습니다. 그리고 오늘 이 소문을 들은 개인퇴직연금부, 신탁부 소속 직원들이 부장님의 강의를 듣고 싶어 합니다. 부탁드립니다. 이 이 연수 잘 끝나면 제대로 부장님과 팀원에게 한턱 쏘겠습니다."

"언제부터 계획하고 계십니까?"

신 부장은 마지못해 마 차장 제안을 받아들입니다. 사실 신 부장은 강의하는 것을 좋아합니다. 나이가 들고 좀 있으면 물러나야 한다고 생각하고 있어서, 되도록 많은 시간을 써서 해외채권시장의 노하우를 전하고 싶어 합니다.

"혹시 부장님 다음 주 월요일부터 4일간 가능하십니까? 주제는 부장님 뜻대로 정하시면 됩니다."

"요즘 ETF 투자가 대세입니다. 그리고 작년에 각국 중앙은행이 인플레이션 잡는다고 금리를 많이 올려놔서 채권투자에 대한 관심이 높아지고 있습니다. 그래서 이 둘을 결합하여, 해외채권형 ETF 상품을 소개하고, 해외채권가격에 영향을 미치는 주요 경제지표에 대한 내용을 강의 계획표에 넣으면 4일간의 강의를 짤 수 있을 듯합니다."

"정말 연수생들에게 도움이 될 내용들입니다. 저도 연수 지원 담당이지만, 꼭 듣도록 하겠습니다."

평소에 소울리스 리액션Soleless Reaction에 길든 마 차장이지만 이번 리액션은 예외입니다. 진정 신 부장의 강의에 기대하고 있는 표정을 짓습니다.

"그런데 부장님, 제가 금융상품은 문외한이어서 ETF를 잘 모릅니다. 혹시 간단하게 설명해주실 수 있으십니까?"

"그러면 일단 회의실로 갑시다. 그리고 저희 동료인 김승리 주임도 동석하겠습니다. 김 주임, 시간 되나?"

"네, 부장님께서 시간 내라면 당연히 내야 하는 거 내야 하는 거 아입니까!"

경상도 사나이 김주임은 무엇이든 시원하게 대답하는 호남형입니다.

부장실 옆 회의실에서 신 부장은 화이트보드에 다음과 같이 씁니다.

E: Exchange(거래소에서)

T: Traded(매매가 가능한)

F: Fund(펀드)

"ETF, 우리말로 하면 상장지수펀드라고 합니다."

"제가 펀드는 은행이나 증권사에서 팔아서 가입한 적이 있습니다. 그런데 ETF는 파는 것을 본 적이 없습니다."

신 부장은 웃으면서 설명을 이어갑니다.

"맞습니다. ETF는 주식처럼 주식시장에서 사고파는 펀드입니다. 먼저 ETF의 정의를 말씀드리지요. ETF란 거래소에 상장되어 주식처럼 실시간 거래가 가능하고, 시장 대표지수처럼 특정 기초자산의 가격 변화에 따라 움직이도록 설계된 지수펀드입니다. 반면 뮤추얼펀드는 펀드를 운용하는 운용사에서 지정한 판매창구(은행, 증권사, 운용사)에서만 매입 및 환매가 가능합니다. 또한 매입가 및 환매가가 바로 정해지는 것이 아니라 시차를 두고 결정되는 특징이 있습니다. 김 주임이 표로 정리했으니 보면서 이야기 나누시지요."

"차장님, 여기 있습니다."

표 2-1 ETF와 뮤추얼펀드 차이

구 분	ETF	뮤추얼 펀드
거래 방법	거래소 내에서 자유롭게 매매	지정 창구에서 매입 및 환매
환매 방법	거래소에서 매도	창구에서 환매 신청
폐쇄형/개방형	폐쇄형	개방형
거래가격 결정	매매 시 바로 결정	매입 및 환매 신청 후 약관에 의거, 수일 후에 결정
투자 전략	지수추종형이 대부분이나, 액티브 ETF 확대	운용역 재량에 의한 액티브 운용이 대부분임
비용	비교적 저렴	비싼 편임
기초자산 공개	매일 공개가 원칙 단 액티브 ETF의 경우, 2019년 일간 편입 공개의무를 면제	일반적으로 1개월마다 공개 유럽에서 판매하는 뮤추얼펀드 (UCITS)의 경우, 기초자산 보유가 공개일 2개월 전 기준임

"과거 같으면 ETF의 특징을 말씀드리기 쉬웠을 겁니다. 다음과 같이 설명할 수 있습니다.

1. 펀드 자체를 환매할 권한이 없는 폐쇄형 펀드이지만, 주식처럼 상장되어 있어 거래소에서 얼마든지 거래 가능하다.
2. 주로 지수 추종형인 패시브(Passive) 형태이다.
3. 지수를 그대로 복제하여 만든 상품이므로 거래비용이 매우 싸다.
4. 마지막으로 매우 투명한 시장으로서 ETF 운용사는 매일 장 종료 후 보유 기초자산 현황을 공개하게 되어 있다.

그런데 ETF 상품 구조가 획기적으로 변화합니다. 최근 지수 추종이 아닌, 벤치마크가 아예 없거나 뮤추얼펀드처럼 벤치마크보다 나은 성과를 얻기 위한 액티브Active ETF가 인기를 끌고 있습니다. 액티브 ETF가 나오면서 편입하는 기초자산이 주식, 채권, 상품 등 상장되어 있는 전통 자산에 국한되지 않고, 장내·외 파생상품, 레버리지 등의 상품으로 확대, 발전해가고 있습니다. 대신 수수료는 좀 올라갔지요. 자세하게 설명하기 전에 마 차장님 혹시 캐시우드라는 ETF 매니저 이름 들어보셨습니까?"

"아니요, 제가 재테크 관련한 뉴스를 접할 기회가 없어서요."

"예, 우리말로 재미로 돈나무 언니라고 하는데, 그녀는 아크인베스트먼트Ark Investment라는 액티브 ETF 운용사를 세워서, 주로 성장주 주식을 편입하여 몇 년 전에 짭짤한 재미를 봤습니다. 그런데 재미있는 게 ETF의 기초자산은 매일 공개하기로 되어 있는데, 2019년 이것을 액티브 ETF의 경우에는 면제해주었다고 했잖아요. 일부만 공개하거나, '프록시 바스켓Proxy Basket'이라는 이름으로 보유 주식을 공개하되, 현재 시점 대비 수일 전 기준으로 공개할 수 있습니다. 만약 예전처럼 ETF 기초자산을 매일 공개하도록 했다면, 캐시우드 같은 액티브 운용역이 나왔을까요?"

김 주임이 마 차장을 대신하여 대답합니다.

"마, 쉽지 않습니다. 액티브 ETF의 생명은 주식 종목 선정이나 전략인데 이걸 매일매일 오픈해서 이거 따라 하는 사람들 많아지면 운용사 입장에서는 차별성이 사라지게 될 것입니다. 여기에 단기간 수익을 얻기 위한 트레이더들이 프론트 러닝[1]을 통하여 가격을 왜곡시킬 수 있지 않겠습니꺼?"

신 부장이 이어받습니다.

"김 주임 설명이 맞습니다. 최근 ETF 시장에서 가장 큰 변화는 바로 이 액티브 ETF의 출현, 그리고 극강의 정보 투명성을 일부 완화해서 뮤추얼 펀드의 강점인 운용역 재량의 전략을 ETF 상품에 적용하게 해준 것입니다."

마 차장은 이제야 ETF의 정의와 특성에 대해 조금 이해할 것 같습니다.

"예, ETF는 거래소 시장에서 마음대로 거래할 수 있는 폐쇄형 펀드이고 주로 지수 추종형이다. 그러나 최근에 운용역 재량에 의하여 운용되는 액티브 ETF가 나오면서 뮤추얼펀드의 장점을 일부 수용해가고 있다. 즉 둘 간의 크로스오버가 진행 중이다, 이렇게 이해하면 되겠습니까?"

"정확합니다. 그러면 ETF의 역사에 대하여 간략하게 알아볼까요? 이 부분은 김 주임이 설명을 해드리겠습니다. 우선 ETF라는 상품 개발은 글로벌 금융시장 역사에 있어서 파격적인 사건입니다. 이전까지는 개별 자산

---

1 Front Running(선행매매): 예를 들어 ETF 운용사에서 시장의 브로커와 주식 대량 매매를 시도할 경우, 브로커는 이를 사전에 인지하고 자기 계정으로 동일 종목을 매입한 후 이를 비싼 가격에 되팔 수 있음. 이뿐 아니라 다른 트레이더들도 미리 자기 계정에 동일 종목을 매입하여 트레이딩을 통한 부당이득을 취할 수 있다.

또는 종목의 가격이 내재가치라는 고유의 가격 대비 한참 아래에서 머물러 있을 때, 현재가격이 반드시 내재가치에 도달할 것이라는 믿음이 있었습니다. 물론 이것이 지금도 유효하고요. 여기에 개별적으로 투자하면 반드시 이익을 얻을 수 있다는 이론이 투자 이론의 주류였습니다. 대표적인 인물이 벤저민 그레이엄이었죠. 이를 계승, 발전시킨 인물이 워런 버핏이고요. 그런데 개별 주식에 소위 '몰빵'하는 투자는 1929년 대공황과 같이 주식시장의 급락을 가져올 경우, 보유한 자산가치가 회복 불가능한 수준으로 하락할 수 있다는 겁니다. 그래서 다양한 자산군에 투자하는 포트폴리오 이론이 발전하게 되고, 그 이론을 정립한 인물이 나오게 되는데요."

"마, 달걀을 한 바구니에 담지 마라', 마코위츠입니다."
김 주임이 이어서 설명합니다.
"그 이후에 말입니다. 절대 인간은 시장을 이길 수 없다, 그래서 점점 시장을 이기기보다는 수많은 종목의 가중평균[2] 합인 시장 그 자체를 추종하는 투자자들이 생기게 됩니다. 이 시장, 마 벤저민 그레이엄이 만든 조어인 '미스터 마켓'에 투자하면 앞에서 설명한 대로 여러 바구니에 달걀을 담게 되어 위험을 분산할 수 있고, 시장이 구성하는 종목들을 보고 담기만 하면 되니 얼마나 좋겠심꺼. 이 시장을 이제부터 우리는 인덱스Index, 우리말로 하면 지수라고 부르겠습니다.

ETF의 전신은 인덱스펀드입니다. 여기서 말하는 인덱스는 S&P500, KOSPI 같은 종합지수를 의미합니다. 인덱스펀드의 개념을 처음 만든 사람은 『시장 변화를 이기는 투자Random Walk Down Wall Street』를 쓴 버턴 말킬

---

2 주가지수, 채권지수의 경우 대부분 개별 종목의 시가총액(채권의 경우 종목별 발행금액)을 가중평균하여 산출하게 된다.

Burton Malkiel 교수입니다. 여기서 그는 주가에 대한 기술적 분석 및 개별 주식의 기본적 분석은 아무 쓸모가 없다고 말합니다. 대신 그는 시장을 대표하는 다양한 포트폴리오군에 투자하는 것을 추천합니다.

그로부터 3년 후인 1976년, 뱅가드 그룹의 창업자 존 보글이 인덱스 펀드를 만듭니다. 'Vanguard 500 Index Fund'로 S&P500을 추종하는 펀드입니다. 저는 그분이 쓴 『모든 주식을 소유하라The Little Book of Common sense Investing』는 책을 10번도 넘게 읽었는데예, 그 책을 보고 정말 모든 주식을 사랑하게 되었심더."

"아직도 ETF는 출시되지 않았나요? 기다려집니다."

마 차장은 곧 팀으로 복귀해야 하는지 마음이 급해집니다.

"마, 이제 나옵니다. 사실 ETF 출시는 그보다 훨씬 늦었습니다. '스파이더Spider'라는 ETF 운용사에서 1993년 1월 22일 S&P 500을 기초로 한 SPDRS&P Depository Receipt ETF를 미국증권거래소American Stock Exchange에 상장시킵니다. Spider는 수탁은행으로 더 유명한 State Street Global Advisors의 관계사입니다.

그 후에 주식형 ETF 중심으로 발전하다가 2002년 iShares(지금은 세계 최대 규모의 운용사인 블랙록 산하이지만, 당시에는 글로벌 투자은행인 바클레이즈Barclay 관계사)가 미 국채를 기초자산으로 하는 ETF를 출시하였심더. 이것이 채권형 ETF의 시초입니다. 그리고 금융위기 등을 거치면서 ETF의 규모는 엄청나게 성장을 했고요."

"부장님, 그리고 주임님, 제가 지금 팀 회의가 있어서 오늘은 여기까지 듣겠습니다. 제가 들은 내용은 다음 주 월요일부터 시작하는 연수의 사전 배포 자료로 활용하겠습니다. 부장님께서는 ETF의 규모와 주요 특징을 시작으로 강의를 준비해주시면 감사하겠습니다."

마 차장이 다이어리와 펜, 그리고 김 주임이 건넨 핸드아웃을 주섬주섬
챙기고 회의실에서 나갔고, 신 부장이 허탈한 듯 웃으면서 말합니다.
"아, ETF 규모만 이야기하면 끝인데, 다음 연수에 첫 번째 퀴즈로 내야
겠구먼."

02

알아두면 쓸 데 많은 ETF 잡학지식: 투자 전 알아두어야 할 주요 지식

일주일 만에 다시 오게 되는 신난은행 연수원 강의실. 오늘부터 4일 동안 개인연금퇴직부 및 신탁부 자금운용 직원 대상으로 강의가 있습니다. 작년에도 이들에게 '해외채권과 전략'이라는 주제로 강의했습니다. 당시에 참가자들이 적극적으로 참여하는 수업으로 계획을 짠 결과, 강의 평가 1위라는 영광을 안았습니다. 사실 과거 유사 과목 사례를 보았을 때, 쓸데없이 기초에 집중하다 보니 정작 실무에서 사용하는 스킬 교육에 소홀한 점을 신 부장은 잘 알고 있습니다. 그는 주말 내내 모교인 후백제대학교 도서관에서 사례와 직원들의 참여 중심으로 강의 계획을 짰습니다.

"안녕하십니까, 외화채권부 신달라 부장입니다. 저희 부서는 글로벌 채권시장에서 거래되는 채권을 직접 매매하기도 하고, 해외채권형 ETF를 거래하여 수익을 극대화하는 것을 목표로 하는 조직입니다. 이번 연수는 4일 동안 진행됩니다.

오늘은 ETF에 대한 주요 특징과 채권 전략별로 적합한 해외채권형 ETF를 살펴보겠습니다. 사실 전 세계 증시에 상장되어 거래되는 ETF의 수가 워낙 많기 때문에 모두 다 다룰 수는 없습니다. 대표적인 몇 개를 채권 전략에 적용하여 직접 전략을 짜보시면서 재미있는 시간을 가져보시죠."

신 부장은 노트북 엔터키를 눌러 첫 번째 슬라이드를 엽니다.

"첫 시간은 ETF의 주요 특징을 알아보겠습니다. ETF의 유래와 정의에 대해서는 연수팀에서 사전에 배포한 자료를 참고해주십시오. 맥락 파악에 도움이 되니까 잘 알아두십시오. 오늘 배울 내용은 다음과 같습니다."

1. ETF의 규모

2. 티커(Ticker)

3. 장점

4. 가격, NAV, 그리고 인덱스

5. 주요 용어: 주문 방법, 주요 용어

ETF의 규모

신 부장은 다음 슬라이드의 차트를 보여주며 설명을 시작합니다.

"ETF는 1993년 최초 출시 이후 다양한 상품군으로 확대되었으며, 세계 각국 주식시장에 상장되어 손쉽게 거래되고 있습니다. 2022년 말 기준 세계 주식시장에서 거래되는 ETF 규모는 약 9조 5,000억 달러 규모입니다. [그림 2-1] 차트는 지난 20년간의 글로벌 ETF 규모 추이입니다. 참고로 2003년 ETF 상품 개수는 276개에서 2022년 말 8,754개로 약 40배 커졌습니다.

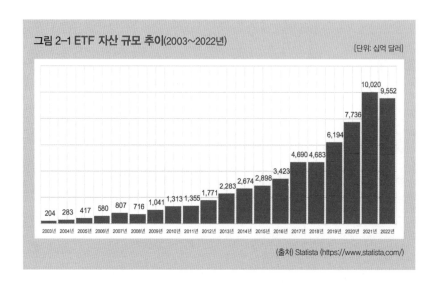

그림 2-1 ETF 자산 규모 추이(2003~2022년)

[단위: 십억 달러]

(출처) Statista (https://www.statista.com/)

오늘 저희는 해외채권형 ETF, 특히 미국에 상장되어 있는 상품에 한하여 다룰 예정입니다. 기초자산이 미국과 관련된 상품임에도 유럽 투자자를 위하여 유럽에 상장되어 있는 ETF는 예외로 포함합니다.

자, 그러면 미국에 상장되어 있는 채권형 ETF는 몇 개일까요? 참고로 미국에 상장되어 있는 ETF 상품 총 개수는 현재 3,110개이며, 이 중 주식형은 2,225개[3]입니다."

맨 앞줄 위주로 숫자를 말하는 소리가 들립니다. '100개', '200개', '아니다, 350개' 등등 역시 강의를 할 때에는 맨 앞줄에 있는 수강생이 가장 집중력이 좋고 참여율도 높습니다. 강의의 성공은 이들이 다른 수강생들에게 영향을 미칠 '미친 리액션'을 끌어내느냐에 달려 있습니다.

"저기, 혹시 600개 정도 되지 않나요?"

예상을 뒤엎고 맨 뒷줄 신탁부 오소리 과장이 대답합니다.

---

3 출처: ETF.com

"비슷합니다. 뭐 첫째 자리까지 정확히 맞추기는 어려우니까 600개를 정답으로 하겠습니다. 오 과장님에게 휴대용 목 마사지기를 선물로 드립니다."

신 부장은 오 과장이 앉아 있는 자리로 직접 가서 선물을 건넨 후 설명을 이어갑니다.

"예, ETF닷컴에 의하면 현재 상장된 채권형 ETF는 총 577개입니다. 반면 블룸버그에 의하면 총 574개입니다. 어차피 도긴개긴입니다. 그 정도 숫자라고 보시면 되고요. 그리고 현재 규모는 약 1조 3,000억 달러입니다. 주식형 ETF 상품 규모가 총 5조 3,000억 달러 규모이니까 약 4분의 1배 규모이긴 하지요. 그래도 미국에 상장되어 있는 채권형 ETF 규모도 상당히 큽니다. 우리나라 KOSPI 규모가 현재 1,850조 원, 이것을 환율 1,200원/달러로 환산하면 1조 5,000억 달러 규모이니까 거의 비슷한 수준인 거죠. 자, 그러면 문제 하나 나갑니다. 세계에서 자산 규모 기준, 가장 규모가 큰 운용사는 어디일까요?"

신입사원 연수를 마치고 개인퇴직연금부로 발령을 받은 어병철 씨가 대답합니다.

"뱅가드입니다. 아, 아닌가? 스파이더State Street Global Advisory입니다."

"애석하지만 둘 다 아닙니다. 어디일까요?"

맨 앞줄 가운데 같은 부서 진세련 차장이 손을 듭니다.

"블랙록의 관계사인 ETF 전문 운용사 iShares입니다."

"정답입니다. 진 차장님은 간접투자 전문가이시니까 너무나 쉬운 문제일 거 같은데요. 다음 슬라이드에서 세계 10대 운용사 및 자산 규모를 그래프로 보여드립니다(표 2-2).

표 2-2 자산 규모별 운용사 Top 10(2023년 2월 기준)

[단위: 십억 달러]

운용사	규모	ETF 상품 수
BlackRock(iShares)	3,930	397
State Street(Spider)	1,270	139
Vanguard	1,059	81
Invesco	1,045	242
First Trust	921	199
ProShares	498	137
VanEck	293	68
Rafferty Asset Management	253	83
JPMorgan Chase	243	47
World Gold Council	222	2

(출처) ETF.com

우리는 해외채권형 ETF를 주로 다루니까 여기서 채권만 분리해서 주요 운용사 순위를 한번 봅시다.

표 2-3 미국 상장 해외채권형 ETF 기준, 자산 규모별 운용사 Top 10(2023년 2월 기준)

[단위: 십억 달러]

운용사	규모	ETF 상품 수
BlackRock(iShares)	572	115
Vanguard	378	20
State Street(Spider)	116	40
Charles Schwab	42	8
Invesco	40	57
Grace Partners of DuPage	33	23
JPMorgan	32	13
Allianz SE	20	15
WisdomTree	17	13
Van Eck Associates Corp	15	19

(출처) Bloomberg

정리하면 ETF시장은 금융시장의 주류로 자리 잡아가고 있으며, 이와 함께 채권형 ETF 규모 또한 커졌습니다. 따라서 기관이든 개인이든 ETF 시장에 쉽게 접근하여 자유롭게 거래할 수 있습니다. 운용사 중에서는 블랙록iShares, 뱅가드Vanguard, 스테이트 스트리트Spider 등이 ETF 시장을 주도하고 있는 대형 운용사입니다."

Ticker(티커)

"티커는 종목의 고유 이름입니다. 우리는 주민등록번호를 기준으로 자신임을 입증하지요. 미국에 상장되어 있는 모든 종목에는 티커가 있습니다. 예를 들어 애플은 'AAPL'로 하기로 약속을 했고요. 해외채권형 ETF 중 가장 규모가 큰 'Vanguard Total Bond Market ETF'의 티커는 'BND' 입니다. 보통 알파벳 한 글자에서 네 글자까지 가능합니다. 다음 슬라이드 보시지요.

BND	US	Equity
Ticker	상장 국가	상품 종류

슬라이드에서 보시듯, 'US'는 이 상품이 미국에 상장되어 있음을 알 수 있고, 마지막 Equity라는 의미는 이 상품이 아무리 채권형 상품이라도 주식시장에 상장되어 있으므로 이를 의미하는 'Equity'를 붙이는 것입니다. 마지막으로 구글, 야후 파이낸스, ETF.com 등을 통하여 여러분이 보고 싶어 하는 해외채권형 ETF를 검색할 수 있는데요. 다음 슬라이드에서는 야후 파이낸스에서 LQD를 검색하였습니다(그림 2-2)."

그림 2-2 ETF 검색(예)

- finance.yahoo.com의 검색창에서 원하는 티커를 씁니다.

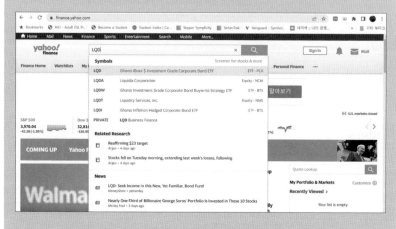

- 티커의 시세 및 주요 통계가 나옵니다.

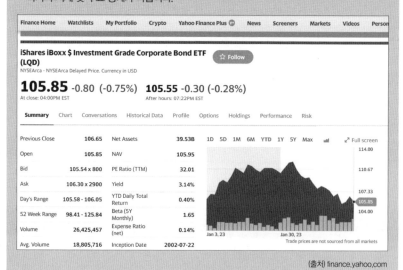

(출처) finance.yahoo.com

ETF의 장점

"강의를 시작하기 전 강의실 입구 앞에 'ETF의 장점'이라고 크게 쓰인 보드에 여러분이 생각하는 장점을 포스트잇에 적어서 붙여달라고 연수팀에서 요청했을 겁니다. 얼마나 많이 쓰셨는지 궁금합니다. 마 차장님, 보드 좀 갖다 주시겠습니까?"

마 차장이 바퀴 달린 블랙보드를 밀고 강단까지 가져다줍니다.

"감사합니다. 와, 많이 적어주셨네요. 제가 포스트잇을 하나하나 떼면서 그것을 읽고 설명해드리겠습니다."

거래하기 편하다

"맞습니다. ETF는 상장되어 있는 국가의 주식시장에서 자유롭게 매매가 가능합니다. 우리 해외채권이니까 사례를 들어볼게요. 저희 부서는 직접 개별 종목도 취급하니까, 애플 5년물 만기 종목인 'AAPL 3 06/20/27'을 시장에서 매입한다고 해보죠. 이것을 매입하기 위하여 저희는 브로커 또는 마켓 메이커인 투자은행 거래 상대방에게 일일이 호가를 물어봐야 합니다. 상대방은 해당 종목을 들고 있을 수도 있고, 없을 수도 있습니다. 종목을 들고 있다고 하더라도, 저희가 원하는 가격에 사기 위해서 그들과 흥정을 해야 합니다. 저희가 기관투자자이니 이러한 부분이 일상화되어 있지만 사실 한 종목 매입까지의 저희 직원들의 노력은 인정해주셔야 합니다.

반면에 투자등급 회사채로 구성되어 있는 ETF인 LQD US의 기초자산 내역을 보면, 이 종목이 나오네요.

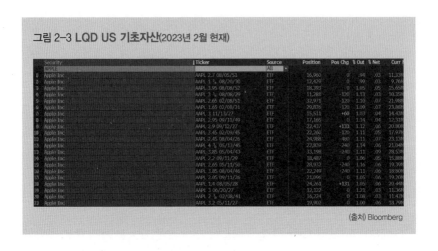

그림 2-3 LQD US 기초자산(2023년 2월 현재)

	Security	↓Ticker	Source	Position	Pos Chg	% Out	% Net	Curr
	APPLE	ALL						
1	Apple Inc	AAPL 2.7 08/05/51	ETF	16,960	0	.94	.03	11.33M
2	Apple Inc	AAPL 3 ¼ 08/20/30	ETF	12,429	0	.99	.03	9.76M
3	Apple Inc	AAPL 3.95 08/08/52	ETF	18,393	0	1.05	.05	15.65M
4	Apple Inc	AAPL 3 ¼ 08/06/29	ETF	11,281	120	1.13	.03	10.35M
5	Apple Inc	AAPL 2.65 02/08/51	ETF	32,971	-120	1.10	.07	21.06M
6	Apple Inc	AAPL 1.65 02/08/31	ETF	29,876	-120	1.09	.07	23.88M
7	Apple Inc	AAPL 3 11/13/27	ETF	15,511	+60	1.03	.04	14.43M
8	Apple Inc	AAPL 2.95 09/11/49	ETF	17,165	0	1.14	.04	12.31M
9	Apple Inc	AAPL 2.9 09/12/27	ETF	22,437	+133	1.12	.06	20.80M
10	Apple Inc	AAPL 3.45 02/09/45	ETF	22,260	-120	1.11	.05	17.97M
11	Apple Inc	AAPL 2.45 08/04/26	ETF	24,988	-480	1.11	.07	23.13M
12	Apple Inc	AAPL 4 ⅜ 05/13/45	ETF	23,839	-240	1.14	.06	21.04M
13	Apple Inc	AAPL 3.85 05/04/43	ETF	33,198	-240	1.11	.09	28.53M
14	Apple Inc	AAPL 2.2 09/11/29	ETF	18,487	0	1.06	.05	15.88M
15	Apple Inc	AAPL 2.65 05/11/50	ETF	28,932	-240	1.16	.06	19.39M
16	Apple Inc	AAPL 3.85 08/04/46	ETF	22,249	-240	1.11	.06	18.90M
17	Apple Inc	AAPL 2.05 09/11/26	ETF	21,096	0	1.05	.06	19.20M
18	Apple Inc	AAPL 1.4 08/05/28	ETF	24,261	+131	1.05	.06	20.44M
19	Apple Inc	AAPL 3 06/20/27	ETF	12,122	0	1.21	.03	11.36M
20	Apple Inc	AAPL 2 ⅜ 02/08/41	ETF	16,724	0	1.08	.03	11.42M
21	Apple Inc	AAPL 3.2 05/11/27	ETF	19,902	0	1.00	.06	18.79M

(출처) Bloomberg

그리고 이 상품은 주식시장이 열리는 시간에 자유롭게 매매할 수 있습니다. 매입하기까지 시간도 매우 짧고요. 다음 포스트잇을 보겠습니다.”

싸다

“거래비용을 말씀하시는 거죠? 네, 맞습니다. 나눠드린 사전 배포 자료 중 ETF와 뮤추얼펀드의 비교표에 나와 있지요. ETF는 운용역의 재량으로 시장을 이기기 위함이 아니라 시장수익률을 추종하기 위하여 만든 패시브Passive 상품입니다. 따라서 그냥 지수를 복제하면 되는 것입니다. 보고 베끼는 데 돈이 많이 들 필요가 있겠습니까? 그저 상장하는 비용, 포트폴리오를 구성하기까지 필요한 거래비용 등을 감안하면 됩니다. 다시 LQD 슬라이드 내용으로 돌아가면 여기 수수료가 불과 투자금액의 0.14%에 불과하다는 것을 알 수 있습니다. 반면에 그 유명한 채권전문 운용사 핌코의 ‘토털리턴펀드’라는 뮤추얼펀드의 수수료는 0.46%입니다.

그런데 최근 ETF도 단순히 시장을 추종하는 것이 아닌, 운용역의 재량에 의한 적극적인 투자를 기반으로 하는 ‘액티브 ETF’가 유행하고 있습니다. 따라서 운용사에게 돌아가는 비용이 증가하면서 저렴하다는 의미가 모든 ETF에 적용하기는 어렵습니다. 저렴한 비용의 ETF를 매매하려면 반드시 이것이 액티브인지 패시브인지 구별하여 거래하시면 됩니다. 자, 다음을 볼까요?"

내가 원하는 모든 종목을 살 수 있다

"네, 이것은 '계란을 한 바구니에 담지 마라'는 마코위츠의 포트폴리오의 격언을 적어주신 거네요. 맞습니다. 이것은 앞에서 편리한 거래의 특성을 설명드릴 때 잠깐 언급했습니다만, 수많은 종목이 상품 안에 포함되어 있어 ETF 한 종목을 살 경우 수백 개의 종목을 매입한 것과 다름 없습니다. 참고로 LQD의 종목 수는 총 2,584개입니다. 더 볼까요?"

접근하기 어려운 상품을 매입할 수 있다

"네, 맞습니다. 저는 개인적으로 이 부분이 ETF의 최대 장점이라고 생각하는데요. 개인투자자뿐만 아니라 저희 같은 기관투자자도 규정상, 그리고 실무상 투자하기 어려운 상품들이 꽤 있습니다. 자산유동화증권Asset Backed Securities, ABS[4], 토털리턴 스와프Total Return Swap[5] 등과 같은 파생상품이 그 예인데요. ETF는 이러한 상품들을 포함하고 있으므로, 저희가 주식시장에서 취사 선택하면 됩니다.

예를 들어 저희 부서는 작년 초, 금리가 되게 많이 올라갈 거라고 생각하고 있었습니다. 그런데 채권을 매입하여 금리 하락이나 크레디트 스프

---

4 유·무형의 유동화 자산을 특수목적회사(Special Purpose Company, SPC)에 양도하고, SPC가 이를 기초로 하여 발행하는 증권
5 거래 당사자가 계약 기간 내에 서로 보유하고 있는 기초자산의 총수익을 상호 교환하는 파생상품

레드 축소 등을 기대하며 수익을 얻는 저희 부서에서 금리 상승에 베팅
하여 돈을 벌 만한 직접적인 투자 방법이 없었습니다. 국채선물 매도 포
지션이 있지만, 저희가 트레이딩 포지션[6]은 당분간 가져가지 않기 때문
에 이것은 논외입니다. 그런데 저희 투자전략을 충족하는 파생상품을 포
함한 ETF가 있습니다. TBT US라는 상품인데요. 상품명은 'UltraShort
20+Year Treasury'입니다. 기초자산을 한번 보시죠.

그림 2-4 TBT 기초자산

	Weight ▾		Ticker	Description	Coupon Rate	Maturity Date	Exposure Value (Notional + GL)		Market Value		Shares/Contracts
1	-46.92%	--	2	ICE 20+ YEAR U.S. TREASURY INDEX SWAP CITIBANK NA	--	--	3	-350,307,512	--	4	-3,565,108
	-40.88%	--		ICE 20+ YEAR U.S. TREASURY INDEX SWAP GOLDMAN SACHS INTERNATIONAL	--	--		-305,177,185	--		-3,105,813
	-40.27%	--		ICE 20+ YEAR U.S. TREASURY INDEX SWAP BANK OF AMERICA NA	--	--		-300,639,146	--		-3,059,629
	-35.98%	--		ICE 20+ YEAR U.S. TREASURY INDEX SWAP SOCIETE GENERALE	--	--		-268,659,937	--		-2,734,174
	-34.38%	--		SWAP MORGAN STANLEY & CO. INTERNATIONAL PLC				-256,714,174	--		-2,612,601

(출처) TBT US Summary (https://www.proshares.com/our-etfs/leveraged-and-inverse/tbt)

그냥 보면 무슨 뜻인지 잘 모르겠죠? 사실 저도 처음에 이걸 볼 때, '당
최 뭐야?'라는 생각이 들었습니다. 하나씩 보시죠. 슬라이드에서 보듯이

---

6 유가증권 보유자산 매매 회계처리 방법은 FVPL(Fair Value through Profit & Loss), FVOCI(Fair Value through Other Comprehensie Income), AC(Amortized Cost)로 나뉘어진다. 트레이딩 데스크의 경우, FVPL 계정을 적용하며 모든 자산의 매매손익 및 보유 중 발생하는 평가손익 등은 모두 손익계산서상 손익으로 산입한다. 이 경우 규정에서 허용된 파생상품(예: 국채선물, 이자율 스왑 등) 투자가 가능하다. 반면 FVOCI, AC 계정에서는 손익계산서상 손익으로 산입되는 파생상품 투자가 원천적으로 금지되어 있다. 단, 기초자산의 이자율 또는 통화 위험을 헤지하기 위한 스왑의 경우, 일정 조건을 충족할 경우 허용된다.

이 상품에는 총 5건의 토털리턴 스와프가 포함되어 있습니다.

대표로 맨 윗줄 상품을 보시지요.

1. 이 ETF 전체 비중의 약 47%를 차지하고 있는 상품입니다. 그런데 부호가 마이너스이지요? 금융상품에서 비중을 나타내는 숫자에 마이너스가 붙은 것은 'Sell', 즉 매도 포지션이라고 보시면 됩니다. 즉 기초지수의 수익률과 반대로 가니까 마이너스를 붙인 거죠.

2. 이것은 토털리턴 스와프의 기준이 되는 기초지수입니다. 글자를 좀 나누어서 분석해 보시죠.

- ICE / 20+ YEAR US TREASURY INDEX / SWAP / CITIBANK NA
- ICE: 이 지수를 제공한 회사 이름입니다.
- 20+ YEAR US TREASURY INDEX: 20년 이상 미 국채 지수를 의미합니다.
- SWAP: 이 지수를 기초로 한 SWAP 계약이라는 것입니다. 스와프는 우리말로 해석하면 '바꾼다'라는 의미이니까, 이 지수의 매수자와 매도자가 교환을 위해 필요하겠죠?
- CITIBANK NA: 이 ETF 운용사와 위의 스와프 계약을 체결한 거래 상대방입니다. 보통 스와프 은행이라고도 하지요.

이미 1에서 이 ETF가 보유하고 있는 비중이 −47%라고 배웠습니다. 즉 ETF 운용사가 47% 비중만큼 이 지수에 대해서 매도를 하고 있다는 것입니다. 반대로 스와프 은행인 씨티은행은 동 비중(금액)만큼 매수 포지션을 가지고 있는 것이죠.

자, 이 지수는 20년 이상 미 국채 지수입니다. 국채 금리가 올라가면 가격이 떨어지니까 지수가 하락하겠죠? 그러면 스와프 계약에서 누가 이깁니까? 바로 ETF 운용사이겠지요? 반면에 금리가 하락하면 지수 매수자인 스와프 은행의 승리입니다.

3. 동 ETF 운용사가 현재 익스포저로 열려 있는 (평가 후) 총금액을 의미합니다.

4. 스와프 1계약당 가치입니다.

이때 ETF 운용사 측에서는 기초자산의 인덱스가 하락할 경우, 하락분의 2배를 수취합니다. 자, 마지막으로 하나만 더 보겠습니다."

투명하다

"네, 맞습니다. 이것이 사실 ETF와 뮤추얼펀드 간 가장 큰 차이인데요. ETF는 주식시장 종료 후 기초자산에 대하여 공개하기로 되어 있습니다. 반면에 뮤추얼펀드는 익월 하순에 전월 기초자산에 대하여 공개합니다. 헤지펀드나 사모펀드는 1억 달러 이상의 AUMAsset Under Management(총 운용자산) 보유 시, 3개월마다 13F양식을 통하여 공시하죠. 그런데 액티브 ETF가 출시하고 프론트 러닝에 대한 문제가 제기되면서, 액티브로 인가받은 ETF의 경우 기초자산 일별 공개 의무를 면제해주었습니다. 그렇다고 하더라도 ETF의 포지션 변경 횟수가 뮤추얼펀드에 비하여 많지 않아, 공개되어 있는 기초자산의 신뢰성이 높습니다."

가격, NAV, 그리고 인덱스

"주식시장에서 거래가 되니까 ETF는 일물일가 원칙에 따른 거래가격이 존재합니다. 그러나 이 가격이 ETF의 실제 가치일까요?"

신 부장의 질문에 고길동 과장이 대답합니다.

"네, 그렇습니다. ETF는 보통 시장을 추종하니까 '거래가격=실제 본질 가치' 아닐까요?"

"이론상으로는 맞지만, 실제 그렇지 않습니다. 제가 직접 설명해드리지요. 제가 아까 패시브 ETF 기준으로 이 상품은 시장수익률을 추종한다고 말씀드렸습니다. 여기서 말하는 시장수익률은 인덱스 수익률을 의미합니다. 미 증권거래위원회에서 규정한, 미국에 상장한 ETF 상품의 기준 인덱스(이하 '벤치마크')의 요건은 다음과 같습니다.

1. **Public Availability**(공용성): ETF가 사용하는 벤치마크는 널리 인정받고 공개적으로 이용할 수 있어야 한다. 이는 벤치마크가 공인된 금융지표 제공자와 같은 독립적인 제3자에 의해 발행되어야 하며 인터넷, 신문 또는 금융 출판물과 같은 널리 이용 가능한 채널을 통해 배포되어야 한다는 것을 의미한다.

2. **Transparency**(투명성): 벤치마크를 구성하는 데 사용되는 방법론은 투명해야 하며 벤치마크의 구성 요소는 대중이 이용할 수 있도록 해야 한다. 여기에는 벤치마크에 포함된 유가증권에 사용되는 선택 기준, 사용되는 가중치 방법론 및 주기적 재조정에 대한 모든 규칙이 포함된다.

3. **Liquidity**(유동성): 벤치마크에 포함된 유가증권은 유동적이어야 하며, 이는 ETF의 효율적인 거래가 가능하도록 충분한 거래량과 시장 깊이가 있어야 한다는 것을 의미한다. SEC는 ETF 벤치마크에서 유가증권의 최소 90%가 '유동자산'이어야 하며, 이는

시장가격에 큰 영향을 미치지 않고 거래할 수 있는 유가증권으로 정의된다.

4. **Diversification**(다양화): 벤치마크는 특정 종목 또는 섹터에 집중될 위험을 줄일 수 있도록 충분히 다양해야 한다. 이를 실행하기 위하여 ETF 벤치마크의 최소 25%를 비계열 기업 발행 증권에 투자하고 벤치마크 가중치의 30%를 초과하지 않도록 한다.

5. **Objectivity**(객관성): 벤치마크는 시간이 지남에 따라 일관되게 적용되는 명확한 규칙 기반 기준을 기반으로 해야 한다. 벤치마크를 구성하는 데 사용하는 방법론이 투명하고 객관적이어야 하며, 증권의 포함 또는 제외에 대한 규칙이 일관되게 적용되어야 한다.

6. **Independece**(독립성): 벤치마크는 이해충돌이 없는 독립적인 제3자에 의해 생성되고 유지되어야 한다. 벤치마크 제공자가 ETF 스폰서와 독립적이어야 하며, 벤치마크 제공자의 수익이 ETF 후원자 또는 제휴사로부터 크게 파생되지 않아야 한다.

사실 인덱스 구성 및 수익률과 가깝게 ETF 상품을 만드는 것이 운용사의 능력이라고 평가합니다. 그런데 실제 차이가 발생하지요. 또한 ETF의 실제가치Net Asset Value(이하 'NAV')와 거래가격 간에도 차이가 발생하지요. 왜 이럴까요?"

앞줄 제일 왼쪽 자리에 있는 유영점 부부장이 손을 듭니다. 부부장 레벨에서 강의 참여가 쉽지 않은데, 신 부장은 살짝 웃으며 지목합니다.

"예, 벤치마크와의 차이는 사실상 거래비용에 기인한다고 볼 수 있습니다. 여기에 수천 종목이 있는 벤치마크의 비중대로 일별 리밸런싱하는 것이 원칙이지만, 리밸런싱 비용이 많이 들기 때문에 그 주기를 보통 월별로 함으로써 발생하는 거 같습니다. NAV와 거래가격 간에 차이가 나는 가장 큰 요인은 사자/팔자 수량에 따른 부분이 가장 큽니다."

"부부장님, 대단하십니다. 적극적으로 참여하시고 좋은 말씀까지 해주서서 감사합니다. 그렇습니다. 거래가격과 벤치마크, 그리고 거래가격과 NAV와의 괴리는 우리는 '트래킹 에러tracking error'라고 부릅니다. 이 수치가 높아지면, 여러분은 이렇게 의심하십시오. '아, 이 운용사가 제대로 ETF를 만들지 못했구나. 그리고 유동성에 문제가 좀 있나 보다' 하고 말이지요.

그러면 LQD의 수익률을 통하여 트래킹 에러가 얼마인지 계산해보시죠.

표 2-4 LQD US 벤치마크, NAV, 가격 기준 수익률(2022년 12월 말 기준) [단위: %]

구 분	1년		3년		5년	
	수익률	표준 편차	수익률	표준 편차	수익률	표준 편차
NAV	−18.01	13.26	−3.56	6.15	0.22	4.04
시장가격	−17.93	14.03	−3.67	6.21	0.19	4.11
벤치마크	−17.92	13.27	−3.45	6.17	0.33	4.05

먼저 트래킹 에러의 공식은 다음과 같습니다.

트래킹 에러 = [ETF's return의 표준편차 - 벤치마크 수익의 표준편차]

최근 1년 수익률을 기준으로 한 트래킹 에러는 다음과 같습니다. 여기서 시장가격의 수익률은 배당 포함입니다.

1. tracking error with benchmark = [14.03 − 13.27] = 0.76%

2. tracking error with NAV = [14.03 − 13.26] = 0.77%

SEC에서 트래킹 에러의 최저 기준을 특별히 정하고 있지는 않습니다. 그러나 ETF 운용사는 패시브 상품인 경우, 벤치마크 및 NAV와의 트래킹 에러를 최소가 되도록 노력해야 합니다. 위의 숫자를 해석하면 다음과 같습니다.

1. 직관적으로 벤치마크 및 NAV 대비 트레킹 에러는 작다.
2. 동 상품의 내재가치 대비 수익률이 조금 높은 점을 감안할 때, 거래가격에 약간 프리미엄이 붙여서 거래되고 있다.

패시브 ETF 투자 시에는 반드시 트레킹 에러 정도를 확인하여, 해당 상품의 '품질'을 잘 판단하시기 바랍니다. 그리고 NAV와 비교할 때 거래가격이 지나치게 높거나 낮을 때에는 투자 또는 매도 기회인지 살펴보시기 바랍니다."

주요 용어와 주문 방법

벌써 1시간 20분이 지났습니다. 그러나 신 부장은 시간 가는 줄 모릅니다. 수강생 또한 말로만 듣던 해외채권형 ETF에 대한 새로운 정보를 접하고, 참여를 유도하는 수업에 몰입도가 높아집니다. 다음 슬라이드를 넘기며, 신 부장은 설명을 이어나갑니다.

"개인투자자들이 해외채권형 ETF를 사려면 컴퓨터에 HTS를 다운로드받아서 실행하거나, 핸드폰에 모바일 전용 거래 시스템MTS, Mobile Trading System을 설치하면 됩니다. 개인적으로 저는 향후 경기침체가 올 것으로 예상하고, 이에 적합한 안전자산을 사기 위하여 IEF USiShares 7-10 Year Treasury Bond ETF를 10주 매수하고 싶습니다.

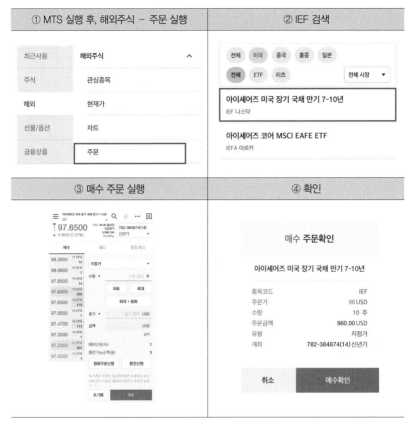

① MTS 실행 후, 해외주식 – 주문 실행	② IEF 검색
③ 매수 주문 실행	④ 확인

(출처) 대신증권 크레온 모바일 시스템

그런데 저희는 기관투자자입니다. 거래 상대방에게 다음과 같이 보통 주문을 넣죠. 동일하게 IEF US 10만 주 주문 내용입니다. 미국에 상장되어 있는 ETF 거래시간이 우리나라 기준으로 취침시간이라서, 일반적으로 우리나라 영업시간에 미리 주문을 냅니다. 보통 해외채권 거래 시 주로 사용하는 블룸버그 차트이나 로이터 에이콘, 또는 거래 상대방에게 이메일로, 형식에 맞추어 내게 됩니다. 장 중에 주문을 변경하게 되면, 똑같은 양식으로 재주문을 내면서 기존 주문을 취소해야 합니다.

주문 내용

1. 티커명: IEF US Equity

2. 포지션: Buy

3. 주당 가격: 95.50 or below

4. 수량: 100,000 shares or lower

5. 거래체결 방식: TWAP base

6. 유효기간: Good to NY close

7. 기타: 장내 거래

여기서 생소한 용어 몇 개를 설명해드리겠습니다. 5번 거래체결 방식은 시장가 방식, 지정가 방식, TWAP 방식, VWAP 방식 등으로 나누어집니다.

① **시장가 방식**: 거래 시점 기준 장 중에 형성되어 있는 가격대로 체결함을 의미한다.

② **지정가 방식**: 주문자가 지정한 특정 가격, 또는 그 이하 가격에서 전량 체결함을 의미한다.

③ **TWAP**(Time Weighted Average Price): 거래 상대방의 알고리즘을 바탕으로 거래하는 방식으로 시간 분할 주문방식이라고도 한다. 슬라이드와 같이 주당 가격 리미트를 주고 매시간마다 평균가격이 리미트 이하일 경우 매수하게 된다.

④ **VWAP**(Volume Weighted Average Price): 알고리즘 거래방식으로 수량분할 주문방식이라고도 하며, 주문 수량 10만 주를 기준으로 거래량이 많을 경우 많이 거래되고 그 반대의 경우 적게 거래되는 방식이다.

6번 유효기간은 이 주문이 언제까지 유효하다는 것을 미리 알려주는 것이며, 이 슬라이드 주문에서는 뉴욕장 끝날 때까지 유효하다는 것을 의미합니다.

7번 장내 거래는 말 그대로 주식시장 오픈 중에 시장 내에서 자유롭게 거래함을 의미합니다. 반면 리스크 거래는 장외에서 LP(유동성 공급자, Liquidity Provider)와 지정가 거래 형태를 의미합니다. 장내 거래 대비해서 비드(딜러가 사자), 오퍼(딜러가 팔자) 간 가격 차이가 크지만, 대량으로 주문 및 한꺼번에 처리하기에는 리스크 거래가 유리합니다.

여기서 유동성 공급자라는 것이 나오는데요. 주요 역할은 다음과 같습니다.

① 비드 – 오퍼 간극 최소화

② 거래가격과 NAV 간의 차이 최소화

③ 시장의 안정성 제공: 변동성 심한 시장에서도 원활한 시장 조성자 및 유동성 공급자의 역할을 수행함으로써 원활한 거래가 가능하게 한다.

지금까지 ETF의 규모, 장점, 용어 정의 등 기초적인 개념을 알아보았습니다. 10분 쉬고, 채권 전략에 따른 ETF 주요 상품을 알아보도록 하겠습니다. 여러분, 작년에 제가 채권 전략 세 가지를 말씀드렸었습니다. 쉬는 시간 동안 개념을 잘 정리해주시기 바랍니다. 역시 선물이 준비되어 있습니다. 감사합니다."

03

채권 전략별 ETF: 궁합을 맞춰 볼까?

20분간 휴식 후 신 부장은 지난 신입사원 연수 때의 채권 전략 슬라이드를 점검합니다. 전 시간에 강의한 ETF 기초가 앞으로 강의할 ETF 상품을 설명하기 위한 몸풀기였다면, 이번 시간에 강의할 내용은 실제 채권시장의 흐름에 맞추어 적합한 ETF를 설명하는 것인 만큼 오늘 강의의 본 게임이기 때문입니다.

"잘 쉬셨습니까? 이번 시간에는 채권 전략별 해외채권형 ETF를 소개하도록 하겠습니다. 지금 제가 설명드린 내용은 내일부터 진행하는 경기사이클별 채권의 흐름, 그리고 이에 적합한 해외채권형 ETF와 연계가 되기 때문에 반드시 알아두셔야 할 내용입니다.

먼저 채권 전략에 대하여 말씀드리겠습니다. 제가 정의한 채권 전략은 크게 세 가지가 있었습니다.

1. 듀레이션 베팅 전략
2. 크레디트 스프레드 전략

3. 장·단기 커브 전략

듀레이션 베팅 전략은 채권 금리가 하락할 것이라고 확신할 때, 듀레이션을 크게 가져가면서 수익을 얻는 전략입니다. 여기서 한가지 추가합니다. 채권 금리가 상승할 것이라고 확신하면, 그와 반대로 듀레이션을 마이너스로 하여 수익을 얻을 수 있습니다. 마이너스 듀레이션이라는 의미는 내가 채권을 매입하는 것이 아니라 매도함을 뜻합니다. 크레디트 스프레드 전략은 우리 어병철 씨가 한번 말씀해주시겠어요?"

어병철 씨가 지난주 꼼꼼하게 필기한 노트를 힐끗힐끗 보면서 일어납니다.

"예, 크레디트 스프레드 전략은 전체적인 채권 금리의 방향성과는 관계없이 발행사의 실적 개선, 펀더멘털 개선, 그리고 완화적인 통화정책 등으로 크레디트 스프레드 축소에 베팅하는 전략입니다. 이 전략은 국채 선물 매도 등의 포지션으로 안전자산 금리 부분을 제거함으로써 듀레이션 리스크를 없애고 순수하게 발행기업의 위험보상정도, 즉 크레디트 스프레드만 남겨둠으로써 만들어집니다. 손실을 볼 경우는 안전자산 선호 현상 및 개별 회사, 글로벌 경제에 부정적인 뉴스 등이 있습니다."

"네, 감사합니다. 어병철 씨, 제 아내가 직접 만든 곶감 3개들이 1세트 선물로 드립니다."

신 부장이 어병철 씨 자리로 가서 선물을 증정합니다.

"어병철 씨가 정확하게 말씀하셨습니다. 크레디트 스프레드 전략은 개별 주식 종목 매수와 비슷합니다. 회사의 펀더멘털 개선, 글로벌 경기 호황 등의 훈풍에 적합한 전략이지요.

마지막으로 장·단기 커브 전략은 장기와 단기 금리 간의 차이 자체의 추이를 예측하면서 포지션을 정하는 전략입니다. 원래는 당연히 만기가 긴 장기 금리가 단기 금리보다 높아야 합니다. 그러나 중앙은행이 초단기 금리인 기준금리를 인상하게 되면, 단기 금리 상승 속도가 장기 금리의 그 것보다 빠르게 됩니다. 이 경우 장·단기 금리 차이가 축소되고 그 정도가 심화되면 단기가 장기보다 높은 금리를 갖게 되는 금리 역전 현상이 나타 납니다. 이러한 것들을 종합하여 본 전략을 짜게 되는 것입니다.

사실 이 세 가지 채권 전략뿐만 아니라 다양한 전략이 있습니다. 예를 들어 안전자산과 위험자산을 동일한 비중으로 섞어 시장 상황과 관계없 이 일정한 수익을 얻는 크레디트 바벨 전략, 국채에 주식 콜call이나 풋 옵 션put option을 편입하여, 완화적인 통화정책 또는 테일 리스크Tail risk에 대비 하는 상품들도 있습니다. 그러나 여기서는 이 세 가지로 국한하여 말씀드 려도 대부분의 해외채권형 ETF를 커버할 수 있습니다."

신 부장은 다음 슬라이드로 넘어가면서 설명을 이어갑니다.

"먼저 듀레이션 베팅 전략과 관련한 해외채권형 ETF를 말씀드리겠습니 다. 사실 대부분의 해외채권형 ETF가 듀레이션 베팅 전략을 추구합니다. 왜냐하면 벤치마크 자체가 채권을 매입하여 보유한다는 기본 가정하에 만들어지기 때문이지요.

듀레이션 베팅 전략은 1) 미국 국채, 2) 물가연동국채TIPS, 3) 투자등 급 채권, 4) 하이일드 회사채, 5) 금리 및 크레디트 인버스 등 5가지로 나 눌 수 있습니다. 투자등급과 하이일드의 기준이 되는 신용등급은 무디스, S&P, 그리고 Fitch(달러채권의 경우 대부분 무디스와 S&P 기준으로 더 낮은 신용등 급을 채택) 기준 BBB-(무디스의 경우 Baa3)입니다. BBB- 이상이면 투자등급, 미만이면 하이일드 채권으로 분류합니다. TIPS는 명목금리에 인플레이션 율을 차감한 실질금리를 기준으로 가격을 책정합니다. 따라서 인플레이션이 상승하여 명목금리가 같이 오르더라도, 실질금리 수준은 일정하게 유지하여 가격 하락 폭을 제한하는 장점을 가지고 있습니다. 인버스는 금리 상승 및 크레디트 가격 하락에 베팅합니다. 따라서 금리 및 크레디트 인덱스와 토털리턴 스와프를 통하여 해당 인덱스가 음의 수익률(금리 상승, 크레디트 가격 하락)을 시현할 때 이익을 얻는 포지션입니다.

일단 다음 다섯 가지 카테고리에 맞게 ETF 상품을 정리하였습니다. 연수팀을 통하여 여러분에게 자료를 드리도록 하겠습니다."

표 2-5 미국 국채 ETF(기준: 총자산 10억 달러 이상)

펀드 전략	티커	ETF 명칭	시가총액 (USD 100만!)	수수료	과거 1년 트래킹 에러 *(NAV, 순자산 가치)
Ultra Short	SHV US	iShares Short Treasury Bond ETF	23,291	0.15%	0.07%
Ultra Short	SGOV US	iShares 0-3 Month Treasury Bond ETF	7,747	0.05%	0.06%
Ultra Short	TFLO US	iShares Treasury Floating Rate Bond ETF	4,940	0.15%	0.06%
Short-Term	SHY US	iShares 1-3 Year Treasury Bond ETF	26,384	0.15%	0.10%
Short-Term	VGSH US	Vanguard Short-Term Treasury ETF	19,210	0.04%	0.11%
Short-Term	CLTL US	Invesco Treasury Collateral ETF	1,084	0.08%	0.11%
Intermediate	GOVT US	iShares US Treasury Bond	21,292	0.05%	0.42%
Intermediate	IEI US	iShares 3-7 Year Treasury Bond ETF	12,079	0.15%	0.27%
Intermediate	SPTI US	SPDR Portfolio Intermediate Term Treasury ETF	3,864	0.06%	0.35%
Long-Term	TLT US	iShares 20+ Year Treasury Bond ETF	30,375	0.15%	1.32%

Long-Term	IEF US	iShares 7–10 Year Treasury Bond ETF	22,815	0.15%	0.53%
Long-Term	TLH US	iShares 10–20 Year Treasury Bond ETF	8,323	0.15%	1.03%
Long-Term	VGLT US	Vanguard Long-Term Treasury ETF	4,616	0.04%	1.04%

*벤치마크와 ETF 간 수익률 괴리

표 2-6 물가연동국채 ETF(기준: 총자산 5억 달러 이상)

티커	ETF 명칭	시가총액 (USD 100만)	수수료	과거 1년 트레킹 에러 (NAV)
TIP US	iShares TIPS Bond ETF	21,691	0.19%	0.40%
VTIP US	Vanguard Short-Term Inflation-Protected Securities ETF	15,115	0.04%	0.19%
SCHP US	Schwab US TIPS ETF	13,470	0.04%	0.52%
STIP US	iShares 0–5 Year TIPS Bond ETF	12,806	0.03%	0.34%
SPIP US	SPDR Portfolio TIPS ETF	2,060	0.12%	0.38%
TDTT US	FlexShares iBoxx 3–Year Target Duration TIPS Index Fund	1,974	0.18%	0.40%
TIPX US	SPDR Bloomberg 1–10 Year TIPS ETF	1,370	0.15%	0.32%
STPZ US	PIMCO 1–5 Year U.S. TIPS Index Exchange-Traded Fund	1,030	0.20%	0.19%
TDTF US	FlexShares iBoxx 5–Year Target Duration TIPS Index Fund	691	0.18%	0.53%
LTPZ US	PIMCO 15+ Year U.S. TIPS Index Exchange-Traded Fund	644	0.20%	0.37%

표 2-7 투자등급 채권(기준: 총자산순 Top 20)

펀드 전략	티커	ETF 명칭	시가총액 (USD 100만)	수수료	과거 1년 트레킹 에러 (NAV)
Aggregate	BND US	Vanguard Total Bond Market ETF	87,682	0.03%	0.32%

Aggregate	AGG US	iShares Core U.S. Aggregate Bond ETF	85,491	0.03%	0.34%
Aggregate	BNDX US	Vanguard Total International Bond ETF	47,200	0.07%	1.09%
Aggregate	BSV US	Vanguard Short-Term Bond ETF	36,655	0.04%	0.19%
Aggregate	IUSB US	iShares Core Total USD Bond Market ETF	20,419	0.06%	0.32%
Aggregate	BIV US	Vanguard Intermediate-Term Bond ETF	13,459	0.04%	0.49%
Aggregate	SCHZ US	Schwab U.S. Aggregate Bond ETF	6,926	0.03%	0.41%
Aggregate	SPAB US	SPDR Portfolio Aggregate Bond ETF	6,372	0.03%	0.32%
Aggregate	BLV US	Vanguard Long-Term Bond ETF	4,953	0.04%	0.82%
Aggregate	IAGG US	iShares Core International Aggregate Bond ETF	4,018	0.07%	1.06%
Corporate	VCSH US	Vanguard Short-Term Corporate Bond ETF	40,666	0.04%	0.19%
Corporate	VCIT US	Vanguard Intermediate-Term Corporate Bond ETF	39,936	0.04%	0.47%
Corporate	LQD US	iShares iBoxx $ Investment Grade Corporate Bond ETF	33,169	0.14%	0.04%
Corporate	IGSB US	iShares Trust iShares 1-5 Year Investment Grade Corporate Bond ETF	24,322	0.04%	0.31%
Corporate	IGIB US	iShares 5-10 Year Investment Grade Corporate Bond ETF	11,115	0.04%	0.44%
Corporate	FLOT US	iShares Floating Rate Bond ETF	8,128	0.15%	0.07%
Corporate	USIG US	iShares Broad USD Investment Grade Corporate Bond ETF	8,075	0.04%	0.48%
Corporate	SPSB US	SPDR Portfolio Short Term Corporate Bond ETF	8,065	0.04%	0.16%
Corporate	SPIB US	SPDR Portfolio Intermediate Term Corporate Bond ETF	6,195	0.04%	0.34%
Corporate	VCLT US	Vanguard Long-Term Corporate Bond ETF	5,361	0.04%	0.71%

참고로 Aggregate는 국채와 회사채 모두 편입되어 있고, Corporate는 오로지 회사채(크레디트)만 편입되어 있습니다.

표 2-8 하이일드 채권(기준: 총자산 10억 달러 이상)

티커	ETF 명칭	시가총액 (USD 100만)	수수료	과거 1년 트레킹 에러 (NAV)
HYG US	iShares iBoxx High Yield Corporate Bond ETF	13,183	0.48%	0.16%
USHY US	iShares Broad USD High Yield Corporate Bond ETF	8,859	0.15%	0.11%
JNK US	SPDR Bloomberg High Yield Bond ETF	7,050	0.40%	0.29%
SHYG US	iShares 0–5 Year High Yield Corporate Bond ETF	6,117	0.30%	0.27%
HYLB US	Xtrackers USD High Yield Corporate Bond ETF	3,813	0.15%	0.24%
SJNK US	SPDR Bloomberg Short Term High Yield Bond ETF	3,452	0.40%	0.46%
ANGL US	VanEck Fallen Angel High Yield Bond ETF	2,688	0.35%	0.38%
FALN US	iShares Fallen Angels USD Bond ETF	1,491	0.25%	0.26%
HYS US	PIMCO 0–5 Year High Yield Corporate Bond Index Exchange–Traded Fund	1,328	0.55%	0.77%
HYGV US	FlexShares High Yield Value–Scored Bond Index Fund	1,044	0.37%	0.38%

표 2-9 금리 및 크레디트 인버스

티커	ETF 명칭	시가총액(USD 100만)	수수료	레버리지
TBT US	ProShares UltraShort 20+ Year Treasury	747	0.89%	국채 20년 이상 인덱스 −2x
TMV US	Direxion Daily 20 Year Plus Treasury Bear 3x Shares	518	1.00%	국채 20년 이상 인덱스 −3x

TTT US	ProShares UltraPro Short 20+ Year Treasury	374	0.95%	국채 20년 이상 인덱스 −3x
TBF US	ProShares Short 20+ Year Treasury	303	0.90%	국채 20년 이상 인덱스 −1x
SJB US	ProShares Short High Yield	288	0.95%	하이일드 인덱스 −1x
TBX US	ProShares Short 7-10 Treasury	85	0.95%	국채 7~10년 인덱스 −1x
PST US	ProShares UltraShort Lehman 7-10 Year Treasury	48	0.95%	국채 7~10년 인덱스 −2x
TYO US	Direxion Daily 7-10 Year Treasury Bear 3x Shares	30	1.00%	국채 7~10년 인덱스 −3x

유영점 부부장이 손을 들고 대답합니다.

"금리 인버스 ETF, 이거 진짜 살벌한데요. 그러면 TMV나 TTT 같은 인버스는 인덱스 듀레이션이 기초자산인 국채 기준으로 20년 정도인데, 여기에 레버러지를 3배를 했으니 거의 듀레이션이 −60배라는 이야기이죠? 1억 원을 투자하면, 금리 1bp(=0.01%) 변하면 60bp, 즉 60만 원의 손익 변동이 있는 거네요."

"맞습니다, 부부장님. 채권이 주식보다는 가격 변동성이 작다는 말도 사실 항상 맞는 것은 아닙니다. 하하."

신 부장은 다음 슬라이드로 넘기고 크레디트 스프레드 전략과 관련 있는 상품 설명을 시작합니다.

"크레디트 스프레드 전략을 쓰는 해외채권형 ETF는 H로 끝나는 티커, 그리고 'Interest rate Hedged'라는 명칭이 붙습니다. 이것은 위에 나와 있는 투자등급, 하이일드 채권형 ETF를 편입한 후, 여기에서의 안전자산 금리 움직임을 헤지하기 위하여, 이자율 스와프(고정금리 지급, 변동금리 수취)나 국채선물을 포함하고 있습니다. 예를 들어 LQDH US iShares Interest Rate Hedged Corporate Bond ETF의 기초자산 내역을 볼까요(표 2-10)?"

표 2-10 LQDH US 기초자산 내역

Ticker▶	Name	▶ Sector	▶ Asset Class ▶	Market Value▶	Weight (%)▼
LQD	ISHARES IBOXX $ INV GRADE CORPORAT	Financial Other	Fixed Income	$334,482,555.60	95.49
XTSLA	BLK CSH FND TREASURY SL AGENCY	Cash and/or Derivatives	Money Market	$15,889,999.98	4.54
CME	SWP: OIS 0.862500 30-MAR-2045	Cash and/or Derivatives	Swaps	$9,183,997.02	2.62
CME	SWP: OIS 0.490000 22-SEP-2027	Cash and/or Derivatives	Swaps	$8,910,824.09	2.54
CME	SWP: OIS 1.060000 18-SEP-2050	Cash and/or Derivatives	Swaps	$7,266,452.16	2.07
CME	SWP: OIS 1.184500 19-OCT-2050	Cash and/or Derivatives	Swaps	$6,895,905.11	1.97
CME	SWP: OIS 0.910000 25-SEP-2035	Cash and/or Derivatives	Swaps	$6,885,482.70	1.97
CME	SWP: OIS 1.108000 19-OCT-2040	Cash and/or Derivatives	Swaps	$6,721,442.45	1.92
CME	SWP: OIS 0.778000 19-OCT-2030	Cash and/or Derivatives	Swaps	$5,226,848.96	1.49
CME	SWP: OIS 1.216500 12-FEB-2031	Cash and/or Derivatives	Swaps	$4,197,621.20	1.20

이자율 헤지 투자등급, 하이일드 ETF뿐만 아니라, 저는 여기에 전환사채형 ETF도 포함하였습니다. 전환사채는 발행사가 채권 형태로 발행하지만, 행사가격에서 주식으로 전환할 수 있는 옵션을 부여한 채권입니다. 주가가 하락할 경우, 만기까지 채권을 보유하여 원리금을 수령하지만, 주가가 상승하여 행사가격 이상 올라가면 전환권을 행사하여 주식을 전환 후 시장에서 매각합니다. 이때 추가 이익을 누릴 수 있습니다.

다음은 전환사채의 손익 Payoff입니다.

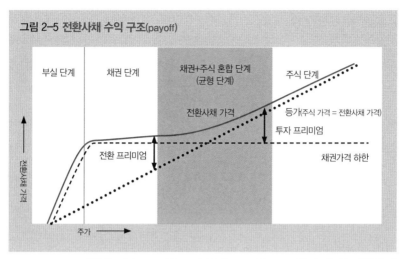

그림 2-5 전환사채 수익 구조(payoff)

부실 단계 | 채권 단계 | 채권+주식 혼합 단계 (균형 단계) | 주식 단계

전환사채 가격

등가(주식 가격 = 전환사채 가격)

투자 프리미엄

전환 프리미엄

채권가격 하한

전환사채 가격

주가

(출처) https://solvencyanalytics.com/pdfs/solvencyanalytics_convertible_bond_pricing_2015_10.pdf

그러면 각 ETF 상품을 보여드리겠습니다.

표 2-11 이자율 헤지 투자등급, 하이일드 ETF

구분	티커	ETF 명칭	시가총액 (USD 100만)	수수료	과거 1년 트레킹 에러 (NAV)
투자등급	IGHG US	ProShares Investment Grade-Interest Rate Hedged ETF	364	0.30%	5.80%
투자등급	LQDH US	iShares Interest Rate Hedged Corporate Bond ETF	350	0.24%	0.99%
투자등급	AGZD US	WisdomTree Trust WisdomTree Interest Rate Hedged US Aggregate Bond Fund	237	0.23%	0.94%
투자등급	IGBH US	iShares Interest Rate Hedged Long-Term Corporate Bond ETF	92	0.15%	1.75%
하이일드	HYZD US	WisdomTree Interest Rate Hedged High Yield Bond Fund	178	0.43%	0.94%
하이일드	HYGH US	iShares Interest Rate Hedged High Yield Bond ETF	142	0.52%	0.49%
하이일드	HYHG US	ProShares High Yield-Interest Rate Hedged ETF	124	0.50%	1.43%

표 2-12 전환사채형 ETF

티커	ETF 명칭	시가총액 (USD 100만)	수수료	과거 1년 트레킹 에러 (NAV)
CWB US	SPDR Bloomberg Convertible Securities ETF	4,551	0.40%	0.38%
ICVT US	iShares Convertible Bond ETF	1,237	0.20%	0.24%
FCVT US	First Trust SSI Strategic Convertible Securities ETF	122	0.95%	액티브 ETF

"자, 마지막입니다. 장·단기 커브와 관련한 포지셔닝은 다음과 같이 구성할 수 있습니다.

장·단기 금리 차 축소: 단기 국채 매도 + 장기 국채 매수

장·단기 금리 차 확대: 단기 국채 매수 + 장기 국채 매도

애석하게도 장·단기 커브 전략과 관련한 단일 상품은 없습니다. 금리 차 축소의 경우, 2-30년 금리 차 축소에 베팅할 수 있는 합성 포지션을 만들 수 있고, 금리 차 확대의 경우에는 몇 가지 포지션을 만들 수 있습니다."

표 2-13 금리 차 축소

티커	ETF 명칭	시가총액 (USD 100만)	수수료	구성 자산
BNDD US	The Quadratic Deflation ETF	34	0.96%	VGLT US 78% CMS 2-30 금리 차 수취 옵션[7] 11% 현금 11%

---

7 계약 체결 후 일정기간 지난 후, 본 스왑거래를 행사할 수 있는 옵션임. 예를 들어 CMS 2-30 03/12/25 -30 의 경우, 행사만기인 25년 3월 12일 기준 on-the-run(가장 최근에 발행한 국채) US Treasury 2-30년 기준, 금리 차이가 -30 이하인 경우 행사가격 -30을 행사할 수 있음.

티커	ETF 명칭	시가총액 (USD 100만)	수수료	구성 자산
TBF US	ProShares Short 20+ Year Treasury	303	0.90%	ICE 20+ Year U.S. Treasury Index SWAP(인덱스 손실분만큼 이익) 등

표 2-14 금리 차 확대(2-10년)

티커	ETF 명칭	시가총액 (USD 100만)	수수료	구성 자산
VGSH US	Vanguard Short- Term Treasury Index Fund	19,210	0.04%	잔존만기 1-3년 US Treasury
TBX US	ProShares Short 7-10 Year Treasury	85	0.95%	ICE 7-10 Year U.S. Treasury Index SWAP(인덱스 손실분 만큼 이익) 등

표 2-15 금리 차 확대(2-30년)

티커	ETF 명칭	시가총액 (USD 100만)	수수료	구성 자산
VGSH US	Vanguard Short- Term Treasury Index Fund	19,210	0.04%	잔존만기 1-3년 US Treasury
TBF US	ProShares Short 20+ Year Treasury	303	0.90%	ICE 20+ Year U.S. Treasury Index SWAP(인덱스 손실분 만큼 이익) 등

마지막 시간은 주로 슬라이드와 유인물 중심으로 강의를 하니, 지난주 신입사원 연수 때 무리했던 목을 좀 아낄 수 있었습니다.

"오늘 하루 수고 많으셨습니다. 오늘 배운 상품들은 마지막 날 경기사이클 수업 때, 연도별 주요 지수의 수익률과 각 전략의 수익률을 비교해보는 시간을 위하여 충분히 익혀두시기 바랍니다. 참고로 오늘 제가 유인물로 나누어 드린 ETF 이외에 다양한 상품들이 있습니다. 특히 요즘은 액티브형 ETF도 인기가 많아서 여러분의 입맛에 맞는 상품들로 진수성찬을 이루고 있습니다. 여러분이 현업으로 돌아가서 개인 고객들에게 상품을 추천할 때 조금이나마 도움이 되었으면 합니다. 감사합니다."

강의를 마치고 내려올 때 지난 주 신입사원 연수에서 적극적으로 수업에 참여했던 신탁부 소속 유예리 씨가 인사를 하러 옵니다.

"안녕하세요, 부장님, 저 질문이 하나 있는데요. 미국 채권시장에서 MBS Mortgage Backed Securities(주택담보대출 기반 유동화증권)가 차지하는 비중이 엄청 크다고 하는데요. 부장님께서 MBS에 대해서 설명을 안 해주신 것 같아서 여기서 좀 부탁드려도 될까요?"

쉬고 싶은 마음 간절하지만, 열심히 배우겠다는 후배의 청을 안 들어줄 수 없습니다.

"물론이지요. MBS는 미 국채시장 다음으로 큽니다. 2021년 말 기준, 미 국채가 22조 5,000억 달러, MBS가 12조 2,000억 달러 규모[8]입니다. 우리나라는 주택담보대출 받고 보통 3년 안에 갚으면 조기상환 수수료를 내잖아요. 그런데 미국은 그러한 수수료 자체가 없어서 주택가격이 올라가거나 금리가 급락하면 바로 대출을 갚고 새로운 대출을 일으키는 조기상환이 아주 활성화되어 있어요. MBS는 그러한 조기상환 리스크를 가지고 있기 때문에 금리 하락 등에 따른 듀레이션 효과가 일반 채권보다 낮습니다. 반면에 금리가 상승하면 조기상환 유인이 줄어들어서 오히려 듀레이션이 늘어나는데요. 이것을 익스텐션Extension 위험이라고 합니다. 이때는 금리가 올라가는데 듀레이션이 더 커지니까 가격 하락 폭이 커지겠지요."

신 부장이 직접 A4 용지에 일반채권과 MBS의 가격과 금리 간 그래프를 그리면서 설명합니다.

---

8 출처: Sifma(https://www.sifma.org/resources/research/fixed-income-chart/)

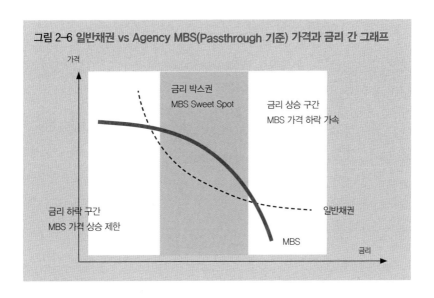

그림 2-6 일반채권 vs Agency MBS(Passthrough 기준) 가격과 금리 간 그래프

"그러면 왜 MBS를 투자하느냐는 의문이 들겠죠? MBS는 미 연방정부가 원리금 상환을 명시적Ginnie Mae으로 보증하거나 암묵적Fannie Mae, Freddie Mac으로 보증합니다. 미 연방정부와 동일한 신용 리스크에 채권 금리는 유사만기 미 국채보다 1% 이상 높으니, 캐리수익(쿠폰이자 수익) 목적으로 투자하는 경우가 많죠. 그러면 이제 주요 MBS ETF 리스트를 보시지요. 예리 씨에게 우선 유인물을 드릴게요."

[쿠키 리스트 1] MBS ETF

티커	ETF 명칭	시가총액 (USD 100만)	수수료	과거 1년 트레킹 에러 (NAV)
MBB US	iShares MBS ETF	24,823	0.04%	0.41%
VMBS US	Vanguard Mortgage-Backed Securities ETF	14,749	0.04%	0.86%
SPMB US	SPDR Portfolio Mortgage Backed Bond ETF	4,068	0.04%	0.42%
GNMA US	iShares GNMA Bond ETF	375	0.10%	0.43%

"감사합니다, 부장님. 저희 이집사 팀장님께서 MBS 관련한 스터디를 하라고 지시하셔서 이에 맞는 상품을 찾고 있는 중이었습니다. 큰 도움이 되었습니다. 내일 뵙겠습니다."

유예리 씨가 떠나자 이제 수업이 끝났구나 하고 신 부장은 짐을 챙깁니다. 그때 오소리 과장이 음료수 한 캔을 건네면서 질문합니다.

"부장님, 늦은 시간에 죄송해요. 상품 설명하시기 전에, 최근 채권형 ETF에 주가지수 옵션 등 파생상품이 들어가는 추세라고 말씀하셨는데요. 혹시 그 리스트들 알 수 있을까요?"

과거에는 주식과 채권의 비율 6:4로 편입한 혼합형 펀드 및 ETF가 우세하였습니다. 최근 액티브 ETF 및 ETF 내 장외 파생상품 편입이 가능해지면서, 정형화된 포트폴리오보다는 적은 비용으로도 운용역 의도대로 수익구조를 얻을 수 있는 상품이 늘어났습니다. 신 부장은 특히 채권형 상품 기반 아래, 주가지수 옵션, 금리 스와프 옵션 등의 다양한 시도가 늘어나고 있는 현재 채권 포트폴리오에 대단한 관심을 가지고 있습니다.

"아닙니다. 오히려 제가 답을 하면서 도움이 될 거 같은데요. 네, 요즘에는 단순히 시장의 추세적인 흐름으로 돈을 버는 상품뿐만 아니라, 순간적인 변동성 및 블랙스완 위험에 대비하려는 상품이 꽤 늘어났습니다. 여러 가지가 있습니다만, 현재 실전에서 쓸 수 있는 상품 리스트를 드리겠습니다. 조금이나마 도움이 되셨으면 합니다."

[쿠키 리스트 2] 옵션 포함한 주요 채권형 ETF 리스트

티커	ETF 명칭	시가총액 (USD 100만)	수수료	구성 자산	이익
IVOL US	Quadratic Interest Rate Volatility and Inflation Hedge ETF	837	1.03%	TIPS(7~10년) 83% CMS 2-10년 금리 차 지급 옵션 17%	실질금리 하락 2-10년 금리 차 확대 금리 변동성 증가
PFIX US	Simplify Interest Rate Hedge ETF	356	0.50%	3년 만기 미 국채 46% 1.3년 만기 T-Bill 27% 18년 잔존만기 국채 고정 Pay에 대한, 5년 만기 스왑 옵션 23%	장기 금리 상승
SWAN US	Amplify BlackSwan Growth & Treasury Core ETF	243	0.49%	미 국채(3, 5, 7, 10, 30) 91% SPDR ETF 콜옵션 9%	금리 하락 주가 상승 (통화정책 완화)
TAIL US	Cambria Tail Risk ETF	212	0.59%	미 국채(10년) 84% TIPS (8년) 6% S&P500 풋옵션 10%	경기침체 블랙스완 (팬데믹, 전쟁)

"감사합니다, 부장님. 요즘 저희 순자산 50억 이상 고객 중에 주식은 팔기 싫어하는데, 금리도 오르고 경기침체도 올 거 같아서 만약을 위해 대비해야 한다고 말씀하시는 분들이 많아서요. 설명하기는 좀 어렵겠지만, 이 리스트로 말씀드리면 이해하실 거 같아요."

PART

3

미 연준이 중시하는
경기지표 및 경기사이클에
따른 채권가격

01

미국 경기지표
개요

오늘 강의는 오전 9시 정각에 시작합니다. 2월 초 새로 부임한 자금시장 그룹장을 모시고 외화채권부장, 원화채권부장, 그리고 장대성 본부장 4명의 미팅이 오후에 잡혀있는 까닭입니다. 그러나 신 부장은 오늘부터 3일간 진행하는 경기지표와 경기사이클에 대한 내용이, 해외채권형 ETF 투자를 하는 데 중요한 Tip을 수강생들이 가질 것이라고 확신합니다.

"안녕하세요, 연수원 저녁은 어떠셨나요? 어제는 ETF 주요 특징, 채권전략에 맞는 해외채권형 ETF를 설명해드렸습니다. 오늘 첫 시간에는 간략하게 미국의 주요 경기지표에 대하여 이해를 하는 시간을 갖도록 하겠습니다. 가볍게 질문 하나 드릴게요. 해외채권을 운용하는 기관투자자들이 가장 중요하게 생각하는 미국의 경제지표가 무엇이 있을까요?"

"고용지표 아닐까요? 미국은 정규직이라는 개념이 없어서, 기업 입장에서 고용의 유연성이 되게 높다고 들었습니다. 경기 상황이 좋으면 고용을 늘리고, 안 좋으면 막 잘라내니까요."

두 번째 줄에 자리한 오승진 차장이 자신 있게 대답합니다.

"물가 같은데요. 물가가 폭등하면 정권이 날아가잖아요. 독일의 바이마르 공화국이 그랬고, 아르헨티나는 매번 겪는 일이고요."

개인퇴직연금부 김가격 차장이 손을 들고 말합니다. 집안(家)의 격(格)을 높이라고 부모님께서 이름을 지었다고 말한 기억이 또렷합니다.

"네, 여러 가지 종류의 경제지표가 있지요. 저는 어떤 경제지표가 중요하다고 단언하기 이전에, 과연 미국이라는 나라는 무엇을 중요하게 생각하는지 머릿속에 떠올리고 시작하면 여러분이 기억하기 쉬울 거 같아요.

아까 오 차장님께서 말씀하신 고용, 정확하게 짚어주셨어요. 미국은 우리나라와 달리, 정년을 보장하는 고용제도가 아니에요. 기업 실적이 좋거나 좋아질 거 같으면 고용을 늘리고, 그렇지 않으면 정반대죠. 이것을 통해서 우리는 지금 경기 상황을 유추해볼 수 있죠.

김 차장님께서 말씀하신 물가를 언급하기 전에 소득 및 소비지표를 중간다리로 봐야 할 거 같아요. 미국은 그야말로 소비의 나라입니다. 다음 슬라이드를 보고, 우리나라와 한번 비교해보시죠.

표 3-1 한·미 GDP 구성별 비중(2022년 4분기 현재)

구분	미국	한국
민간소비	68.7%	50.7%
기업투자	18.1%	27.8%
정부지출	17.2%	13.1%
순수출	−3.9%	8.4%
계	100.0%	100.0%

(출처) 미 BEA(Bureau of Economic Analysis), 한국은행

슬라이드를 보면, 미국은 소비 비중이 70% 가까운 소비의 나라입니다. 소비를 하려면 어떻게 해야겠어요? 돈을 많이 벌어야겠지요? 그리고 지난 2020년 팬데믹 때 미 연방정부가 수차례 실시했던 PPPPaycheck Protection

Program 같은 저리 대출 프로그램, 그리고 지원금을 주면 소비가 늘어나겠지요. 여기에 미국인들의 특징이 하나 더 있어요. 그것은 바로 주택담보를 이용하여 돈을 인출한다는 것인데요. 사실 이거 때문에 지난 2007년 말 서브프라임 모기지 사태가 나고, 2008년 금융위기의 단초가 되었지요. 즉 부동산 가격이 올라야 한다는 거죠. 그래서 미국의 소비, 소매 판매, 그리고 부동산 가격과 같은 지표도 중요합니다.

그러면 김 차장님께서 말씀해주신 물가는 미국뿐만 아니라 모든 정부에서 제일 먼저 신경을 쓰는 문제지요. 최근에 우리도 난방비 폭탄을 맞았고, 전기료, 가스료 등 인상으로 고통을 받고 있잖아요. 정작 월급은 별로 안 오르는데요. 이 물가 상승은 인플레이션 상승으로 이어집니다. 우리 이전에 채권 금리를 해부해봤는데 기억하시나요?"

"기억납니다."

어병철 씨가 우렁차게 대답합니다.

"아니요, 그 개념을 저희는 배우지 못했습니다."

유영구 과장은 다소 어리둥절하며 대답합니다.

"네, 다시 한번 말씀드리지만, 채권 금리는 다음 두 가지로 해부할 수 있는데요.

> **채권 금리 = 안전자산 금리 + 크레디트 스프레드**
>
> **채권 금리 = 실질금리 + 인플레이션**

여기서 인플레이션이 상승하면, 채권 금리가 상승합니다. 즉 가격이 떨어지죠. 채권 운용역들에게는 직격탄인 셈이지요. 경제학 측면에서 인플레이션은 두 가지 경로에 의해서 상승합니다.

1. **수요견인 인플레이션**: 경기확장 국면에 소비가 증가 또는 중앙은행의 돈 풀기로 시중에 과잉 유동성에 따라 물가 상승이 이루어진다.

2. **비용견인 인플레이션**: 제품의 생산단계(원자재. 임금 등)에서의 생산비용 증가에 따른 물가 상승

인플레이션은 이 두 가지 측면에서 바라보아야 할 겁니다. 자세한 것은 다음 시간 물가에 관한 내용을 다룰 때 설명해드리겠습니다.

미국의 소비가 GDP에 차지하는 비중 때 말씀드렸지만, 모든 정부의 목표는 지속 가능한 성장동력을 만드는 것입니다. 즉 GDP 성장률, 그리고 제조업, 서비스업 현황을 보는 것이 중요합니다. 다시 GDP를 업종별로 나누어서, 한국과 미국을 비교해보았습니다.

표 3-2 업종별 비중(2021년 12월 현재)

[단위: %]

대구분	소구분	미국	한국
서비스업	금융, 부동산, 민간서비스 등	34.6	19.5
	도·소매 거래	14.2	19.7
	정부 서비스	11.5	6.3
	헬스케어, 사회지원	10.7	3.3
	Information	5.3	
	운송, 저장	3.8	7.8
	기타 서비스	0.6	1.1
	서비스 업계	80.7	57.7
비서비스	제조업	8.3	29.1
	건설	3.5	6.9
	유틸리티	1.8	2.8
	농·어업 등	0.8	
	채굴업	0.6	1.6
	기타	4.3	1.9
	비서비스 업계	19.3	42.3

(출처) 미 BEA (Bure머 of Economic Analysis), 한국은행

미국은 서비스업 관련한 산업 비중이 높습니다. 따라서 일반적으로 보는 제조업뿐만 아니라 비제조업, 즉 서비스업 경기 현황을 보는 것이 매우 중요합니다.

그러면 경기지표는 언제 발표할까요? 그리고 어느 주기로 발표할까요? 그 주기는 매주, 매월, 매 분기 이렇게 세 가지로 구분합니다. 지난달에 발표한 미 경제지표를 보면 대략 모든 내용을 파악할 수 있을 겁니다.

경기지표 내용은 사실 책 1권을 쓸 분량입니다. 그러나 경제학자가 아닌 이상, 모든 경제지표를 볼 필요는 없습니다. 저는 앞으로 철저하게 해외채권 운용의 입장에서 설명해드리겠습니다. 즉 미 연준이 중요하게 생각하는 카테고리, 즉 물가, 고용 그리고 경제 성장 세 가지 안에서 주요 지표를 설명하도록 하겠습니다. 여기서 소득, 소비는 모두 물가에 반영되므로 물가 카테고리로 간주하겠습니다.

다음 슬라이드에서 지난 1월 경제지표 발표일 및 발표 내용을 보여드리면서 이번 시간을 마무리하겠습니다. 15분 휴식 후에 강의장으로 들어오시면 됩니다. 수고하셨습니다.″

표 3-3 2023년 1월 중 미 경제지표 발표 내역(미국시간 기준)

주차	일자	요일	카테고리	경제지표명	주기	예상	실제	전기
1	2	월						
	3	화						
	4	수	성장	ISM 제조업	월	48.5	48.4	48.4
			물가	ISM Price Paid	월	42.9	39.4	43.0
	5	목	고용	실업급여 청구 건수	주	225K	204K	225K
	6	금	고용	비농업 순고용자 수	월	205K	223K	263K
			고용	실업률	월	3.7%	3.5%	3.7%
			고용	고용참여율	월	62.2%	62.3%	62.1%
			물가	시간당 평균임금 상승(전월비)	월	0.4%	0.3%	0.6%
			물가	시간당 평균임금 상승(전년비)	월	3.7%	3.5%	3.7%
			성장	ISM 서비스업	월	55.0	49.6	56.5

주차	일자	요일	카테고리	경제지표명	주기	예상	실제	전기
	9	월						
	10	화						
	11	수						
2	12	목	물가	CPI(전월 대비)	월	-0.1%	-0.1%	0.1%
			물가	Core CPI(전월 대비)	월	0.3%	0.3%	0.2%
			물가	CPI(전년 대비)	월	6.5%	6.5%	7.1%
			물가	Core CPI(전년 대비)	월	5.7%	5.7%	6.0%
			고용	실업급여 청구 건수	주	215K	205K	204K
	13	금	물가	미시간대 소비자심리지수	월	60.7	64.6	59.7
			물가	미시간대 1년 기대인플레	월	4.3%	4.0%	4.4%
			물가	미시간대 5년 기대인플레	월	2.9%	3.0%	2.9%
	16	월						
	17	화						
3	18	수	물가	소매판매(자동차 제외)	월	-0.5%	-1.1%	-0.2%
			물가	소매판매(자동차, 가스 제외)	월	0.0%	-0.7%	-0.2%
			물가	PPI(전월 대비)	월	-0.1%	-0.5%	0.3%
			물가	Core PPI(전월 대비)	월	0.1%	0.1%	0.4%
			물가	PPI(전년 대비)	월	6.8%	6.2%	7.4%
			물가	Core PPI(전년 대비)	월	5.6%	5.5%	6.2%
			성장	베이지북	월			
	19	목	고용	실업급여 청구 건수	주	214K	190K	205K
			성장	주택착공건수(전월 대비)	월	-4.8%	-1.4%	-0.5%
			성장	건축허가건수(전월 대비)	월	1.0%	-1.6%	-11.2%
	20	금	성장	기존주택판매건수(전월 대비)	월	-3.4%	-1.5%	-7.7%
4	23	월	성장	경기선행지표(전월 대비)	월	-0.7%	-0.8%	-1.0%
	24	화	성장	S&P Global PMI 제조업	월	46.0	46.9	46.2
			성장	S&P Global PMI 서비스업	월	45.0	46.8	44.7
	25	수						
	26	목	성장	22.4분기 GDP(전분기대비)	분기	2.6%	2.9%	3.2%
			물가	22.4분기 GDP Price	분기	3.2%	3.5%	4.4%
	27	금	물가	개인소비	월	-0.2%	-0.2%	0.1%
			물가	개인소득	월	0.2%	0.2%	0.4%
			물가	PCE Deflator(전월 대비)	월	0.0%	0.1%	0.1%
			물가	Core PCE(전월 대비)	월	0.3%	0.3%	0.2%
			물가	PCE Deflator(전년 대비)	월	5.0%	5.0%	5.5%
			물가	Core PCE(전년 대비)	월	4.4%	4.4%	4.7%
5	30	월						
	31	화	물가	Employment Cost Index	분기	1.1%	1.0%	1.2%

"부장님, 그런데 CPI, PPI, PCE에서 Core의 의미가 무엇인가요?"

김가격 차장이 강의 끝난 후 질문을 합니다.

"아, 좋은 질문이십니다. 물가 항목 중에 원유와 같은 원자재, 음식 항목은 다른 항목 대비해서 변동성이 큽니다. 그 말은 물가의 추이와는 관계없는 내·외부 요인에 의해 영향을 받는다는 것이지요. 예를 들어 작년에 러시아의 우크라이나 침공으로 인하여 원유와 곡물가격이 치솟았습니다. 그러나 이 부분이 추세적인 물가 상승이라고 단정하기 어렵습니다. 따라서 종합 물가지표를 보고 통화정책을 정할 경우, 중앙은행의 정책이 일관성 없이 오락가락할 수가 있지요. 그래서 이 두가지 항목을 제외한 나머지 물가 항목으로 물가흐름을 파악하고 정책을 실행하게 되는 것입니다."

연준의 제1책무는 물가 안정입니다

소비자물가:
CPI(Consumer Price Index)와 PCE(Personal Consumption Expenditure)

15분 동안의 쉬는 시간이 끝나고 다들 정시에 맞추어 착석합니다. 신 부장은 다음 슬라이드를 넘기며 강의를 시작합니다.

"혹시 중앙은행의 통화정책 목표가 무엇인지 아십니까? 우선 슬라이드에 나온 미 FOMC 성명서 일부를 보시지요.

> The Committee seeks to achieve maximum employment and inflation at the rate of 2 percent over the longer run. In support of these goals, the Committee decided to raise the target range for the federal funds rate to 4-1/2 to 4-3/4 percent. The Committee anticipates that ongoing increases in the target range will be appropriate in order to attain a stance of monetary policy that is sufficiently restrictive to return inflation to 2 percent over time. In determining the extent of future increases in the target range, the Committee will take into account the cumulative tightening of monetary policy, the lags with which monetary policy affects economic activity and inflation, and economic and financial developments. In addition, the Committee will continue reducing its holdings of Treasury securities and agency debt and agency mortgage-backed securities, as described in its previously announced plans. The Committee is strongly committed to returning inflation to its 2 percent objective.

⇨ 위원회(FOMC)는 최대고용과 장기적으로 2%의 인플레이션 달성을 추구합니다.

현재 미 중앙은행인 연방준비위원회(연준)의 통화정책 목표는 두 가지입니다. 고용 극대화와 2% 장기 인플레이션 유지입니다. 여기에 숨어 있는 것은 금융안정 및 경제 성장에 중요한 역할을 하는 것이죠.

다음은 한국은행의 설립 목적을 한번 보시지요.

[
한국은행은 물가안정목표를 정하여
국민에게 공표하고 이를 달성하기 위하여 최선을 다하고 있습니다.
]

한국은행은 효율적인 통화신용정책의 수립과 집행을 통해 물가안정을 도모함으로써 나라경제의 건전한 발전에 이바지합니다. 또한 이 과정에서 금융안정에도 유의하여야 합니다.

물가안정은 돈의 가치를 지키는 것이며 돈의 가치는 물가 수준에 좌우됩니다. 물가가 오르면 같은 금액을 주고 살 수 있는 물건의 양이 줄어듭니다. 오늘날 물가안정은 돈을 발행하고 통화신용정책을 수행하는 중앙은행이 책임지고 있습니다. 한국은행도 물가안정 목표를 정하여 국민에게 공표하고 이를 달성하기 위하여 최선을 다하고 있습니다.

중앙은행의 통화신용정책은 금융시장을 통해 그 효과가 퍼져나가기 때문에 금융시장이 제 기능을 다하지 못하면 통화신용정책이 효과를 거둘 수 없게 됩니다. 또한 글로벌 금융위기를 계기로 세계적으로 중앙은행의 금융안정기능이 강화되어 나가는 추세이며 한국은행도 통화신용정책을 수행함에 있어 금융안정을 도모하는 데 적극 노력하고 있습니다.

(출처) 한국은행 홈페이지(https://www.bok.or.kr/portal/main/contents.do?menuNo=200181)

한국은행 역시 물가 안정 및 금융 안정을 최우선으로 통화정책을 펼치고 있습니다. 연준과 달리 고용 안정 부분은 빠져 있는데, 우리나라는 미국보다는 고용 안정성이 높기 때문에 대량 실업 등의 문제가 발생할 가능성이 작기 때문입니다.

저희는 수많은 경제지표 중에 채권시장에 가장 영향을 미치는 지표들을 사례 중심으로 살펴보겠습니다. 이번 시간은 물가입니다.

지난 시간에 저희는 인플레이션을 두가지 요인으로 나누어서 보았습니다. 즉 수요견인 인플레이션과 비용견인 인플레이션이지요. 여기서 연준이 통제할 수 있는 인플레이션은 무엇일까요?"

"……"

2지 선다형인데 수강생들은 침묵입니다.

"네, 정답부터 말씀드리면 연준은 수요견인 인플레이션, 즉 소비를 억제하여 인플레이션을 통제합니다. 반면 생산비용 상승에 따른 인플레이션을 통제하지도 않고 통제할 수도 없습니다. 생산비용을 소비자에게 전가하지 않도록 최선을 다하는 것이죠.

그 비견한 예가 지난 2020년 말부터 2021년까지 연준에서 내세운 논리였습니다. 코로나-19로 생산시설이 장기간 멈추고, 사회적 거리두기로 인하여 현장에 일하는 노동인력이 급감하였습니다. 반면 시중에는 돈이 넘쳐나니 온라인 쇼핑 중심으로 소비는 늘어났죠. 이에 인플레이션이 상승 기미를 보이기 시작합니다. 이 부분은 우리가 Breakeven(브레이크이븐)[1] 이라고 부르는 기대인플레이션 상승 추이로 알 수 있었죠.

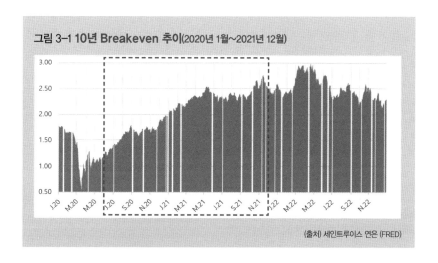

그림 3-1 10년 Breakeven 추이(2020년 1월~2021년 12월)

(출처) 세인트루이스 연은 (FRED)

그런데 파월은 2021년 3월 FOMC 직후 기자회견 서두에서, 인플레이션 상승에 대하여 이렇게 말하죠.

"I would note that a transitory rise in inflation above 2 percent, as seems likely to occur this year, would not meet this standard."

---

1 10년 Breakeven 지표로 판단하며 산식은 다음과 같다.
10년 Breakeven ≈ 10년 미 국채 – 10년 미 물가연동국채

"올해 예상되는 일시적인 인플레이션 상승은 2%를 초과하더라도, 그것은 우리의 기준(장기인플레이션 목표치인 2% 유지)을 충족하지 않을 것입니다."

당시 2%를 넘는 인플레이션은 '일시적transitory'이라고 평가하죠. 그 이유는 공급망 붕괴로 인한 공급 요인이며, 경제활동이 정상화되면 자연히 풀릴 문제이기 때문이어서 연준이 이와 관련하여 긴축을 할 이유가 없다는 것이었습니다.

그의 의견이 일견 맞지요. 저도 그를 믿고 사실 채권투자를 늘렸었거든요. 그런데 결과는 그러한 가격 상승은, 코로나로 인한 셧다운Shutdown 시기에 소비를 못 했던 욕구가 시중의 엄청난 유동성과 더불어 폭발하면서 수요견인 인플레이션에 있었음이 2022년에 증명되었던 거죠."

"아, 그래서 인플레이션이 전반적으로 급등을 한 것이로군요. 그리고 중앙은행은 서둘러 긴축을 단행하고요. 초등학교 다니는 아들 학원비가 장난이 아니에요. 학원비는 공급망 혼란 때문에 오르는 게 아니잖아요."

유영구 과장이 약간 푸념한 듯 한숨을 쉬며 말합니다.

"맞습니다. 자, 그러면 본론으로 넘어와서 우선 수요견인 인플레이션 지표에 대하여 알아봅시다.

미국의 소비자물가지수는 CPIConsumer Price Index와 PCEPersonal Consumption Expenditure입니다. 두 지표의 구성요소별 비중을 한번 살펴보겠습니다.

수업 시작 때 연준의 통화정책 목표 중에 2%의 인플레이션 목표를 말씀드렸습니다. 그러면 이 2%는 어느 수치를 의미하는 걸까요?"

"CPI가 대표적인 물가지표니까 연준은 CPI를 보는 거 아닌가요? 한국은행에서는 소비자물가지표인 CPI를 기준으로 통화정책을 실행하니까요."

어병철 씨가 손을 들고 자신 있게 말합니다.

표 3-4 CPI 및 PCE 주요 항목(2021년 12월 말 기준)

항목	CPI	PCE
Housing(주거비, 렌트비 등)	44.4%	33.4%
Transportation(운송)	16.7%	11.1%
Food and Beverage(음식료)	14.4%	13.6%
Medicare(의료서비스)	8.1%	16.1%
Education(교육)	5.8%	5.8%
Recreation(여가)	5.4%	5.5%
Apparel(의류)	2.5%	2.5%

PCE는 CPI 구성에 따라 재구성

(출처) 미 노동부(CPI), 미 상무부(PCE)

"연준은 PCE 중 음식료와 에너지를 제외한 Core CPI를 기준 지표로 삼고 있습니다. CPI가 중요한 지표이긴 하지만, 시의적절성에서 떨어지는 주거 렌트비 비중이 높다는 점에서 상대적으로 렌트비 비중이 낮고 의료서비스 등 소비 지출 비중이 높은 PCE를 채택하고 있는 것입니다. 그런데 왜 렌트비 비중이 시의적절성이 떨어질까요?"

"일반적으로 렌트비 계약기간이 1년 이상의 장기 계약이기 때문에 그렇지 않은가요?"

돌아가신 부친께서 상속으로 남긴, 서울에 상가건물을 소유하고 있다는 유영점 부부장이 대답합니다.

"올해 두 개 점포와 임대료 갱신을 해야 하는데, 한국은행에서 금리를 올리는 바람에 부동산 경기가 예년만 못해서 깎아줘야 할 판이거든요."

"하하, 맞습니다. 미국에서도 일반적으로 렌트 계약은 약 1년 기준인데요. 그러면 매월 산출되는 물가지표에 왜곡을 가져다줄 수 있습니다. 그래서 Core PCE를 사용하지요. 김 가격 차장님 질문하신 '왜 Core PCE를 사용하느냐'에 대한 대답은 음식료와 에너지 가격의 변동성이 커서 경기 흐름과 상관없는 상황에서도 특정한 이벤트가 발생하면 가격이 급등할 수 있거든요. 예를 들어 러시아의 우크라이나 침공 당시 원유와 곡물가격이 급등하거나, 미 캘리포니아의 잦은 산불 때문에 포도가격이 급등하여 와인가격이 동시에 올라가는 현상 등을 말씀드릴 수 있겠습니다. 이것을 Core와 비교하여 Headline PCE, Headline CPI라고 부릅니다. 그런데 정작 저희에게 중요한 채권시장에서 채권가격에 영향을 더 미치는 요인은 무엇일까요?"

"네, CPI 발표가 먼저 나오니까 채권에 선반영되지 않을까요? 구성 항목도 비슷하고, 렌트비 항목도 빼서 생각하면 되니까요."

오소리 과장이 대답합니다.

"맞습니다. 지난 시간에 금년 1월 경제지표 발표일을 보여드렸죠. 보통 CPI는 매월 2~3주 차 화~수요일경 전월치를 발표합니다. 반면 PCE는 매월 마지막 주 목 또는 금요일에 전월 치를 발표하지요. CPI 지표를 알면 PCE는 대략 어느 정도 수치로 발표를 하겠구나 하고 예상할 수 있습니다. 따라서 CPI 발표가 나면, PCE 지표 몫의 일부까지 채권 금리가 반영을 하는 것이 일반적입니다. 그렇다고 PCE 발표일에 마음을 놓아서는 안 됩니다. 구성 요소가 다르기 때문에 예상과 다른 결과가 나오기도 하니까요. Core CPI와 Core PCE 발표일에, 연준의 통화정책을 가늠하는 기준금리의 Proxy인 미 국채 2년 기준 전일 대비 금리 변동 폭을 보시지요."

신 부장이 슬라이드를 넘기려다가 부연설명을 합니다.

"아, 지표를 보실 때 두 가지를 보셔야 해요. 첫 번째는 추이입니다. 지금 지표가 움직이는 방향 그 자체이지요. 두 번째는 예상대비 얼마나 나왔는지 보는 거입니다. 두 가지를 종합하면 물가지표가 상승 추이에 예상치를 상회한다면 금리는 급등합니다."

드디어 슬라이드를 넘깁니다.

"[표 3-5]에서 보듯이 CPI 기준으로 작년 9월 13일 발표 때, Core CPI가 상승하면서도 예상치를 상회하니 2년 금리가 18bp(=0.18%)가 오릅니다. 즉 연준이 통화긴축을 당분간 세게 하겠구나라는 의미를 내포하죠. 반면에 지난 11월 10일 수치는, 지표가 꺾이고 예상치를 하회하니 2년 금리가 25bp 정도 급락을 하지요. '그만하면 됐다. 마이 묵었다 아이가' 버전으로 연준이 통화긴축을 느슨하게 할 징조로 보이지요.

표 3-5 최근 Core CPI(전년 대비) 발표일 금리 및 주가 변동 폭

발표일	22.7.13	22.8.10	22.9.13	22.10.13	22.11.10	22.12.13
기준월	22.6월	22.7월	22.8월	22.9월	22.10월	22.11월
예상	5.7%	6.1%	6.1%	6.5%	6.5%	6.1%
실제	5.9%	5.9%	6.3%	6.6%	6.3%	6.0%
전기	6.0%	5.9%	5.9%	6.3%	6.6%	6.3%
전일대비 변동(bp)	10.7	−5.6	18.4	17.3	−24.9	−15.9

표 3-6 최근 Core PCE(전년 대비) 발표일 금리 및 주가 변동 폭

발표일	22.7.29	22.8.26	22.9.30	22.10.28	22.12.01	22.12.23
기준월	22.6월	22.7월	22.8월	22.9월	22.10월	22.11월
예상	4.7%	4.7%	4.7%	5.2%	5.0%	4.6%
실제	4.8%	4.6%	4.9%	5.1%	5.0%	4.7%
전기	4.7%	4.8%	4.6%	4.9%	5.1%	5.0%
전일대비 변동(bp)	2.2	3.1	8.5	14.2	−8.1	5.1

따라서 PCE의 선행지표로서 역할을 다 하는 CPI 지표를, 연준은 통화정책을 결정하는 데 가장 중요한 지표로 활용합니다. 공식적인 목표는 Core PCE 2%로 하고 있지만, 실제 Core CPI와 Core Service에서 주거비를 제외한 CPI를 유심히 봅니다.

다음은 CPI의 구성 요소를 '재구성'한 것입니다(표 3-7).

표 3-7 CPI 보도자료 발표 기준, 항목별 비중(2021년 12월 말)

구분			CPI
Headline		Food	14.4%
		Energy	6.9%
Core	Service	Shelter(주거 렌트비)	34.4%
		Medical Care Service(의료서비스)	8.1%
		Transportation services(운송서비스)	5.7%
	Commodity	New Vehicle(신차)	4.3%
		Used Cars and Trucks(중고차)	2.7%
		Apparel(의류)	2.5%
		Medical care commodity	1.5%
	기타	Education & Communication	5.8%
		Recreation	5.4%

(출처) 미 노동부

그러면 CPI, Core CPI 및 주거비 제외 Core Service CPI 추이를 보시지요. 추이는 한풀 꺾이기는 하였지만, 팬데믹 이전 수준으로의 복귀는 험난합니다. 특히 주거비 제외 Core Service CPI는 그 꺾임새가 둔합니다. 참고로 연준이 목표로 하는 Core PCE는 1월 발표 현재 4.6%(2월 발표 현재 4.7%)이니, 아직 목표치 2%로 떨어지기까지 요원하지요."

"수요견인 인플레이션과 관련하여 수업을 정리해보겠습니다.

1. 미 연준의 통화정책 목표는 고용 극대화, 물가 안정, 그리고 경제 성장이다.

2. 물가의 경우 Core PCE 2% 달성을 목표로 한다.

3. 그러나 발표 시기를 감안할 때, CPI 지표 발표일에 채권시장이 더 민감하다.

4. 최근 연준은 Core CPI뿐만 아니라 Core Service(주거비 제외) 지표를 중시하면서, 채권시장의 관심을 끌고 있다.

5. 인플레이션이 상승하면 '채권 금리 = 실질금리 + 인플레이션' 공식에 따라 당연히 채권 금리가 상승한다.

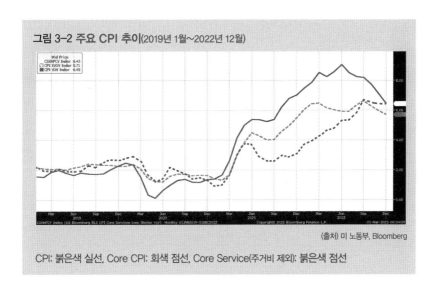

그림 3-2 주요 CPI 추이(2019년 1월~2022년 12월)

CPI: 붉은색 실선, Core CPI: 회색 점선, Core Service(주거비 제외): 붉은색 점선

이상입니다. 5분만 쉬고 다시 수업 진행하겠습니다."

"부장님, 질문 있습니다. CPI를 예측할 수 있는 지표가 있을까요?"

유예리 씨가 질문합니다. 신입사원이지만 패기 넘치고 지적 욕구가 강한 사원입니다.

"미 연방준비위원회 산하 12개의 지역 연방준비은행[2]이 있습니다. 그중 클리블랜드 연방준비은행에서 선행하여 공표하는 'Inflation Nowcasting' 이라는 화면이 있습니다. 여기서 직접 조사한 CPI 및 PCE 지표 예측치를 알 수 있습니다. 다행히 제가 슬라이드를 준비했네요. 다음 장을 보시지요.

---

2 뉴욕, 보스턴, 샌프란시스코, 캔자스시티, 애틀랜타, 클리블랜드, 세인트루이스, 리치몬드, 필라델피아, 댈러스, 미니애폴리스, 시카고
  한편 연방공개통화위원회(FOMC)의 금리 결정 투표권자는 총 12명으로 연준의장, 부의장, 이사 등 총 7명의 이사진 및 지역은행 총재 5인 몫으로 구성된다. 뉴욕연은총재는 항상 투표권이 있으며, 나머지 4장의 투표권을 각 지역은행 총재 중 4인에게 순번대로 돌아간다.

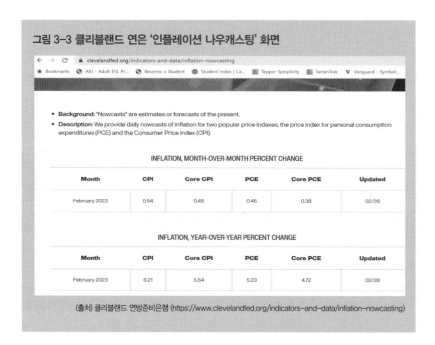

그림 3-3 클리블랜드 연은 '인플레이션 나우캐스팅' 화면

- Background: "Nowcasts" are estimates or forecasts of the present.
- Description: We provide daily nowcasts of inflation for two popular price indexes, the price index for personal consumption expenditures (PCE) and the Consumer Price index (CPI).

INFLATION, MONTH-OVER-MONTH PERCENT CHANGE

Month	CPI	Core CPI	PCE	Core PCE	Updated
February 2023	0.54	0.45	0.45	0.38	02/28

INFLATION, YEAR-OVER-YEAR PERCENT CHANGE

Month	CPI	Core CPI	PCE	Core PCE	Updated
February 2023	6.21	5.54	5.23	4.72	02/28

(출처) 클리블랜드 연방준비은행 (https://www.clevelandfed.org/indicators-and-data/inflation-nowcasting)

한편 애틀랜타 연방준비은행에서는 '잘 떨어지지 않는' 항목들을 모아서 Sticky Inflation 지표를 개발, 발표하고 있습니다. 화면을 보시지요.

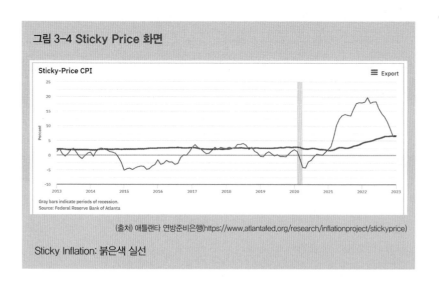

그림 3-4 Sticky Price 화면

Sticky-Price CPI ☰ Export

Gray bars indicate periods of recession.
Source: Federal Reserve Bank of Atlanta

(출처) 애틀랜타 연방준비은행(https://www.atlantafed.org/research/inflationproject/stickyprice)

Sticky Inflation: 붉은색 실선

항목은 다음과 같습니다.

그림 3-5 Sticky Price 항목

Sticky-price items	Frequency of adjustment[a]	Relative importance
Infants' and toddlers' apparel	5.3	0.2
Household furnishings and operations	5.3	4.8
Motor vehicle maintenance and repair	5.8	1.2
Motor vehicle insurance	5.9	2.0
Medical care commodities	6.2	1.6
Personal care products	6.7	0.7
Alcoholic beverages	7.3	1.1
Recreation	7.9	5.7
Miscellaneous personal goods	8.1	0.2
Communication	8.4	3.2
Public transportation	9.4	1.1
Tenants' and household insurance	10.1	0.3
Food away from home	10.7	6.5
Rent of primary residence[b]	11.0	6.0
OER, Northeast[b]	11.0	5.3
OER, Midwest[b]	11.0	4.5
OER, South[b]	11.0	7.7
OER, West[b]	11.0	6.9
Education	11.1	3.1
Medical care services	14.0	4.8
Water, sewer, and trash collection services	14.3	1.0
Motor vehicle fees	16.4	0.5
Personal care services	23.7	0.6
Miscellaneous personal services	25.9	1.1
Total, sticky-price items		**70.1**
Total, core sticky-price items		**63.6**
Total, non-OER sticky-price items		**45.7**

(출처) 애틀랜타 연방준비은행

충분한 대답이 되었나요?"

"네, 부장님. 정말 감사합니다. 왜 인플레이션이 요즘 쉽게 안 떨어지나 했더니, 진짜 끈적끈적한 항목들이 달라 붙어 있어서 그렇군요. 고객들에게 채권 매수 권고를 아직은 보류해야 할 거 같습니다."

생산자물가: ISM Price Paid와 PPI(Producer Price Index)

5분 후 수강생들 모두 착석합니다. 보통 담배 한 대 피우거나 자동판매기 믹스 커피 한잔 하면서 이야기하기에 5분은 너무 짧습니다. 그러나 신부장은 오후에 있을 그룹장과의 회의가 부담이 됩니다. 가급적 일찍 강의를 마쳐야 하는 상황입니다.

"쉬는 시간을 너무 짧게 드려서 죄송합니다. 제가 오후에 그룹장님을 모시고 2023년 외화채권 운용 방향에 대한 보고가 있어서 부득이하게 조금 빨리 수업을 진행해야 할 것 같습니다. 양해 부탁드립니다. 이번에는 생산자물가에 대하여 알아보겠습니다. 생산자물가가 오르면, 오르는 만큼 최종재에 가격을 전가할 가능성이 높아 CPI나 PCE 지표에 많은 영향을 줍니다. 즉 생산자물가가 먼저 오르고 소비자물가가 뒤따르는 형국이지요. 대표적인 생산자 물가지표로는 PPI^{Producer Price Index}가 있습니다. [그림 3-6]은 Core CPI와 Core PPI의 그래프입니다. 앞서 말씀드렸지만, Core의 의미는 음식료 및 에너지 요소를 제외한 수치입니다.

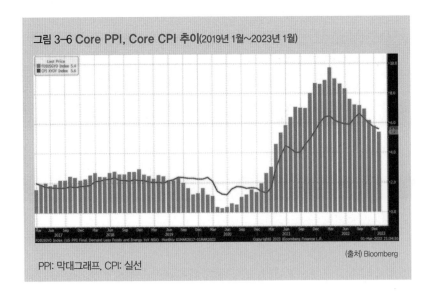

그림 3-6 Core PPI, Core CPI 추이(2019년 1월~2023년 1월)

(출처) Bloomberg

PPI: 막대그래프, CPI: 실선

PPI는 CPI에 비해서는 주목도가 떨어지기는 하지만, CPI에 영향을 주는 요소로서 채권 운용역들은 반드시 주목해야 할 지표입니다. Core PPI도 Core CPI처럼 상승 추이에 있으며, 예상치를 상회할 경우 금리가 급등할 수 있습니다. 그 이유는 뭘까요?"

"바로 소비자물가에 영향을 주어 인플레이션을 유발한다 아닙니까?"

이틀 내내 조용히 있던 조오름 대리가 자신 있게 대답합니다.

"맞습니다. 그러면 작년 7월부터 연말까지의 Core PPI 발표일 현재 2년 국채 금리 변화를 살펴보지요. 슬라이드를 보겠습니다."

표 3-8 **최근 Core PPI**(전년 대비) **발표일 금리 및 주가 변동 폭**

발표일	22.7.14	22.8.11	22.9.14	22.10.12*	22.11.15	22.12.09*
기준월	22.6월	22.7월	22.8월	22.9월	22.10월	22.11월
예상	8.2%	7.7%	7.0%	7.3%	7.2%	5.9%
실제	8.2%	7.6%	7.3%	7.2%	6.7%	6.2%
전기	8.3%	8.2%	7.6%	7.3%	7.2%	6.7%
전일 대비 변동(bp)	−2.3	0.5	3.2	−1.6	−5.1	−7.0

* CPI 발표 하루 전에 발표함

"이전 그래프에서, Core CPI의 실제 지표와 비교해보면 Core PPI의 하락 속도가 더 빠릅니다. 따라서 작년 연말, 시장에서는 연준이 금리 인상을 1~2회 25bp(=0.25%)하고 멈출 것이라고 기대하면서 지난달 말까지 금리가 하락하고 위험자산 선호 현상이 있었지요.

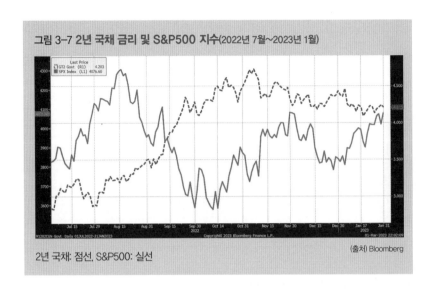

그림 3-7 2년 국채 금리 및 S&P500 지수(2022년 7월~2023년 1월)

2년 국채: 점선, S&P500: 실선

(출처) Bloomberg

PPI는 원재료, 중간재, 최종재 수요로 나누어지는데, 우리가 보는 지표는 최종재 수요Final Demand 기준입니다. 이 최종재 수요는 다시 상품Goods과 서비스Services로 구분합니다. 주요 항목 비중은 다음 슬라이드에 나와 있습니다(표 3-9).

표 3-9 PPI Final Demand 주요 항목(2023년 1월 기준)

구 분			비중
Goods (30.7%)	Headline	Food	6.0%
		Energy	5.8%
	Core	Finished Consumer goods(완성소비재)	10.8%
		Government Purchased goods(정부 구입)	2.0%
		Goods for export(수출품)	6.1%
서비스 (66.6%)	Core	Trade Services(무역서비스)	19.6%
		Transportation & Warehousing services(운송, 보관)	5.2%
		무역, 운송, 보관서비스 이외 서비스	41.7%
건설	Core	Construction(건설 서비스)	2.7%

(출처) 미 노동부

여기서 팬데믹 때 뉴스 한 토막 보여드릴게요. 참고로 파월 의장이 2021년 3월 FOMC 직후 가진 기자회견에서, 당시 인플레이션 상황을 '일시적transitory'로 평가하면서 그 근거로 공급망 붕괴로 인한 생산자물가 상승을 언급한 바 있었습니다. 이와 관련하여 슬라이드 한번 보시지요(그림 3-8).

장기간의 코로나 팬데믹으로 인하여 항구에 일할 사람이 없어 컨테이너를 그대로 방치해둔 모습입니다. 하역 및 운송할 사람이 없으니 여기에서 가격이 이미 올라버리지요. 앞장의 PPI 항목을 보시면, 약 20% 비중을 차지하는 무역, 운송, 보관 서비스가 완전히 마비된 것이지요. 바이든 대통령이 LA 및 롱비치 항구뿐만 아니라 유통업체인 월마트, 페덱스 등 대형기업 앞 24시간, 7일 근무체제를 지시하는 행정명령에 서명합니다."

"당시 연준은 경제활동이 정상화되면 자연스럽게 공급망 교란이 해결되어 항만에 하역, 보관, 운송이 원활하게 될 것이라고 생각한 것이군요. 그러면 소비자물가도 내려갈 거라고 믿었고요."

유영구 차장이 이제야 왜 연준이 '일시적'이라는 말을 했는지 이해하는

그림 3-8 LA Port Bottleneck(LA 항구 병목현상, 2021년 10월)

(출처) https://scm.ncsu.edu/scm-articles/article/los-angeles-port-bottlenecks-dont-have-any-short-term-fixes

표정입니다.

"네, 그런데 채권 금리를 예측하는 데 있어서, 저는 매월 경제지표의 포문을 여는 ISM 지표에 관심이 더 많습니다. 이 지표는 매월 첫 영업일에 발표되는데요. 대부분 성장 측면에서 ISM 제조업 지수 및 서비스업 지수에 주목하는데요. 저는 물가 측면에서 ISM Price Paid 지표를 눈여겨봅니다. 본 지표는 제조업체들이 자재에 지불하는 비용의 변화를 반영하는 것으로서, ISM Institute for Supply Management(공급관리자협회) 소속 기업을 대상으로 설문을 통하여 산출하는 10개의 세부 지표[3] 중 하나입니다. 산출 방법은 다음과 같습니다."

신 부장이 다음 슬라이드로 전환하자 공식 하나가 나옵니다.

$$\text{가격 상승 비중} \times 100\% + \text{가격 불변 비중} \times 50\% + \text{가격 하락 비중} \times 0\%$$

"공식의 합이 일반적으로 50% 이상이면, 가격 상승 압력이 커지고 있음을 내포하고 있습니다. 65%가 넘으면 긴축 모드로 갈 가능성이 매우 큽니다. 그러면 왜 ISM price paid가 중요한 지표일까요? PPI나 CPI는 사실 발표기준으로 보면, 과거 데이터입니다. 반면에 ISM은 설문조사를 기반으로 하는 지표로서 향후 생산자 가격이 어떻게 변할 것이라는 예상치도 포함되어 있는 선행지표의 역할을 할 수 있기 때문입니다. [그림 3-9]의 슬라이드에서 보듯이, 동 지표의 가격이 추세적 하락을 보이고, 상승의 기준점인 50을 한창 하향하는 모습을 보이고 있습니다. 연준의 금리 인상 효

---

3 New Order(신규 주문), Production(생산), Employment(고용), Supplier Delivery(공급자 운송), Inventories(재고), Customers' Inventories(고객재고), Price(자재가격), Backlog of Orders(수주잔고), New Export Orders(신규 수출 주문), Imports(수입)

그림 3-9 ISM Price paid 및 CPI(전년 대비) 추이(2019년 1월~2023년 1월)

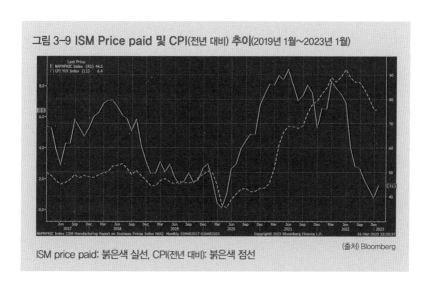

ISM price paid: 붉은색 실선, CPI(전년 대비): 붉은색 점선

(출처) Bloomberg

과가 나타나서 인플레이션의 추세적인 하락을 점치는 채권쟁이들이 믿는 근거 중 하나가 바로 이 ISM price paid입니다.

제가 이 그래프에서 ISM price paid 부분을 3개월 오른쪽으로 옮겨봤습니다. 그러면 그래프가 다음과 같이 나옵니다(그림 3-10).

제가 이미 결론을 내리고 그렸을지도 몰라요, 하하. 그러나 인과관계상 둘의 관계는 비교적 명확한 전후 인과관계가 있다고 보입니다. 2월, 3월에 발표하는 CPI 지표를 보면서, 정말 ISM Price paid가 소비자물가의 선행 지표가 될지 눈여겨봅시다. 이상으로 생산자물가 부분을 마치고, 5분 쉰 후 다시 수업을 시작하겠습니다."

수업을 끝낸 후 신 부장은 단 아래에 있는 의자에 앉아 잠시 쉽니다. 그런데 눈치 없이 어벙철 씨가 다가와 질문을 합니다.

"부장님, 그런데 ISM Price paid 하고 CPI 하고 도대체 무슨 관계가 있다는 것인지요"

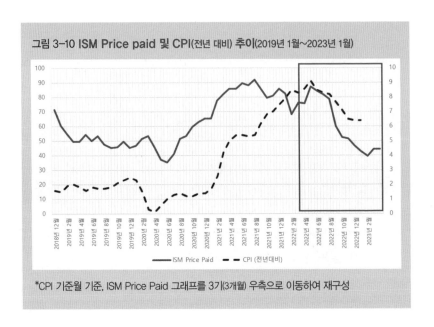

그림 3-10 ISM Price paid 및 CPI(전년 대비) 추이(2019년 1월~2023년 1월)

—— ISM Price Paid   - - CPI (전년대비)

*CPI 기준월 기준, ISM Price Paid 그래프를 3기(3개월) 우측으로 이동하여 재구성

'아, 미치겠다. 그렇게 생산자물가하고 소비자물가 간의 관계를 설명했 건만.'

"어병철 씨, 제가 반복해서 말씀드렸습니다. 생산자물가가 올라가면 올라간 만큼 전가해서 소비자물가를 올린다고요. 특히 ISM Price paid는 설문을 통하여 현재, 그리고 미래의 자재 가격에 대한 답을 토대로 지수를 산출한다고요. 즉 선행지표가 되어 앞으로 전가될 소비자물가의 방향을 예측할 수 있는 좋은 자료라고요. 언더스탠드?"

"네, 아리송합니다. 어쨌든 감사합니다."

쿠키 스토리

한국 시각 자정, 미국 시각 2023년 3월 1일 오전 10시가 조금 넘은 시각, 막 잠을 청하려던 신 부장이 블룸버그 단말기를 보다가 깜짝 놀랍니다.

"국채 금리가 뭐 이렇게 많이 오르고 있지(그림 3-11)?"

신 부장은 외화채권부 내에서 항상 모든 가격은 평균을 되찾는다고 믿음을 가지고 있는 '똘똘이' 차영화 과장에게 카톡 메시지를 남깁니다.

'차 과장, 어떻게 된 거야?'

정확히 30초 후, 차 과장이 바로 회신합니다.

'부장니~임, 오로지 시장만을 생각하시느라 이 휴일 밤에도 깨어 계시는군요. 방금 ISM 제조업 지표가 나왔는데, 세부 지표인 ISM price paid가 엄청 높게 나왔습니다아~.'

월가(월스트리트 투자은행) 예상 46.5, 실제 51.3, 전월 44.5

차 과장의 추가 메시지가 도착합니다.

'물가가 상승 추이에 있다고 판단하는 기준점인 50을 넘겼으니, 앞으로의 CPI 수치도 상승할 거 같습니다아~.'

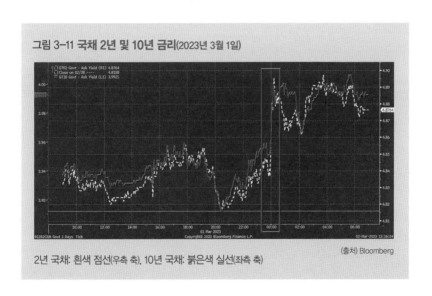

그림 3-11 국채 2년 및 10년 금리(2023년 3월 1일)

2년 국채: 흰색 점선(우측 축), 10년 국채: 붉은색 실선(좌측 축)

(출처) Bloomberg

임금 상승: 시간당 임금 상승률과 ECI(Employment Cost Index)

어벙철 씨의 질문에 답을 해주느라, 신 부장은 화장실조차 다녀올 시간이 없습니다. 그러나 빨리 강의를 마쳐야 한다는 생각으로 바로 수업을 시작합니다.

"오늘 마지막 시간입니다. 이번 시간에는 우리들의 영원한 관심, 임금입니다. 우리 입장에서는 매년 임금이 올라서 좀 더 풍족한 생활을 하고 싶은데, 중앙은행 입장은 임금이 마냥 오르는 것을 좋아하지는 않습니다. 사실 임금이 높다는 것은 노동자들이 그만큼 높은 생산성을 보유한 숙련직인 것이 원칙이지요. 그런데 사실 우리 매년 노사 간 임금 협약 체결 시에 뭐라고 합의문을 남기던가요?"

신난은행 전 노조 부위원장이었던 유영점 부부장이 갑자기 일어섭니다.

"제가 노조에 있을 때 최대한 우리 동지 여러분에게 만족스러운 임금 상승과 복지를 챙겨 드렸어야 하는데 송구스럽습니다. 그래도 물가 상승률 이상 임금 상승률을 타결하기 위하여 노력한 것, 믿어주십시오."

"아이고, 부부장님. 뭐 이 자리가 고해성사의 자리는 아닙니다. 충분히 수고 많으셨고요. 사실 저는 계약직이라서 해당 사항은 없습니다.

부부장님께서 말씀하셨듯이 임금 상승률은 물가 상승률에 영향을 많이 받습니다. 반대로 물가 상승률이 임금 상승률에 영향을 받는 경우도 허다합니다. 어떤 경우일까요?"

"제가 지점에서 근무하고 있을 때, 중소기업 대부분이 공장에서 일할 사람이 없어서 외국인 노동자들을 값싼 가격에 고용하고 있었습니다. 국내에서는 웬만한 급여로는 고용이 불가능하다고 말하더군요."

김가격 차장이 대답합니다.

"맞습니다. 코로나 이후에 현장에 일할 사람이 없다고 말을 하지요. 일할 사람이 없으니까 돈을 많이 주지요. 그것이 요즘 임금이 오르고 있다는 논리입니다. 그럭저럭 성장은 하고 있는데 생산성이 높지 않은 환경에서 임금이 오르면 어떻게 될까요? 두 가지 경로로 살펴봐야 하는데요. 다음 슬라이드 보시지요.

1. 임금 상승 ⇨ 매출원가 상승 ⇨ 기업 마진 및 실적 악화 ⇨ 가격 전이 ⇨ 소비자물가 상승
2. 임금 상승 ⇨ 개인소비 증가 ⇨ 수요 증가에 따른 물가 상승

우리가 이번 강의에서는 미국을 중심으로 보고 있으니까, 연준의 입장을 보시죠. 연준에서는 물가를 잡기 위하여 금리를 인상하는데도 불구하고, 임금이 계속 오르는 상황이 되면 헷갈리기 시작하는 거죠. 우리나라처럼 경기가 좋으나 안 좋으나 대기업 임금 상승률이 인플레이션 정도 상승하는 경우와 달리, 미국에서는 '경기가 좋아서 고용 상태가 좋고, 임금 상승률이 지속적으로 높은 거야'라고 볼 수 있죠. 그러면 더 강하게 긴축을 해서 경기침체 국면으로 가서라도 물가를 잡으려 할 것이고, 그 과정에서 많은 사람이 고통을 겪을 수 있는 것입니다. 그래서라도 임금 상승률을 안정화하도록 노력하는 것이 연준 입장인데요. 사실 통화정책으로 임금 상승을 직접 잡기는 매우 어렵습니다. 임금 상승은 경기순환 요소가 아닌, 경제 구조상의 문제이기 때문에 일시적으로 침체에 빠뜨려도 잘 안 내려가기 때문입니다.

제가 주목하여 보고 있는 임금 지표는 크게 두 가지인데요. 우선 비농업

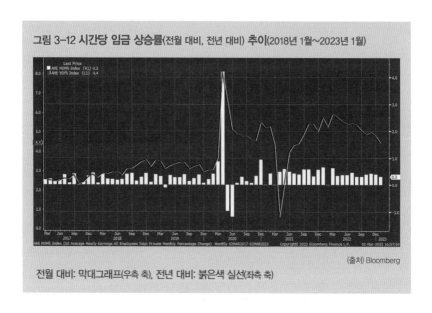

그림 3-12 **시간당 임금 상승률**(전월 대비, 전년 대비) **추이**(2018년 1월~2023년 1월)

(출처) Bloomberg

전월 대비: 막대그래프(우측 축), 전년 대비: 붉은색 실선(좌측 축)

시간당 임금 변화율입니다. 이 지표는 비농업Nonfarm 고용지표가 발표되는 매월 첫 번째 금요일 미국 동부시간 기준 오전 8시 30분에, 함께 나옵니다. 대부분 비농업 순고용자 수 변화 및 실업률에 집중해서 상대적으로 시간당 임금 변화율을 덜 중요하게 보는데요. 사실 노동시장의 임금 상황을 가장 정확하고 적시성 있는 지표라고 생각합니다. 실제 채권 금리가 이 지표 때문에 많이 변합니다. 최근 전월 대비, 그리고 전년 대비 변화를 살펴보겠습니다(그림 3-12).

생산자물가를 설명하면서 일자리로 돌아오는 인력이 많이 부족하다고 말씀드렸습니다. 기업들이 팬데믹 이후 영업 정상화로 실적을 많이 회복했거든요. 그런데 정작 일할 사람이 없으니 임금을 높여서라도 채용을 해야 했죠. 그 결과 임금 상승률이 팬데믹(2020년 3월) 이전 수준인 연 3~3.5% 상승 수준보다 높은 수준을 지금까지 보이고 있죠. 사실 임금은 올리기는 쉬워도 내리기는 쉽지 않습니다. 실적이 안 좋아지면 기업은 결국 해고를 통해서 인건비를 줄이게 되는데요. 그 단계는 지금 아닌 거죠."

"부장님, 그렇다면 지금 높은 임금 수준은 여전히 부족한 인력으로 인하여 떨어지기 쉽지 않은 상황인 거네요."

유예리 씨가 질문합니다. 이름처럼 예리한 질문입니다.

"네, 맞습니다. 소득 수준이 나쁘지 않으니 물가가 오르는데도 소비가 늘어남으로써 높은 인플레이션을 유지하게 하는 현상이 일어나는 것입니다.

그리고 매 분기 지표를 익분기 첫 번째 달 마지막 주에 발표하는 ECI Employment Cost Index가 있습니다. 이 지표를 분기 1회 발표한다고 그냥 넘어가서는 안 됩니다. 파월 의장이 평가한 대로 이 지표는 단순히 기본급과 인센티브를 포함한 통상임금뿐만 아니라, 복리 후생을 포함하는 가장 정확한 임금 지표입니다.

앞서 설명한 시간당 임금 변화율이 시간당 급여를 받는 노동자를 대상으로 조사한 지표인 반면, ECI는 시급 노동자와 월급 노동자 모두를 포함한 광범위한 자료입니다. 실제 2만 8,100개의 민간기업 업종을 대표하는 약 7,000개소, 7,600개의 직업을 대표하는 지방정부 등 공공기관 약 1,400개소의 자료를 수집하여 만들었습니다(2023년 1월 기준).

파월 연준의장이 2023년 1월 FOMC 직후 기자회견에서 ECI에 대하여 설명한 코멘트가 있어서 여기 소개해드립니다.

"(인플레이션이 하락하고 있다는 더 많은 증거가 있어야 한다는 코멘트 후) And soon after that, we'll have another ECI wage report, which, as you know, is a report that we like because it adjusts for composition and it's very complete(FOMC 직후, 우리는 또다른 ECI 임금보고서를 접하게 될 겁니다. 여러분이 알고 계시듯이, 이 보고서는 우리(연준)이 좋아하는 지표입니다. 그 이

유는 그것은 지표 산출 요소를 조정하여 완벽한 지표로 만들어졌기 때문입니다)."

이번에는 기업 종류별(민간, 정부) ECI 상세 내역을 알아보겠습니다.

그림 3-13 ECI 상세내역(2023년 1월 31일 발표)

Table A. Major series of the Employment Cost Index
[Percent change]

Category	3-month, seasonally adjusted		12-month, not seasonally adjusted, current dollar			12-month, not seasonally adjusted, constant dollar		
	Sep. 2022	Dec. 2022	Dec. 2021	Sep. 2022	Dec. 2022	Dec. 2021	Sep. 2022	Dec. 2022
Civilian workers[1]								
Compensation[2]	1.2	1.0	4.0	5.0	5.1	-2.9	-2.9	-1.3
Wages and salaries	1.3	1.0	4.5	5.1	5.1	-2.3	-3.0	-1.2
Benefits	1.0	0.8	2.8	4.9	4.9	-3.9	-3.0	-1.4
Private Industry								
Compensation[2]	1.1	1.0	4.4	5.2	5.1	-2.5	-2.8	-1.2
Wages and salaries	1.2	1.0	5.0	5.2	5.1	-1.9	-2.7	-1.2
Benefits	0.8	0.7	2.9	5.0	4.8	-3.8	-3.0	-1.5
Health benefits	–	–	0.4	4.9	4.7	–	–	–
State and local government								
Compensation[2]	1.9	1.0	2.6	4.6	4.8	-4.2	-3.3	-1.5
Wages and salaries	2.1	1.0	2.7	4.4	4.7	-4.1	-3.5	-1.5
Benefits	1.6	1.0	2.5	5.0	5.0	-4.3	-3.0	-1.3

[1] Includes private industry and state and local government.
[2] Includes wages and salaries and benefits.
Note: All estimates in the table can be found in the public database at www.bls.gov/eci/data.htm. Dashes indicate data not available.

(출처) 미 노동통계국

분기 자료라서 제가 최근 5년 치 추이를 보여드리겠습니다. 일반적으로 ECI 지표는 전분기 대비 변화율이 중요합니다(그림 3-14). 전분기 대비, 전년동기 대비 추이를 한번 보시지요."

"이 그래프 해석하실 분? 작지만 중요한 선물 준비했습니다."
어벙철 씨가 손을 듭니다. 왠지 불길합니다.
"예, 작년 4분기를 보면 아직은 높은 수준이지만, 분기별 상승률은 작년 1분기를 기점으로 확실히 꺾였습니다. 전년 대비는 상승하였습니다."
"네, 그래서요? 어떻게 될 거 같습니까?"

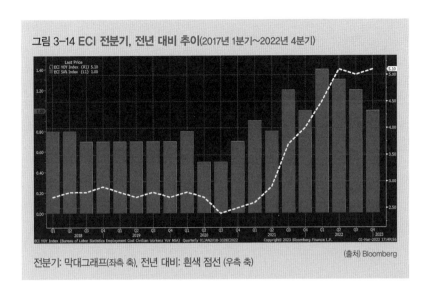

그림 3-14 ECI 전분기, 전년 대비 추이(2017년 1분기~2022년 4분기)

전분기: 막대그래프(좌측 축), 전년 대비: 흰색 점선 (우측 축)

(출처) Bloomberg

"네?"

기세등등했던 어벙철 씨가 묵묵부답이다.

"제가 답해보겠습니다. 분기별 상승률이 한풀 꺾이면서 전년 대비 상승률도 그 폭이 둔화되고 있습니다. 이 추세라면 분기별 상승률은 예전 수준인 1% 미만으로, 전년 대비 상승률도 작년에 워낙 올랐기 때문에 상승률이 꺾이면서 하향 안정화될 거 같습니다."

유영구 과장이 대답합니다. 전직 외화채권부 소속이어서 그런지 해외채권에 대하여 빠삭하게 잘 알고 있습니다.

"네, 현재 그래프를 보건데 유 과장 말대로 추정할 수 있겠네요. 제가 아끼는 쌀집 계산기 하나 드립니다. 새 것입니다."

엑시오 계산기 한 대를 유 과장에게 전달합니다. 어벙철 씨는 분명히 본인은 맞게 대답했다고 생각했을 텐데, 미안하긴 합니다.

"단순히 노동비용만을 보는 것보다 노동자의 시간당 생산성Labor Productivity Output per hour의 전분기 대비 변화율을 같이 비교해보는 것이 도움이 됩니다. 인플레이션 압력을 받는다는 것은 노동자의 임금 상승 대비 그 생산성이 떨어질 때 발생하거든요. 쉽게 말씀을 드리면, 아이폰을 만드는 노동자 1단위당 생기는 임금이 1이라고 가정하면, 과거에는 1만큼의 아이폰을 생산했는데, 생산성이 떨어져서 이제 0.5밖에 못 만든다면, 똑같은 1이라는 생산성을 유지하기 위하여 노동자에게 주어야 할 임금이 2로 늘어나는 것이지요. 이러면 임금 상승이 불가피하고, 인플레이션 압력을 받게 됩니다.

참고로 노동자의 시간당 생산성 지표도 매 분기 말을 기준으로 ECI 발표 수일 후에 나옵니다. 발표기관은 ECI와 동일한 미 노동부 노동통계국입니다. 다음 그림은 지난 15년 동안의 ECI 및 시간당 생산성 그래프입니다.

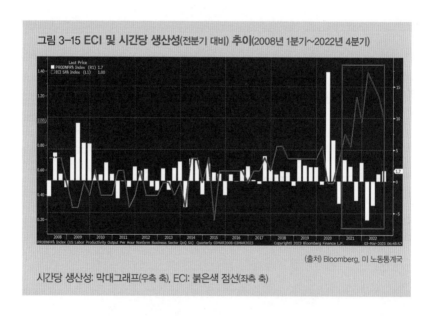

그림 3-15 ECI 및 시간당 생산성(전분기 대비) 추이(2008년 1분기~2022년 4분기)

(출처) Bloomberg, 미 노동통계국

시간당 생산성: 막대그래프(우측 축), ECI: 붉은색 점선(좌측 축)

[그림 3-15] 우측 끝 박스 부분은 작년 인플레이션 기간 중 두 지표의 흐름인데요. 어벙철 씨, 혹시 이걸 해석하실 수 있겠습니까?"

어벙철 씨가 다시 한번 일어서서 자신 있게 대답합니다.

"네, ECI 지표는 2021년부터 꾸준히 오르고 있었던 것에 반하여 시간당 생산성 지표는 오르락 내리락하는 모습입니다. 생산성이 오르지 못하니 인플레이션 압력이 심해질 수밖에 없었다고 생각합니다."

"맞습니다. 그런데 어쩌죠? 선물이 없네.

그러면 우리가 흔히 골디락스(인플레이션 없는 성장) 시대에 두 지표를 한 번 볼까요?

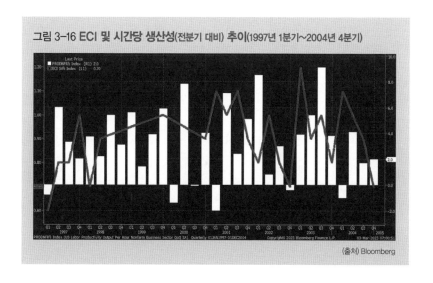

그림 3-16 ECI 및 시간당 생산성(전분기 대비) 추이(1997년 1분기~2004년 4분기)

어때요? 생산성은 대체로 지속적으로 상승하는 모습을 보이고, ECI는 분기 대비 0.7~1.2%p 사이에서 움직입니다. 고용비용은 올라가도 생산성이 받쳐주니 물가 상승 압박은 덜한 것입니다. 채권시장을 보는 여러분이 꼭 참고해야 할 지표라고 자신 있게 말씀드립니다.

그러면 가장 궁금한 부분, ECI 발표일에 채권시장에 어떤 영향을 미쳤는지 알아보시죠. 이번에는 위험자산을 나타내는 S&P500 전일 대비 등락률도 같이 넣어봤습니다(표 3-10).

표 3-10 ECI(전분기 대비) 발표일 2년 금리 및 S&P500 등락률

발표일	21.10.28	22.1.28	22.4.29	22.7.29	22.10.28	23.1.31
기준월	21.3분기	21.4분기	22.1분기	22.2분기	22.3분기	22.4분기
예상	0.9%	1.2%	1.1%	1.2%	1.2%	1.1%
실제	1.2%	1.0%	1.4%	1.3%	1.2%	1.0%
전기	0.8%	1.2%	1.0%	1.4%	1.3%	1.2%
전일 대비 변동(bp)	0.8	-2.6	9.9	2.2	14.2	-3.4
전일 대비 S&P(%p)	0.2	2.4	-3.6	1.4	2.5	1.5

2022년 1분기 실적에 한 번 쇼크가 왔고요. 이번 발표지표를 통하여 임금도 상승세가 둔화되고 있다고 시장은 판단한 거죠. 그 결과 금리는 안정, 위험자산 선호 현상이 나온 겁니다.

이상으로 오늘 수업은 마치겠습니다. 오늘은 부득이 질문을 못 받고 떠나야 할 거 같아요. 대신 내일 수업 시작 전에 질문을 받겠습니다. 내일 뵙겠습니다."
"수고하셨습니다."

신 부장은 뒤처리를 연수팀 마 차장에게 부탁하고 뛰면서 강의실을 나갑니다. 이제 회의까지는 1시간 남았습니다. 차로 본사까지 들어가기까지는 내비게이션상 58분 정도 걸리네요.
'그룹장님이 시간 늦는 거 제일 싫어하시는데.'

03

연준의 제2책무는
최대 고용입니다

비농업 민간고용

어제 그룹장과의 회의 후, 2차까지 회식을 했습니다. 폭탄주가 오가는 정겨운 자리(?) 때문에 아침에 숙취가 몰려옵니다. 그러나 오늘도 중요한 강의가 있는 날, 다행히 오전이 아닌 오후 3시부터입니다.

"안녕하세요. 오늘 제 목소리가 좀 이상해도 이해해주세요. 어제 오후까지 너무 말을 많이 해서 목소리가 좀 쉬었습니다.

오늘은 고용지표와 관련한 이야기, 그리고 뒤이어 성장과 관련한 지표에 대하여 말씀드리겠습니다. 먼저 슬라이드에 주목해주시죠.

지난주 금요일(2023년 2월 3일)에 약간 충격을 받았습니다. 여기 가장 중요한 것이 1월 비농업 민간고용Nonfarm payroll 순고용자 수이거든요. 이 수치가 너무 잘 나온 겁니다. 월스트리트 전문가 예상은 189K이었거든요. 일반적으로 고용이 잘 나오면, 경기가 좋구나라고 생각하지요. 그런데 지난 시간 물가지표를 설명하면서 작년부터 인플레이션이 심각하다고 했잖아

그림 3-17 고용지표 발표 서문(2023년 2월 3일)

Economic News Release

Employment Situation Summary

Transmission of material in this news release is embargoed until
8:30 a.m. (ET) Friday, February 3, 2023   USDL-23-0151

Technical information:
  Household data: (202) 691-6378 * cpsinfo@bls.gov * www.bls.gov/cps
  Establishment data: (202) 691-6555 * cesinfo@bls.gov * www.bls.gov/ces

Media contact: (202) 691-5902 * PressOffice@bls.gov

THE EMPLOYMENT SITUATION -- JANUARY 2023

Total nonfarm payroll employment rose by 517,000 in January, and the unemployment rate
changed little at 3.4 percent, the U.S. Bureau of Labor Statistics reported today. Job
growth was widespread, led by gains in leisure and hospitality, professional and
business services, and health care. Employment also increased in government, partially
reflecting the return of workers from a strike.

This news release presents statistics from two monthly surveys. The household survey
measures labor force status, including unemployment, by demographic characteristics. The
establishment survey measures nonfarm employment, hours, and earnings by industry. For
more information about the concepts and statistical methodology used in these two surveys,
see the Technical Note.

(출처) 미 노동통계국

1월 비농업 총 고용은 (전월 대비) 51만 7,000명 순 증가하였고, 실업률은 거의 변동 없이 3.4%를 유지하였습니다.

요. 연준은 이것을 빨리 진압해야 하고요. 그런데 고용이 늘어나면 기업들의 고용비용 부담이 증가하니까 임금은 계속 상승하겠죠?

1월 말 ECI 지표에 환호했던 채권 및 주식투자자들은 '이게 뭐지? 연준이 더 세게 긴축을 하겠네' 하고 이를 투자에 반영합니다. 발표 당일 2년물, 10년물 미 국채 금리 일중 변동입니다.

비농업 민간고용 순고용자 수는 뒤이어 설명할 실업률 등 다른 고용지표와 함께 매월 첫째 주 금요일 오전 8시 30분(미 동부시간 기준) 발표를 합니다. 한국 시간으로는 밤 10시 30분인데요. 발표 직후 금리가 급등하는 모습을 보입니다.

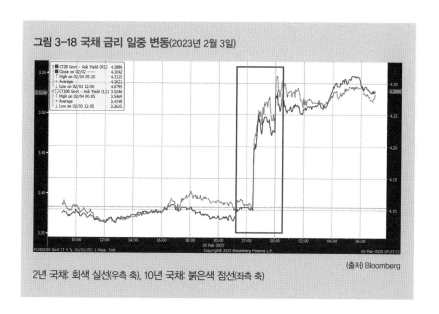

그림 3-18 국채 금리 일중 변동(2023년 2월 3일)

2년 국채: 회색 실선(우측 축), 10년 국채: 붉은색 점선(좌측 축)

(출처) Bloomberg

　　연준의 설립 목적은 물가 안정과 최대 고용입니다. 연준이 물가 안정을
위한 노력은 1970년대 고물가로 고통받을 때 '인플레이션 파이터'를 자처
하며 무지막지하게 기준금리를 올리면서 인플레이션을 잠재웠던 폴 볼커
[4] 전 의장을 떠올리면 됩니다. 그런데 최대 고용은 무슨 말인가 싶습니다.
혹시 아는 분?"

　　"비자발적 실업이 없는 수준 아닙니까?"

　　김가격 차장이 대답합니다.

　　"비슷한데 정답은 아닙니다."

　　"인플레이션 없는 최대 고용 상태 아닙니까?"

---

4 Paul A. Volker(1927~2019): 제12대 연방준비위원회 의장(재임기간 1979~1987년)으로 1970년대 말 10%
가 넘는 인플레이션을 잡기 위하여 기준금리를 최대 20%까지 올리면서 '인플레이션 파이터'라는 별칭이
붙었다. 1990년대 '골디락스'를 열게 했다는 평가를 받고 있으며, 2008년 금융위기 발생 후, 투자은행의
자기자본 거래에 대한 강력한 규제 등을 담은 '볼커 룰'을 제안, 법제화했다.

유예리 씨가 물음표 형태로 대답합니다.

"정답입니다. 필립스 곡선이라고 들어보셨죠? 뉴질랜드 경제학자 윌리엄 필립스(1914~1975)에 의해 발견한 법칙으로, 물가와 고용의 관계를 설명한 커브인데요. 정확하게 말씀드리면 실업률과 물가는 반비례한다는 것입니다. 요즘 연준이 기준금리를 올리고 유동성을 흡수하는 것은 경기를 일부러 둔화 및 침체시켜서 실업률을 증가시켜 물가를 잡겠다는 논리에 바탕을 둔 것입니다. 최대 고용 역시 인플레이션을 일으키지 않는 범위에서의 고용 극대화라고 설명할 수 있는데요. 지난 비농업 분야 순고용자 수로 보았을 때는 물가에 지대한 부담을 줄 정도의 고용 증가라고 연준은 판단할 수가 있는 거죠. 그래서 금리가 오르는 것이고요.

그러면 비농업 순고용자 수 산출 대상 및 표를 살펴봅시다(표 3-11). 비농업 분야의 기준은 전체 산업에서 농·어업, 산림업, 자선단체 등을 제외

표 3-11 1월 비농업 순고용자 수 상세(2023년 2월 3일)

Category	Jan. 2022	Nov. 2022	Dec. 2022ᵖ	Jan. 2023ᵖ
EMPLOYMENT BY SELECTED INDUSTRY (Over-the-month change, in thousands)				
Total nonfarm	364	290	260	517
Total private	345	228	269	443
Goods-producing	28	41	43	46
Mining and logging	-1	8	5	2
Construction	-4	19	26	25
Manufacturing	33	14	12	19
Durable goods[1]	21	14	25	4
Motor vehicles and parts	0.3	5.7	9.0	-6.5
Nondurable goods	12	0	-13	15
Private service-providing	317	187	226	397
Wholesale trade	23.8	-0.4	10.5	11.3
Retail trade	30.1	-45.6	1.4	30.1
Transportation and warehousing	44.8	-37.1	13.0	22.9
Utilities	2.1	-0.9	-0.1	-0.7
Information	12	13	-5	-5
Financial activities	6	11	11	6
Professional and business services[1]	95	0	39	82
Temporary help services	23.4	-48.5	-40.9	25.9
Private education and health services[1]	-5	95	76	105
Health care and social assistance	-20.9	82.6	80.3	79.2
Leisure and hospitality	116	123	64	128
Other services	-7	29	16	18
Government	19	62	-9	74
(3-month average change, in thousands)				
Total nonfarm	516	321	291	356
Total private	503	290	265	313

(출처) 미 노동통계국

한 산업군을 기준으로 조사합니다. 조사기관인 미 노동통계국은 총 비농업 취업인구의 약 3분의 1인 5,000만 명 이상의 근로자를 고용하고 있는 44만 개의 기업 및 정부 관련 실무 현장을 대상으로 조사를 실시합니다. 이 중 약 70%가량 답변을 하는 것으로 나타납니다.[5] 비농업 분야는 민간과 정부 부문으로 나뉘는데, 민간 부문에 주목하면 됩니다. 정부 부문은 경기 상황과 상관없이 인위적으로 고용할 수 있잖아요.

채권형 상품을 투자하실 여러분이 한 가지 더 보셔야 할 부분은 2020년 팬데믹 때 실직자수와 현재까지 누적으로 고용된 숫자를 비교해보는 것입니다. 비농업 순고용자 수 추이 및 2020년 팬데믹 이후 비농업 순고용자 수(누적)를 차례로 보시지요.

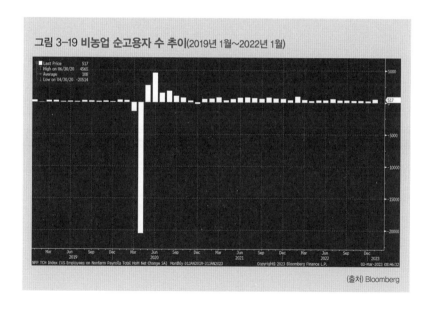

그림 3-19 비농업 순고용자 수 추이(2019년 1월~2022년 1월)

(출처) Bloomberg

---

5 출처: 『세계 경제지표의 비밀』(맑은 글, 2022년 개정판) p.46 참조

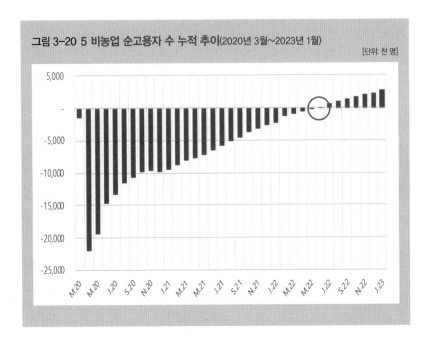

그림 3-20 5 비농업 순고용자 수 누적 추이(2020년 3월~2023년 1월)

[단위: 천 명]

　저는 채권하는 사람 입장에서 저 누적 추이가 중요하다고 생각했거든요. 2020년 3월 팬데믹 이후 2,000만 명이 넘는 실직자가 발생한 후에, 과연 이 실직자만큼 고용이 될 것인가가 관심이었거든요. 연준에서도 2021년 인플레이션을 평가절하하면서 완화적인 통화정책을 고수했던 또 다른 이유가 고용시장이 아직 회복이 안 되었다는 것이었거든요. 이것이 작년 6월에서야 실직자수 이상의 고용이 이루어졌거든요. 2021년과는 반대로 지금은 고용시장이 한마디로 '핫하다'라고 말할 수 있는 거예요. 바로 이어서 실업률과 참여율에 대하여 살펴봅시다."

실업률과 참여율

"이번에는 비농업 신규 고용자 수와 같은 날, 같은 시간에 발표되는 실업률과 참여율에 대하여 알아봅시다. 먼저 실업률과 참여율 공식부터 적고 설명하겠습니다."

신 부장이 전자칠판에 공식과 세부 항목에 대한 설명을 적습니다.

실업률 = (실업자 수÷전체 노동가능인구)×100(%)

• 실업자 수: 적극적으로 직장을 구하고 있는, 실직 상태의 개인

• 노동가능인구: 취업자 및 적극적으로 직장을 구하는 개인의 합

"여기서 노령층 및 만 16세 미만 미성년자의 경우에 제외됩니다. 그리고 구직의사가 없는, 노동가능 연령층도 배제됩니다. 한편 노동 참여율 공식은 다음과 같습니다.

참여율 = (전체 노동가능인구÷Civilian Non-institutional Population)×100(%)

• Civilian Non-institutional Population: 16세 이상 노동가능인구. 단, 군인 제외

Civilian Non-institutional Population, 이 단어를 도저히 해석을 못하겠네요. 연준은 3, 6, 9, 12월 FOMC마다 실업률과 인플레이션, 그리고 GDP 예측치를 발표합니다. 다음 슬라이드를 한번 보시지요(그림 3-21).

그림 3-21 인플레이션 & 실업률 예상(as of 2022년 12월 14일)

Percent

Variable	Median[1]					Central Tendency[2]					Range[3]				
	2022	2023	2024	2025	Longer run	2022	2023	2024	2025	Longer run	2022	2023	2024	2025	Longer run
Change in real GDP	0.5	0.5	1.6	1.8	1.8	0.4-0.5	0.4-1.0	1.3-2.0	1.6-2.0	1.7-2.0	0.2-0.5	-0.5-1.0	0.5-2.4	1.4-2.3	1.6-2.5
September projection	0.2	1.2	1.7	1.8	1.8	0.1-0.3	0.5-1.5	1.4-2.0	1.6-2.0	1.7-2.0	0.0-0.5	-0.3-1.9	1.0-2.6	1.4-2.4	1.6-2.2
Unemployment rate	3.7	4.6	4.6	4.5	4.0	3.7	4.4-4.7	4.3-4.8	4.0-4.7	3.8-4.3	3.7-3.9	4.0-5.3	4.0-5.0	3.8-4.8	3.5-4.8
September projection	3.8	4.4	4.4	4.3	4.0	3.8-3.9	4.1-4.5	4.0-4.6	4.0-4.5	3.8-4.3	3.7-4.0	3.7-5.0	3.7-4.7	3.7-4.6	3.5-4.5
PCE inflation	5.6	3.1	2.5	2.1	2.0	5.6-5.8	2.9-3.5	2.3-2.7	2.0-2.2	2.0	5.5-5.9	2.6-4.1	2.2-3.5	2.0-3.0	2.0
September projection	5.4	2.8	2.3	2.0	2.0	5.3-5.7	2.6-3.5	2.1-2.6	2.0-2.2	2.0	5.0-6.2	2.4-4.1	2.0-3.0	2.0-2.5	2.0
Core PCE inflation[4]	4.8	3.5	2.5	2.1		4.7-4.8	3.2-3.7	2.3-2.7	2.0-2.2		4.6-5.0	3.0-3.8	2.2-3.0	2.0-3.0	
September projection	4.5	3.1	2.3	2.1		4.4-4.6	3.0-3.4	2.2-2.5	2.0-2.2		4.3-4.8	2.8-3.5	2.0-2.8	2.0-2.5	
Memo: Projected appropriate policy path															
Federal funds rate	4.4	5.1	4.1	3.1	2.5	4.4	5.1-5.4	3.9-4.9	2.6-3.9	2.3-2.5	4.4	4.9-5.6	3.1-5.6	2.4-5.6	2.3-3.3
September projection	4.4	4.6	3.9	2.9	2.5	4.1-4.4	4.4-4.9	3.4-4.4	2.4-3.4	2.3-2.5	3.9-4.6	3.9-4.9	2.6-4.6	2.4-4.6	2.3-3.0

(출처) 미 연방준비위원회

2023년 4.6%의 실업률을 예상하고 있는데, 지난 2월 3일 발표한 2023년 1월 실업률은 3.4%로, 전월보다도 더 떨어졌네요. 이번 2023년 1월 고용지표 상세 내역은 다음 슬라이드에서 보시지요(그림 3-22).

그림 3-22 실업률 관련 세부 항목

Category	Jan. 2022	Nov. 2022	Dec. 2022	Jan. 2023	Change from: Dec. 2022- Jan. 2023
Employment status					
Civilian noninstitutional population	263,202	264,708	264,844	265,962	--
Civilian labor force	163,633	164,527	164,966	165,832	--
Participation rate	62.2	62.2	62.3	62.4	--
Employed	157,122	158,527	159,244	160,138	--
Employment-population ratio	59.7	59.9	60.1	60.2	--
Unemployed	6,511	6,000	5,722	5,694	--
Unemployment rate	4.0	3.6	3.5	3.4	--
Not in labor force	99,570	100,181	99,878	100,130	--
Unemployment rates					
Total, 16 years and over	4.0	3.6	3.5	3.4	--
Adult men (20 years and over)	3.8	3.3	3.1	3.2	--
Adult women (20 years and over)	3.6	3.3	3.2	3.1	--
Teenagers (16 to 19 years)	10.9	11.3	10.4	10.3	--
White	3.4	3.3	3.0	3.1	--
Black or African American	6.9	5.7	5.7	5.4	--
Asian	3.5	2.6	2.4	2.8	--
Hispanic or Latino ethnicity	4.9	4.0	4.1	4.5	--
Total, 25 years and over	3.4	3.0	2.8	2.8	--
Less than a high school diploma	6.3	4.4	5.0	4.5	--
High school graduates, no college	4.5	3.9	3.6	3.7	--
Some college or associate degree	3.5	3.2	2.9	2.9	--
Bachelor's degree and higher	2.3	2.0	1.9	2.0	--
Reason for unemployment					
Job losers and persons who completed temporary jobs	3,217	2,761	2,629	2,529	--
Job leavers	953	829	825	884	--
Reentrants	1,995	1,798	1,767	1,817	--
New entrants	438	558	497	531	--
Duration of unemployment					
Less than 5 weeks	2,428	2,244	2,233	1,946	--
5 to 14 weeks	1,619	1,694	1,639	1,785	--
15 to 26 weeks	819	821	826	890	--
27 weeks and over	1,683	1,215	1,069	1,111	--
Employed persons at work part time					
Part time for economic reasons	3,735	3,688	3,878	4,050	--
Slack work or business conditions	2,412	2,546	2,648	2,685	--
Could only find part-time work	975	826	911	999	--
Part time for noneconomic reasons	20,236	21,226	21,628	22,083	--
Persons not in the labor force					
Marginally attached to the labor force	1,527	1,491	1,260	1,354	--
Discouraged workers	406	406	410	342	--

(출처) 미 노동통계국

그리고 앞선 시간에 제가 팬데믹 이후에 지금까지 임금이 상승하고 있다고 말씀드렸는데요. 그 주된 이유가 무엇이라고 말했는지, 어제 복습 차원에서 답변 가능하신 분?"

유영구 과장이 대답합니다.

"일할 사람이 없어서 그런 거 아닙니까?"

"맞습니다. 실업률이 낮은 이유는 취업에 대한 의사가 없는 사람들이 증가하면서 슬라이드의 실업률 공식에서 분자값이 분모값보다 더 큰 폭으로 낮아지기 때문입니다. 그리고 취업 의사가 없는 사람의 숫자가 많다는 것이 노동시장 구조적인 현상으로 자리 잡을 경우에는 어떨까요?

다음 공식인 참여율의 분모는 변동이 없는 가운데, 분자인 취업가능인구의 숫자가 줄어들게 되는 것이죠. 즉 실업률이 쉽게 낮아지기 어려운 구조입니다. 다음 슬라이드 보시지요(그림 3-23).

참여율은 지난 20년 이상 줄곧 하락해왔습니다. 팬데믹 이전 수준인

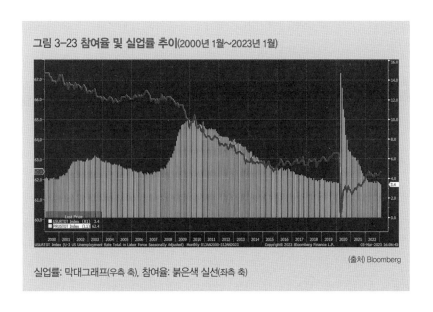

그림 3-23 참여율 및 실업률 추이(2000년 1월~2023년 1월)

(출처) Bloomberg

실업률: 막대그래프(우측 축), 참여율: 붉은색 실선(좌측 축)

63% 초반에 아직 미치지 못하고 있습니다. 이는 구조적으로 노동공급 감소 요인이 되어 노동시장을 더욱 뜨겁게 만드는 요인이 되지요. 즉 임금이 상승하는 환경을 만들게 되고요. 따라서 실업률도 덩달아 낮아지게 되는데 지금 3.4%는 20년 이래 최저치입니다.

내일 설명할 경기사이클과 관련하여 선행지표로 사용하는 것을 간략하게 말씀드릴게요. 실업률을 개별 실업 기간에 따라 1) 5~14주 2) 15~26주 3) 27주 이상으로 분류할 수 있습니다. 여기서 주목해야 할 것은 15주 이상 장기간 실업 상태에 있는 사람 수입니다. 이 지표는 평균적으로 경기침체 10개월 전에 바닥을 치고(5~13개월 범위 전) 상승 모드를 탑니다[6].

다음 슬라이드(그림 3-24)를 보고 퀴즈 한번 나갑니다.

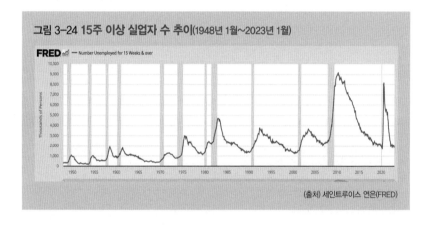

그림 3-24 15주 이상 실업자 수 추이(1948년 1월~2023년 1월)

(출처) 세인트루이스 연은(FRED)

아직도 우리 2008년 금융위기 때 충격을 잊을 수 없습니다. 2008~2009년 경기침체 몇 개월 전에 바닥을 찍고 장기 실업자 수가 증가하기 시작했나요? 참고로 미 국립경제연구소the National Bureau of Economic Research, NBER에서

---

6 출처: 『세계 경제지표의 비밀』 (맑은 글, 2022년 개정판) p.59 참조

는 2007년 12월을 공식적으로 경기침체에 돌입했다고 발표하였습니다."

다시 한번 어벙철 씨가 시도합니다.

"2006년 11월에서 2007년 7월 사이이며 평균적으로는 10개월 전인 2007년 2월입니다."

'아, 쟤는 왜 응용력이 없지'라고 신 부장은 생각하지만, 적극적인 수업 태도는 좋은 겁니다.

"어벙철 씨, 개념은 맞았습니다. 다만 실제로는 슬라이드에서 보면 2006년 12월경 바닥을 찍고 올라가는 모습을 보이고 있습니다. 5~13개월 사이에 바닥을 치는 것은 맞지만, 침체 시기마다 전조는 다르니까요."

신 부장은 다시 실업률과 참여율로 돌아와서 설명을 이어나갑니다.

"네, 어쨌든 우리는 채권형 ETF를 운용하는 사람들이니까요. 앞서 말씀 드린 비농업 신규 고용자 수, 실업률 및 참여율, 그리고 시간당 임금 상승률의 최근 7개월 발표일 당시의 2년 국채 금리 변동 폭을 한번 보시지요 (표 3-12).

현재 슬라이드에 나온 지표를 보고 해석할 수 있는 분, 나오셔서 칠판에

표 3-12 고용지표 발표 후 2년 국채 금리 변동(2022년 7월~2023년 1월)

구 분		22.8.5	22.9.2	22.10.7	22.11.4	22.12.2	23.1.6	23.2.3
		22.7월	22.8월	22.9월	22.10월	22.11월	22.12월	23.1월
NFP	실제	568	352	350	324	290	260	517
	예상	250	298	255	193	200	205	189
실업률	실제	3.5	3.7	3.5	3.7	3.6	3.5	3.4
	예상	3.6	3.5	3.7	3.6	3.7	3.7	3.6
참여율	실제	62.1	62.3	62.3	62.2	62.2	62.3	62.4
	예상	62.2	62.2	62.4	62.3	62.3	62.2	62.3
임금 (전년)	실제	5.4	5.4	5.1	4.9	5	4.8	4.4
	예상	4.9	5.3	5.0	4.7	4.6	5.0	4.3
2년 금리		18.2	−11.2	5.1	−5.7	4.2	−20.7	18.5
S&P 500		−0.2%	−1.1%	−2.8%	1.4%	−0.1%	2.3%	−1.0%

적어주세요."

이틀 내내 침묵을 지켰던, 신탁부 자칭 타칭 상품마케팅 에이스 오팔려 부부장이 손을 들고 나옵니다.

1. **비농업 순고용자 수**: 예상치 대비 대폭 상회하는 지표 발표 시(2022년 7월, 2023년 1월) 금리 급등. 특히 순고용자 수 감소 추이를 보이다가 이번 1월 지표가 반등하는 바람에 연준이 헷갈려하고 있을 것임

2. **실업률**: 3.5~3.7%를 유지하며 여전히 뜨거운 고용시장을 보이고 있음. 2022년 8월 지표에서처럼 예상치보다 높은 수치를 보일 때 금리 하락할 수 있음

3. **참여율**: 연준의 기대만큼 아직 고용시장에 참여하는 노동가능연령층이 적음

4. **시간당 임금 상승률**: 고용지표 발표일, 금리 및 주가에 가장 큰 영향을 주는 요소임

"감사합니다, 오 부부장님. 표에 나타난 현상과 생각을 잘 정리해주셨습니다. 앞으로 매월 첫째 주 한국 시간 밤 10시 30분, 그리고 4월부터는 9시 30분에 꼭 이 고용지표는 라이브로 봐주시기 바랍니다. 다음 실업급여 청구 건수에 대해 강의하겠습니다. 10분 쉬겠습니다."

신규 실업급여 청구 건수(Initial Jobless Claims)

"어벙철 씨, 수업에 적극적인 모습 아주 좋아요. 아직 신입사원이니 모를 수 있습니다. 그리고 잘못 알고 있는 것을 고쳐나가면 기억도 더 잘나고, 나중에 운용하는 데에 쉽게 적용할 수 있을 겁니다."

신 부장은 쉬는 시간에, 매번 답을 틀리는 어벙철 씨를 격려합니다.

"고용지표의 마지막은 실업급여 청구 건수입니다. 채권시장에 가장 강력한 영향을 끼치는 지표는 비농업 신규 고용자 수를 포함한 월별 고용지표, CPI, 그리고 다음 시간에 설명할 분기별 GDP 수치입니다. 그런데 적시성 측면에서 보면 매주 목요일 오전 8시 30분(미 동부시간 기준)에 발표하는 실업급여 청구 건수만 한 자료가 없습니다.

다시 한번 고용이 강할 경우, 채권시장에 미치는 영향 경로를 복습해봅시다. 여기 나오셔서 칠판에 적어주시면 감사하겠습니다."

어벙철 씨가 강단 위로 걸어 올라갑니다.

쉬는 시간에 신 부장으로부터 따뜻한 격려의 말을 들은 어벙철 씨가 손을 듭니다. 신 부장이 호명하자, 터벅터벅 강단 위로 걸어 올라갑니다.

1. 고용시장 강세

2. 임금소득 증가

3. 소득으로 저축 및 소비가 증가

4. 저축 증가: 기업투자 또는 금융시장 내 위험자산 강세

   소비 증가: 기업 매출 증가 및 물가 상승 압력

5. 기업 실적 개선으로 구인 수요 증가

6. 임금 상승

"이런 순서로 진행되어 결국 임금 및 인플레이션을 유발합니다."

"맞습니다. 어벙철 씨는 고용지표와 그 영향 경로를 정확하게 알고 계십니다. 이제 그러면 실업보험에 대해 설명해드리겠습니다. 미국은 고용의 유연성이 대단히 높은 나라입니다. 즉 경기 상황에 따라 고용과 해고를 자유롭게 할 수 있지요. 2008년 금융위기나 2020년 팬데믹 같은 상황이 오

면, 수많은 사람이 해고를 당하게 되지요. 칠판에 어병철 씨가 적은 것과 반대 상황이 벌어지게 되는 것이지요. 결과적으로 기업은 부도가 나고 실업자는 생계를 걱정하는 상황이 올 거라는 것이지요.

그래서 각 주정부에서 실직자에게 최대 26주간 실업급여를 제공할 수 있는 프로그램을 운영하고 있습니다. 각 주정부가 매주(일요일~토요일) 실업급여 청구 건수를 취합하여 미 노동부에 자료를 보내면, 노동부는 이를 다음 주 목요일에 발표하는 지표입니다."

신 부장이 다음 슬라이드를 넘기자, 노동부(고용훈련국)에서 발표하는 보도자료 내 도표 및 최근 추이가 나옵니다(그림 3-25, 3-26).

"부장님, 질문이 있습니다. 신규 실업급여 청구 건수가 어느 정도 되어야지 경기침체 신호로 볼 수 있습니까?"

유예리 씨의 질문에 신 부장이 바로 대답합니다.

"신규 실업급여 청구 건수가 늘어날수록 경기가 좋지 않다는 것은 직관적으로 다 알고 계시죠? 일반적으로 수 주 동안 40만 건 이상을 유지할 때, 경기둔화 및 침체 가능성이 크다고 보고 있습니다. 기준점은 37.5만 건 정도로 보고 있고요[7]. 침체 여부를 보는 기간은 저는 4주로 보고 있습니다. 그런데 지난 시간 고용지표 중 실업률과 참여율을 설명하면서, 적극적인 구직 의사가 있는 사람의 숫자가 점차 줄어들고 있다고 말씀드렸습니다. 그러면 애초에 실업급여를 청구할 사람의 수가 적겠죠. 슬라이드의 도표에서 보듯이, 청구 건수가 고작 18만 개에서 20만 개 사이가 되니까 연준이 아무리 긴축을 세게 해도 고용시장이 둔화되지 않고 인플레이션을 통제하기가 점점 어려운 상황으로 전개가 되는 것입니다.

---

7 출처: 세계 경제지표의 비밀 (맑은 글, 2022년 개정판) p.75 참조

그림 3-25 실업급여 청구 건수 발표자료(2023년 2월 2일)

WEEK ENDING	January 28	January 21	Change	January 14	Prior Year[1]
Initial Claims (SA)	183,000	186,000	-3,000	192,000	214,000
Initial Claims (NSA)	224,356	225,228	-872	288,330	257,583
4-Wk Moving Average (SA)	191,750	197,500	-5,750	206,750	228,500

WEEK ENDING	January 21	January 14	Change	January 7	Prior Year[1]
Insured Unemployment (SA)	1,655,000	1,666,000	-11,000	1,655,000	1,757,000
Insured Unemployment (NSA)	1,916,025	1,863,946	+52,079	1,908,639	2,034,539
4-Wk Moving Average (SA)	1,651,500	1,662,000	-10,500	1,675,000	1,774,500
Insured Unemployment Rate (SA)[1]	1.1%	1.1%	0.0	1.1%	1.3%
Insured Unemployment Rate (NSA)[2]	1.3%	1.3%	0.0	1.3%	1.5%

INITIAL CLAIMS FILED IN FEDERAL PROGRAMS (UNADJUSTED)

WEEK ENDING	January 21	January 14	Change	Prior Year[1]
Federal Employees (UCFE)	523	758	-235	684
Newly Discharged Veterans (UCX)	346	407	-61	362

CONTINUED WEEKS CLAIMED FILED FOR UI BENEFITS IN ALL PROGRAMS (UNADJUSTED)

WEEK ENDING	January 14	January 7	Change	Prior Year[1]
Regular State	1,858,692	1,903,260	-44,568	1,996,634
Federal Employees	7,289	7,324	-35	10,911
Newly Discharged Veterans	4,232	4,502	-270	4,714
Extended Benefits[3]	2,511	2,825	-314	38,085
State Additional Benefits[4]	1,558	1,567	-9	2,170
STC / Workshare[5]	15,995	16,258	-263	15,292
TOTAL	1,890,277	1,935,736	-45,459	2,198,192

FOOTNOTES
SA - Seasonally Adjusted Data, NSA - Not Seasonally Adjusted Data Continued weeks claimed represent all weeks of benefits claimed during the week being reported, and do not represent weeks claimed by unique individuals.

1. Prior year is comparable to most recent data.
2. Most recent week used covered employment of 145,292,485 as denominator.
3. Information on the EB program can be found here: EB Program information
4. Some states maintain additional benefit programs for those claimants who exhaust regular benefits, and when applicable, extended benefits. Information on states that participate, and the extent of benefits paid, can be found starting on page 4-5 of this link: Extensions and Special Programs PDF
5. Information on STC/Worksharing can be found starting on page 4-11 of the following link: Extensions and Special Programs PDF

(출처) 미 노동부

그림 3-26 실업급여 청구 건수 추이(2000년 1월~2023년 2월)

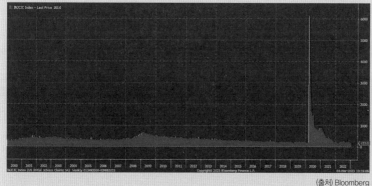

(출처) Bloomberg

자, 이제 정리하죠. 신규 실업급여 청구 건수는 매주 목요일 오전에 발표 (한국시각 밤 9시 30분, summer time 기준) 하는 적시성 높은 지표이며, 채권시장에 미치는 영향이 매우 큽니다. 최근 18~20만 건 수준은 경기둔화 기준인 37.5만 건 대비 훨씬 미치지 못합니다. 이를 감안할 때 연준은 현재 당면과제인 인플레이션 2% 이하로 낮추기 위해서는 고용시장을 둔화시켜야 하며, 더욱 강력한 긴축 통화정책을 예상할 수 있는 것입니다.

　오늘 성장지표까지 마쳐야 하는데, 벌써 시간이 5시가 다 되어 가네요. 내일은 성장지표에 다룰 예정입니다. 감사합니다."

04

연준의 제3책무는
경제 성장입니다

GDP 성장률

신 부장은 오후에 있을 미 재무부 직원들과의 컨퍼런스 콜을 위하여 1개월 전부터 1대 1 영어회화 강습을 받고 있습니다. 해외채권을 운용하는 사람 입장에서 영어회화는 기본 중의 기본입니다. 50이 넘은 신 부장도 예외는 아닙니다.

"안녕하십니까, 오늘은 1시간 수업입니다. 제가 오늘 오후에 사전에 잡힌 미 재무부 소속 국채발행 담당자들과 미팅이 있어서 부득이하게 스케줄을 그렇게 잡았습니다.

오늘은 성장과 관련한 대표적인 지표 2개를 살펴보겠습니다. 사실 연준과 같은 중앙은행에서 한 국가의 경제 성장을 위하여 직접적으로 실행할 수 있는 정책은 없습니다. 그러나 그들은 인플레이션 유발 없는 최대고용을 추구하는 조직입니다. 최대고용이 가능하려면 기업이 성장해야겠죠? 기업이 성장하면 곧 국가의 경제가 성장하는 것입니다. 이러한 측면에서 보면 경제 성장은 연준의 '제3의' 책무이기도 합니다.

성장하면 빼놓을 수 없는 지표가 바로 GDP Gross Domestic Product 입니다. 일반인들도 GDP는 친숙한 용어입니다. 왜냐하면 선거 때만 되면 후보들이 나와서 GDP 몇 퍼센트 성장을 공약하고, 어떠한 경제정책을 설명하면 꼭 나오는 것이 정책효과로 몇천억 원, 그리고 이것은 GDP 약 몇 퍼센트포인트 성장과 같다라고 하면서 설명하기 때문입니다.

사실 GDP 지표를 다 설명하려면 진짜 저에게 매일 4시간씩 1달을 줘도 모자란 시간입니다. 이번 저와 함께 하는 프로그램은 전적으로 지표 발표와 그것이 채권 금리에 미치는 영향 중심으로 보는 것이니, 최대한 설명을 응축하겠습니다."

신 부장이 첫 슬라이드를 엽니다. 슬라이드에 본인이 강의할 말을 빼곡히 적는 것은 수강생들의 집중력을 분산하여 효율성을 저해하는 발표방법입니다. 그래서 그는 항상 그래프 1개, 키워드 1개 중심으로 슬라이드를 구성합니다.

그림 3-27 GDP Projection by FOMC(as of 2022년 12월 14일)

Percent

Variable	Median[1]					Central Tendency[2]					Range[3]				
	2022	2023	2024	2025	Longer run	2022	2023	2024	2025	Longer run	2022	2023	2024	2025	Longer run
Change in real GDP	0.5	0.5	1.6	1.8	1.8	0.4-0.5	0.4-1.0	1.3-2.0	1.6-2.0	1.7-2.0	0.2-0.5	-0.5-1.0	0.5-2.4	1.4-2.3	1.6-2.5
September projection	0.2	1.2	1.7	1.8	1.8	0.1-0.3	0.5-1.5	1.4-2.0	1.6-2.0	1.7-2.0	0.0-0.5	-0.3-1.9	1.0-2.6	1.4-2.4	1.6-2.2
Unemployment rate	3.7	4.6	4.6	4.5	4.0	3.7	4.4-4.7	4.3-4.8	4.0-4.7	3.8-4.3	3.7-3.9	4.0-5.3	4.0-5.0	3.8-4.8	3.5-4.8
September projection	3.8	4.4	4.4	4.3	4.0	3.8-3.9	4.1-4.5	4.0-4.6	4.0-4.5	3.8-4.3	3.7-4.0	3.7-5.0	3.7-4.7	3.7-4.6	3.5-4.5
PCE inflation	5.6	3.1	2.5	2.1	2.0	5.6-5.8	2.9-3.5	2.3-2.7	2.0-2.2	2.0	5.5-5.9	2.6-4.1	2.2-3.5	2.0-3.0	2.0
September projection	5.4	2.8	2.3	2.0	2.0	5.3-5.7	2.6-3.5	2.1-2.6	2.0-2.2	2.0	5.0-6.2	2.4-4.1	2.0-3.0	2.0-2.5	2.0
Core PCE inflation[4]	4.8	3.5	2.5	2.1		4.7-4.8	3.2-3.7	2.3-2.7	2.0-2.2		4.6-5.0	3.0-3.8	2.2-3.0	2.0-3.0	
September projection	4.5	3.1	2.3	2.1		4.4-4.6	3.0-3.4	2.2-2.5	2.0-2.2		4.3-4.8	2.8-3.5	2.0-2.8	2.0-2.5	
Memo: Projected appropriate policy path															
Federal funds rate	4.4	5.1	4.1	3.1	2.5	4.4	5.1-5.4	3.9-4.9	2.6-3.9	2.3-2.5	4.4	4.9-5.6	3.1-5.6	2.4-5.6	2.3-3.3
September projection	4.4	4.6	3.9	2.9	2.5	4.1-4.4	4.4-4.9	3.4-4.4	2.4-3.4	2.3-2.5	3.9-4.6	3.9-4.9	2.6-4.6	2.4-4.6	2.3-3.0

(출처) 미 연방준비위원회

"지난 시간 실업률을 설명하면서 보여드린 내용입니다. 연준은 GDP 예상 수치도 매 3개월 FOMC 때마다 공개하는데요. 실제 2022년 GDP는 0.9%였습니다. 연준의 긴축 통화정책이 성공을 거둘 경우, 2023년 GDP 성장도 0.5%에 불과할 것이라고 말하고 있네요. 과연 될까요? 지난 시간에 보셨던 고용이 저렇게 강한데요?

다음은 GDP 계산 방법입니다. GDP 구성 요소는 크게 네 가지인데요. 다음 슬라이드 보시죠.

GDP = 민간소비 + 기업투자 + 정부지출 + 순수출

지난 경기지표 개요 때, 이미 우리나라와 미국의 GDP 구성 요소별 비중을 살펴보았는데요. 미국의 GDP는 민간소비가 약 70%를 차지하고 있습니다. 그 뒤를 이어 기업투자, 정부지출, 순수출 순입니다. 따라서 민간소비를 중심으로 GDP를 분석해야겠습니다.

GDP는 분기별 발표입니다. 분기가 끝나는 시점의 익월 마지막 주 목요일 오전 8시 30분에 발표를 하는데요. 후행지표임에도 불구하고 GDP가 중요한 이유는 성장, 물가, 고용 모두를 아우르는 종합 경제지표라는 사실 때문입니다. 채권에 미치는 영향도, 그래서 매우 크죠.

다음 슬라이드는 지난번 발표 세부사항입니다(그림 3-28).

그림 3-28 GDP 세부내역(2023년 1월 26일(수정 2023년 2월 23일))[8]

Line		2020	2021'	2022'	Seasonally adjusted at annual rates																Line
					2019				2020				2021				2022				
					Q1	Q2	Q3	Q4	Q1	Q2	Q3	Q4	Q1	Q2	Q3	Q4	Q1	Q2	Q3'	Q4'	
1	Gross domestic product (GDP)	-2.8	5.9	2.1	2.2	2.7	3.6	1.8	-4.6	-29.9	35.3	3.9	6.3	7.0	2.7	7.0	-1.6	-0.6	3.2	2.7	1
2	Personal consumption expenditures	-3.0	8.3	2.8	0.4	2.6	3.4	2.4	-6.2	-32.1	43.0	3.9	10.8	12.1	3.0	3.1	1.3	2.0	2.3	1.4	2
3	Goods	5.2	12.2	-0.5	0.0	5.5	5.8	2.8	0.0	-10.7	55.2	0.3	25.3	11.6	-7.9	2.3	-0.1	-2.6	-0.4	-0.5	3
4	Durable goods	10.0	18.5	-0.5	-3.5	8.9	10.3	7.7	-11.3	0.4	103.6	0.6	44.7	10.6	-22.0	5.1	7.6	-2.8	-0.8	-1.8	4
5	Nondurable goods	2.7	8.8	-0.5	1.7	3.8	3.6	0.4	6.2	-15.9	33.7	0.1	14.9	12.2	1.7	0.7	-4.4	-2.5	-0.1	0.2	5
6	Services	-6.6	6.3	4.5	0.6	1.3	2.3	2.1	-8.9	-40.4	37.1	5.7	4.0	12.3	9.2	3.5	2.1	4.6	3.7	2.4	6
7	Gross private domestic investment	-5.3	9.0	3.9	4.0	2.4	2.6	-8.0	-5.1	-48.8	91.8	18.0	-5.4	0.9	10.4	32.0	5.4	-14.1	-9.6	3.7	7
8	Fixed investment	-2.3	7.4	-0.2	0.8	6.2	4.1	-1.3	-3.0	-28.9	29.2	16.8	9.7	5.8	-1.1	0.6	4.8	-5.0	-3.5	-4.6	8
9	Nonresidential	-4.9	6.4	3.8	1.8	6.2	4.1	-1.6	-8.2	-29.4	20.2	11.5	8.9	9.9	0.6	1.1	7.9	0.1	6.2	3.3	9
10	Structures	-10.1	-6.4	-6.9	0.8	15.4	17.9	-5.8	-3.4	-42.9	-10.4	0.9	1.9	-2.5	-6.7	-12.7	-4.3	-12.7	-3.6	8.5	10
11	Equipment	-10.5	10.3	4.3	0.9	0.8	-5.5	-8.3	-23.9	-38.0	57.1	21.1	6.1	14.0	-2.2	1.6	11.4	-2.0	10.6	-3.2	11
12	Intellectual property products	4.8	9.7	8.9	3.6	7.3	7.3	9.3	7.9	-9.3	9.5	8.3	15.6	12.6	7.4	8.1	10.8	8.9	6.8	7.4	12
13	Residential	7.2	10.7	-10.7	-2.5	6.5	4.2	0.0	17.4	-27.4	61.6	33.4	11.6	-4.9	-5.8	-1.1	-3.1	-17.8	-27.1	-25.9	13
14	Change in private inventories	....	....	....	....	....	....	....	....	....	....	....	....	....	....	....	....	....	....	....	14
15	Net exports of goods and services	....	....	....	....	....	....	....	....	....	....	....	....	....	....	....	....	....	....	....	15
16	Exports	-13.2	6.1	7.2	4.8	-2.3	0.0	0.8	-15.3	-60.9	59.5	24.2	0.4	4.9	-1.1	23.5	-4.6	13.8	14.6	-1.6	16
17	Goods	-10.1	7.4	6.3	5.5	-7.2	1.9	-0.2	-3.6	-66.2	103.2	25.5	-0.7	3.4	-3.7	23.4	-7.2	15.5	17.8	-7.4	17
18	Services	-18.8	3.3	9.2	3.4	7.6	-3.4	2.5	-33.7	-49.1	1.4	21.2	2.5	7.7	4.7	23.6	1.6	9.9	7.5	12.5	18
19	Imports	-9.0	14.1	8.2	1.3	0.7	-1.7	-8.0	-12.2	-53.7	88.2	32.9	7.6	7.9	6.6	18.6	18.4	2.2	-7.3	-4.2	19
20	Goods	-5.8	14.5	6.9	0.4	-0.4	-1.6	-9.4	-7.8	-49.3	103.7	29.3	10.9	4.0	0.2	19.6	20.4	-0.4	-8.6	-5.5	20
21	Services	-22.0	12.3	14.6	5.7	5.3	-2.3	-2.0	-28.9	-69.2	25.7	53.6	-8.8	31.9	45.3	14.0	9.1	16.6	-0.8	2.1	21
22	Government consumption expenditures and gross investment	2.6	0.6	-0.6	4.9	5.3	3.4	2.4	3.3	7.3	-5.9	-0.1	6.5	-3.0	-0.2	-1.0	-2.3	-1.6	3.7	3.6	22
23	Federal	6.2	2.3	-2.5	2.9	6.3	4.9	1.8	3.7	31.5	-10.9	1.8	17.3	-6.9	-7.2	0.0	-5.3	-3.4	3.7	5.9	23
24	National defense	2.9	-1.2	-2.8	7.9	0.0	6.8	1.8	2.1	1.8	1.3	11.8	-9.0	-2.6	-3.2	-5.3	-8.5	1.4	4.7	2.2	24
25	Nondefense	11.2	7.3	-2.2	-4.1	16.6	2.2	1.8	6.1	86.5	-24.7	-10.8	64.8	-11.9	-12.1	7.4	-1.1	-9.2	2.5	10.8	25
26	State and local	0.4	-0.5	0.6	6.1	4.7	2.4	2.7	3.0	-5.5	-2.5	-1.3	0.1	-0.4	4.5	-1.6	-0.4	-0.6	3.7	2.3	26

(출처) 미 상무부 경제분석국

슬라이드의 표를 읽을 때, 주의사항 한 가지 말씀드리겠습니다. 매 분기별 나오는 수치는 전분기 대비 GDP 성장률을 연율화한 것입니다. 즉 이번에 발표한 2022년 4분기 GDP가 2.7% 성장(예비치 2.9%)으로 나왔는데, 이는 전분기 대비 성장률에 4를 곱하여 연율화했다는 의미입니다. 실제 수치는 약 0.7% 성장이라고 보는 게 맞지요. 깜짝 놀라지 마십시오. 2020년 2분기에 팬데믹으로 인한 경제활동 중단으로 전분기 대비 성장률이 -29.9%를 기록하였는데, 실제 성장률은 약 -7.5% 축소되었다는 것입니다. -30% 가까운 수치를 보고, '세상이 망했구나'라고 생각하지 않길 바랍

---

8 GDP는 전분기 지표를 예비치, 수정치, 최종 총 3번에 걸쳐 발표함. 예비치 발표 때 금융시장에 미치는 영향이 제일 큼. 본 자료는 2023년 2월 23일 발표한 수정치 기준이며, 이를 바탕으로 분석한다. 예비치 GDP 성장률은 전분기 대비 2.9%였다.

니다. 이번 발표자료를 분석하면, 다음과 같이 정리할 수 있습니다.

1. **민간소비**(Private Expenditure Consumption): 전분기 대비 1.4% 증가로 이전 분기 대비 둔화하는 모습을 보이면서 물가 상승의 압력이 점차 줄어들고 있다는 희망을 가졌다. 그러나 그것은 2월 고용지표 발표 이후에 사그러졌다.

2. **기업투자**(Gross Private Domestic Investment): 전분기 대비 3.7% 상승하면서 2분기 연속 마이너스에서 벗어나는 모습이다.

3. **순수출**: 미국은 순수입 국가이다. 그리고 비중이 낮아 분석 대상에서 제외한다.

4. **정부지출**(Government Consumption Expenditure & Gross Investment): 비국방 분야 지출이 증가하면서 전분기 대비 3.6% 상승했다.

그러면 2023년 1월 26일에 있었던 금리 변동을 한번 볼까요? 참고로 GDP는 10년 국채 금리와 밀접한 관계가 있는데요. 사실 10년 국채 금리가 예전에는 명목 GDP(= 실질 GDP + 인플레이션) 의 대용치로 사용되기도 했

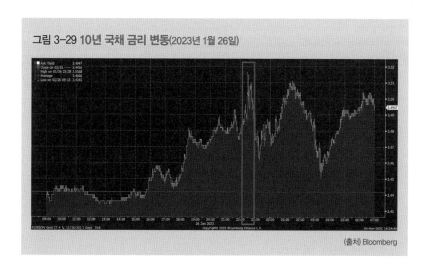

그림 3-29 **10년 국채 금리 변동**(2023년 1월 26일)

(출처) Bloomberg

거든요. GDP는 장기 성장을 나타내는 지표이므로, 역시 장기 금리의 대표주자 격인 10년 국채 금리에 영향을 주지요.

당시 예상은 2.6%보다 높게 나오면서 잠시 올랐는데, 세부지표의 PCE가 둔화하는 모습을 보이면서 금리가 순간적으로 하락하는 모습을 보였습니다. 같은 시간에 발표한 신규 실업급여 청구 건수가 예상(205K) 대비 개선된 지표(186K)가 나오면서 다시 반등하는 모습을 보이는데요. 사실 GDP 발표하는 날에 실업급여, 내구재 주문 등 여러 지표를 동시에 발표하기 때문에 어떤 요인 때문에 금리가 영향을 지대하게 받느냐는 논란이 있습니다. 그렇지만 채권투자자들은 분기에 한 번 발표하는 GDP에 상당한 관심을 가지고 이를 예측하면서 포지션을 조정합니다.

GDP는 실업률과 더불어 대표적인 후행지표입니다. 그런데 GDP를 선행지표화하여 공표하는 비공식 지표가 있습니다. 애틀랜타 연은에서 발표하는 'GDPNow'인데요. 애틀랜타 연은이 미 상무부 경제분석국의 GDP 계산방법과 동일한 방법으로, 주요 지표를 발표할 때마다 이를 업데이트하여 현재 분기의 GDP 예상치를 보여줍니다. [그림 3-30]의 슬라이드를 보시지요.

우리 맨 앞에서 2023년 연준이 예상하는 GDP 성장률이 연 0.5%에 불과한데, 현재 경제지표를 토대로 만든 GDPNow에 따르면 2.3% 수준입니다. 앞서 고용에서 보셨듯이 경기가 계속 팽창하고 있는 상황인 것이지요. 채권투자는 여전히 좋지 않은 거고요.

마지막으로 GDP 정리해보겠습니다."

1. 고용, 물가를 아우르는 대표적인 경제 성장 지표임

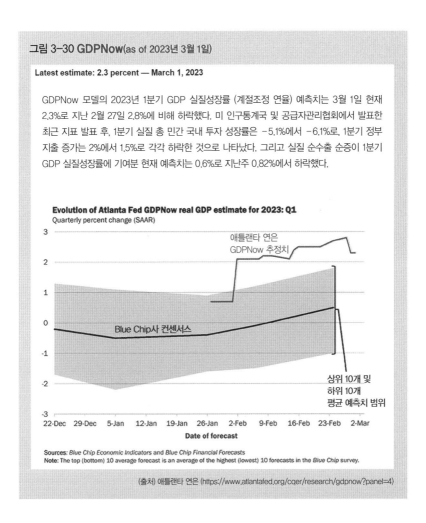

그림 3-30 GDPNow(as of 2023년 3월 1일)

Latest estimate: 2.3 percent — March 1, 2023

GDPNow 모델의 2023년 1분기 GDP 실질성장률 (계절조정 연율) 예측치는 3월 1일 현재 2.3%로 지난 2월 27일 2.8%에 비해 하락했다. 미 인구통계국 및 공급자관리협회에서 발표한 최근 지표 발표 후, 1분기 실질 총 민간 국내 투자 성장률은 −5.1%에서 −6.1%로, 1분기 정부 지출 증가는 2%에서 1.5%로 각각 하락한 것으로 나타났다. 그리고 실질 순수출 순증이 1분기 GDP 실질성장률에 기여분 현재 예측치는 0.6%로 지난주 0.82%에서 하락했다.

Evolution of Atlanta Fed GDPNow real GDP estimate for 2023: Q1
Quarterly percent change (SAAR)

애틀랜타 연은
GDPNow 추정치

Blue Chip사 컨센서스

상위 10개 및
하위 10개
평균 예측치 범위

Date of forecast

Sources: *Blue Chip Economic Indicators* and *Blue Chip Financial Forecasts*
Note: The top (bottom) 10 average forecast is an average of the highest (lowest) 10 forecasts in the *Blue Chip* survey.

(출처) 애틀랜타 연은 (https://www.atlantafed.org/cqer/research/gdpnow?panel=4)

2. 분기 1회 발표로 대표적인 후행지표로 간주되고 있으나, GDPNow와 같이 매월 발표
   하는 주요 지표를 근거로 해당 분기 GDP를 계산, 실시간으로 보여주는 참고자료 등
   장함

3. 채권 금리에 상당한 영향을 미치지만, 발표일에 고용(실업급여 청구 건수), 성장(전월 내구
   재 주문), 물가(개인소비) 등 지표가 동시에 발표되어 혼재하는 모습을 보임

ISM 지수: 제조업, 서비스업

"다음은 ISM 제조업 및 비제조업(이하 '서비스업') 지표에 대해 알아볼까 합니다. 아마 민간기관에서 발표하는 가장 중요한 지표가 아닐까 합니다. 물론 S&P에서 미국, 유럽 등에 대한 PMI^Purchasing Manager Index 발표자료가 있고, 미국의 ADP^Automati Data Processing에서 발표하는 민간 순고용자 수 등 중요한 지표가 있지만, 글로벌 채권시장에 ISM 만한 지표는 없습니다. 이 지표는 우선 두괄식으로 먼저 의미 있는 숫자를 알려드립니다."

신 부장은 전자칠판에 숫자를 큼지막하게 적습니다.

50

"ISM 제조업, 서비스업 지표가 50을 넘으면 경기확장을 의미하고, 그

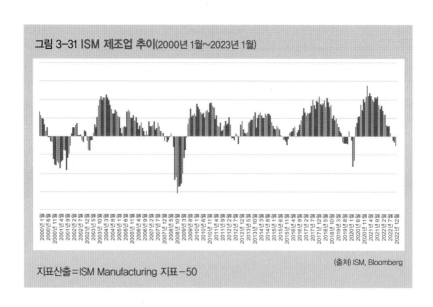

그림 3-31 ISM 제조업 추이(2000년 1월~2023년 1월)

지표산출＝ISM Manufacturing 지표－50

(출처) ISM, Bloomberg

이하이면 경기둔화, 침체를 의미합니다. 우선 50을 기준으로 위면 (+), 그 아래면 (-)로 하여 2000년 이후 어떤 추이를 보였는지 보시지요(그림 3-31).

플러스를 보이는 구간은 경기가 확장국면에 있다고 말씀드렸습니다. 최근 상황을 보면 그 수치가 점점 내려가서 둔화국면으로 진입하는 모습을 보이고 있습니다. 그러면 다음 슬라이드에서 ISM 서비스업 흐름은 어떤지 살펴보시지요. 질문 나갑니다.

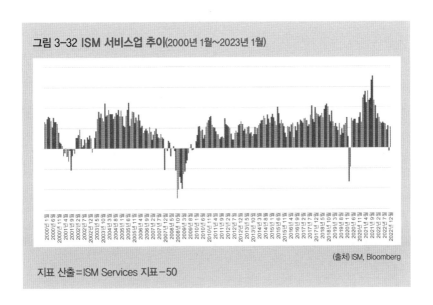

그림 3-32 ISM 서비스업 추이(2000년 1월~2023년 1월)

(출처) ISM, Bloomberg

지표 산출＝ISM Services 지표－50

[그림 3-32]의 슬라이드를 보고 해석 한번 부탁드립니다."

"네, 서비스업 같은 경우 제조업과는 달리 지속적으로 팽창하는 모습을 보여왔습니다. 그런데 2000년 IT 버블 및 2001년 9·11 테러, 2008년 금융위기, 2020년 팬데믹 때 빼고는 계속 50을 상회하는 모습을 보여서 과

연 이것이 적절한 지표인지는 의문이 듭니다."

오팔려 부부장이 고개를 갸우뚱하며 대답합니다.

"오 부부장님, 감사합니다. 맞습니다. 서비스업은 사실 제조업 지표만큼 주목을 그동안 못 받아왔는데요. 바로 부부장님 말씀대로 '이 지표가 과연 성장지표로서 제대로 보여주는 것인가?'에 대한 의문이 들기 때문입니다. 그래서 채권 금리나 위험자산에 별다른 영향을 그동안 못 주었습니다.

그런데 앞서 설명한 미국의 GDP에서 민간소비 부분이 70%를 차지하는 상황에서, 서비스업 지수를 마냥 무시할 수는 없게 되었죠. 그래서 예상치를 대폭 상회하거나 대폭 하회하면 금리가 급변하기도 합니다. 그 예를 보여드리겠습니다(그림 3-33).

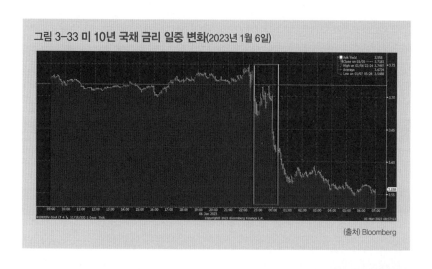

그림 3-33 미 10년 국채 금리 일중 변화(2023년 1월 6일)

(출처) Bloomberg

금년 1월 6일 오전 10시(미 동부시각 기준) ISM 서비스업 지표는 50을 하회하는 49.6을 기록하였다고 발표합니다. 예상치는 55.0이었고요. 동시에 미 10년 국채 금리는 그래프의 박스 부분에서처럼 약 16bp(=0.16%)가 하락합니다. 예상치를 크게 하회한 것에 돌연 50 이하로 떨어져 경기 둔화 시그널을 명확하게 보내니까 투자자들이 이렇게 생각한 거죠. '연준이 이제 기준금리 올리는 것을 주저하겠구나'라고 말이죠.

그런데 지난주 고용지표 발표 1시간 30분 후, ISM 서비스업 1월 지표가 발표되는데 이렇게 발표합니다.

55.2(예상 50.5)

그러자 금리가 고용지표에 이어 2단 고음을 내는 것이지요(그림 3-34).

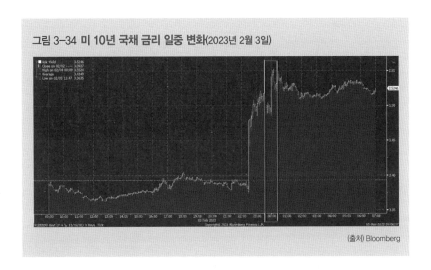

그림 3-34 미 10년 국채 금리 일중 변화(2023년 2월 3일)

(출처) Bloomberg

명확하게 경기사이클을 말해주는 ISM 제조업에 비해, ISM 서비스업은 정말 침체가 와서 아끼지 않으면 생존의 위협을 느끼는 상황이 아니라면 50 미만으로 떨어지지 않습니다. 소비자들이 쉽게 소비 습관을 바꾸지 않기 때문입니다. 그러나 채권투자자 입장에서는 이제 ISM 서비스업이 적어도 예상치 대비 실제 수치가 어느 정도 나오는지를 체크해야 하는 중요한 지표로 인식하고 있다는 것을 말씀드리고 싶습니다. 물론 ISM 제조업 지표는 경기사이클을 설명하는 대표선수이니, 채권시장에 지대한 영향을 미치고요.

이제 두 지표에 대한 조사 방법을 설명드리겠습니다. 제조업의 경우 20여 개의 산업군을 대표하는 400여 개의 회원기업들을 대상으로, 서비스업의 경우 17개 내외의 산업군을 대표하는 370명 이상의 구매 관리자를 대상으로 서베이를 합니다. 서베이 항목은 [표 3-13]과 같이 각 10개 항목입니다.

표 3-13 조사 항목

No.	제조업	서비스업
1	신규 주문	기업 활동
2	생산	신규 주문
3	고용	고용
4	공급자 운송시간	공급자 운송시간
5	재고	재고
6	소비자 재고	소비자 재고
7	가격	비용(가격)
8	수주잔량	수주잔량
9	신규 수출주문	신규 수출주문
10	수입	수입

위의 표를 보면 조사 항목이 생산(제조업), 기업 활동(서비스업)을 제외하고 똑같습니다. 그러니 항목을 정의하는 방식이 다릅니다. 예를 들어, 가격에서 제조업은 원재료에 대한 것이지만, 서비스업의 경우 최종 제품이라는 점이지요.

제조업 종합지표는 1~5까지 각 20%의 가중치를 두어 계산을 하며, 서비스업의 경우, 1~4까지 각 25% 가중치를 두어 산출을 합니다. 앞서 ISM

Price paid에서 말씀드렸듯이 서베이 계산은 다음과 같습니다.

> (Positive 응답비중)×100% + (No change 응답비중)×50% + (Negative 응답비중)×0%

마지막으로 여러분께 당부하고 싶은 것은 제조업, 서비스업 종합지표뿐만 아니라 내부 세부 지표들이 향후 발표한 고용지표, 가격지표 등의 선행지표가 되기 때문에 고용, 가격 등 세부 지표도 같이 보는 습관을 들였으면 합니다. 다음 슬라이드는 지난 달 기준 ISM 제조업, 서비스업 지표 발표 내용입니다(표 3-14, 표 3-15).

표 3-14 ISM 제조업 세부사항(2023년 2월 1일)

인덱스	1월(%)	12월(%)	전월 대비 변화율(%p)	방향	방향 변화율	추이 (개월)
제조업 PMI	47.4	48.4	−1.0	축소	빨라짐	3
신규 수주	42.5	45.1	−2.6	축소	빨라짐	5
생산	48.0	48.6	−0.6	축소	빨라짐	2
고용	50.6	50.8	−0.2	성장	느려짐	2
공급자 납품	45.6	45.1	−0.5	빠르게	느려짐	4
재고	50.2	52.3	−2.1	성장	느려짐	18
고객 재고	47.4	48.2	−0.8	너무 낮음	빨라짐	76
가격	44.5	39.4	+5.1	감소	느려짐	4
수주잔고	43.4	41.4	+2.0	축소	느려짐	4
순수출	49.4	46.2	+3.2	축소	느려짐	6
수입	47.8	45.1	+2.7	축소	느려짐	3
경제 전반				축소	빨라짐	2
제조업				축소	빨라짐	3

표 3-15 ISM 서비스업 세부사항(2023년 2월 3일)

인덱스	서비스 PMI						제조업 PMI		
	1월(%)	12월 (%)	전월 대비(%p)	방향	방향 변화율	추이 (개월)	1월 (%)	12월 (%)	전월 대비(%p)
서비스PMI	55.2	49.2	+6.0	성장	축소로 부터	1	47.4	48.4	−1.0
영업활동/ 생산	60.4	53.5	+6.9	성장	빠르게	32	42.5	45.1	−2.6
신규 수주	60.4	45.2	+15.2	성장	축소로 부터	1	48.0	48.6	−0.6
고용	50.0	49.4	+0.6	불변	축소로 부터	1	50.6	50.8	−0.2
공급자 납품	50.0	48.5	+1.5	불변	빠르게 로부터	1	45.6	45.1	−0.5
재고	49.2	45.1	+4.1	축소	느려짐	8	50.2	52.3	−2.1
가격	67.8	68.1	−0.3	증가	느려짐	68	47.4	48.2	−0.8
수주잔고	52.9	51.5	+1.4	성장	빨라짐	25	44.5	39.4	+5.1
신규 수출 주문	59.0	47.7	+11.3	성장	축소로 부터	1	43.4	41.4	+2.0
수입	53.0	52.7	+0.3	성장	빨라짐	5	49.4	46.2	+3.2
재고 동향	55.8	55.9	−0.1	너무 높음	느려짐	2	N/A	N/A	N/A
고객재고	N/A	N/A	N/A	N/A	N/A	N/A	47.8	45.1	+2.7
경제 전반				성장	축소로 부터	1			

혹시 이 두 도표에 대해 해석해주실 수 있는 분?"

"네, 1월 ISM 제조업 지표는 50 미만으로 여전히 경기둔화 신호를 보내고 있습니다만, 제조업 내 가격지표Price paid가 많이 오른 게 눈에 띕니다. 서비스업 쪽은 1월 서프라이징 네거티브에서 다시 회복하는 모습을 보였고요. 지표 회복의 가장 큰 요소가 신규 수주New Order의 급증입니다. 기업활동도 활발하고요. 즉 소비는 아직 죽지 않았습니다."

유영구 과장이 나름의 해석을 내놓습니다.

"네, 맞습니다. 감사합니다. 이제 마무리할 시간입니다. 저는 ISM과 관련하여 다음과 같이 정리해보겠습니다.

1. ISM 제조업 지표는 채권 금리에 상당한 영향력을 끼치며, 시의적절한 경기순환을 보여주는 민간기관 제공 대표적인 지표이다.

2. ISM 서비스업은, 제조업 지표 대비 덜 중요한 것으로 인식. 그 이유는 장기적인 추이로 경기 상황을 가늠하기 어렵기 때문임. 그러나 미국 GDP의 70%를 차지하는 소비 비중을 감안할 때, 예상치를 크게 벗어났을 때와 50 미만으로 떨어졌을 때의 채권시장에 미치는 영향이 매우 크다. 결코 무시해서는 안 된다.

3. 두 지표 모두 50을 기준으로 경기확장 또는 둔화를 판단한다.

4. 종합지표뿐만 아니라 세부지표도 꼭 확인해야 한다. 매월 종합지표에 영향을 끼친 주요 요인, 그리고 종합지표 산출대상은 아니지만가 격지표(Price paid) 지표 등은 향후 주요 지표인 고용, 물가 등의 선행지표 역할을 한다.

오늘 수업은 여기서 마치겠습니다. 아까 말씀드렸지만 제가 오늘 영어를 좀 해야 합니다. 입에 버터 좀 바르면서 공부를 좀 해야 합니다. 내일 마지막 수업 기대하겠습니다."

경기사이클과 채권가격, 그리고 궁합 맞는 ETF : 달리는 말에 채찍질

6개 구간으로 나누어 본 경기사이클: 경기는 순환한다

드디어 마지막 날입니다. 오전 거래를 마치고 연수원으로 향합니다. 잦은 이직으로 신입사원 이후로, 가끔 강의를 할 때 빼고는 연수원과의 인연이 없었습니다. 그래서 어쩌면 마지막일 수도 있는 오늘 점심은 반드시 연수원에서 하고 싶습니다. 연수원 앞에 마 차장이 대기하고 있습니다.

"부장님, 수고 많으셨습니다. 연수생들의 반응이 아주 좋습니다. 어려운 개념을 비교적 쉽게 설명해주시고, 적극적으로 참여할 수 있는 동기를 부여했다고 말이죠."

"감사합니다, 자상님. 서노 상의 준비하면서 그리고 강의를 하면서 많은 것을 배웁니다. 머릿속에 퍼져 있었던 개념을 정리할 수 있었어요."

점심 식사 후 신 부장은 마 차장의 도움으로 노트북을 연결하고 강의 준비를 합니다. 드디어 강의 시작입니다.

"안녕하세요. 오늘 마지막 시간입니다. 수업이 끝나고, 시험이 있습니다. 문제는 쉽게 냈으니 편하게 풀면 됩니다. 오늘은 경기순환주기에 대해 간단하게 설명해드리고, 이어 채권가격이 어떻게 변하는지, 그리고 경기순환주기에 맞는 해외채권형 ETF 유형을 소개하는 시간을 갖겠습니다. 오늘 수업 내용은 시험에 나오지 않습니다."

"아, 다행입니다. 걱정했었는데 말이죠."

부부장 승진을 앞두고 있는 김가격 차장이 안도의 한숨을 내쉽니다.

"수업 전 이 말의 의미를 한번 되새겼으면 좋겠습니다."

신 부장이 전자칠판에 한 문장을 적습니다.

History doesn't repeat itself, but it often rhymes. _마크 트웨인

"역사는 똑같이 반복되지는 않습니다만, 비슷한 형태로 일어날 수 있다는 의미인데요. 경기사이클이 딱 그렇습니다. 과거와 똑같이 반복하는 성장 형태는 아니지만 그 모양은 비슷하게 전개가 되지요. 우리는 이것을 보고 투자 기회를 엿볼 수 있는 것입니다. 경기사이클은 기간별로 확장과 수축을 하는 주기가 반복이 된다는 것입니다. 경기순환은 다음의 과정을 거치게 됩니다.

1. **회복(확장 초기)**: 완화적인 통화정책, 확장적 재정정책으로 유동성 공급, 민간투자 자극

2. **확장 단계**: 민간투자 증가, 원유 등 원재료 가격 상승, 소비 확대, 기업이익 개선

3. **확장 후기**: 통화긴축 시작, 고용 증가, 소비물가 상승, 기업이익 및 임금 정점

4. **침체 초기**: 긴축 통화정책 지속, 민간투자 감소, 기업이익 부진

5. **침체 후기**: 소비 위축 및 소비물가 하락, 한계기업 속출, 해고 증가로 실업률 정점

6. Tail risk: 전쟁, 전염병 등의 비체계적인 위험 등으로 Taill risk 발생

경기사이클을 알 수 있는 지표들은 GDP 성장률(전년 대비), 실업률, 소비자신뢰지수 등이 있습니다. 참고로 소비자신뢰지수는 컨퍼런스보드 Conference Board라는 민간기관에서 미 상무부의 의뢰를 받아 조사하는 지표입니다. 참고로 수치 100을 기준으로 그 위면 확장, 아래면 경기둔화 및 침체를 의미합니다.

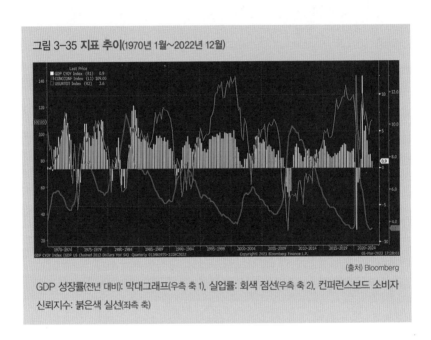

그림 3-35 **지표 추이**(1970년 1월~2022년 12월)

(출처) Bloomberg

GDP 성장률(전년 대비): 막대그래프(우측 축 1), 실업률: 회색 점선(우측 축 2), 컨퍼런스보드 소비자신뢰지수: 붉은색 실선(좌측 축)

GDP와 소비자신뢰지수가 올라가면 실업률이 떨어지는 경기확장 국면과 그 반대인 경기 수축국면은 반복되고 있음을 보여줍니다. 그리고 지난시간에 설명해드렸던 ISM 제조업 지수도 경기순환을 보여주는 대표적인지표입니다.

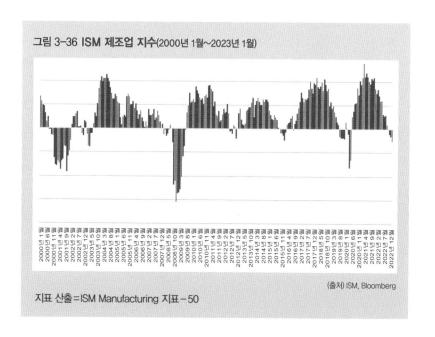

그림 3-36 ISM 제조업 지수(2000년 1월~2023년 1월)

(출처) ISM, Bloomberg

지표 산출=ISM Manufacturing 지표-50

　우리는 채권형 ETF를 투자하기 위해서 경기사이클을 공부하는 것입니다. 그런데 GDP와 실업률은 대표적인 후행지표입니다.

　소비자신뢰지수 및 ISM 제조업 지표는 동행지표 또는 단기 선행지표입니다만, 아무래도 현재 위치한 경기사이클이 어디인지 파악하고 앞으로 경기사이클이 어떻게 일어날지 알려면 경기선행지표를 알아야 합니다.

　다음 슬라이드에서 컨퍼런스보드가 발표하는 경기선행지수를 보여드리겠습니다(그림 3-37).

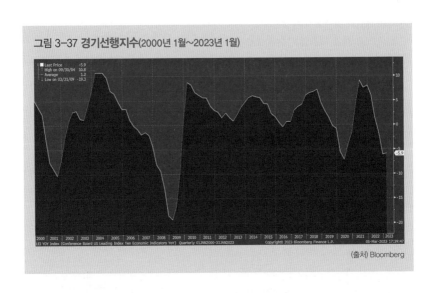

그림 3-37 **경기선행지수**(2000년 1월~2023년 1월)

(출처) Bloomberg

2000년 이후 경기선행지수 및 소비자신뢰지수 기준으로 경기 저점과 다음 저점 간 간격을 다음 표에서 볼 수 있습니다.

No.	경기선행지수	GDP
1	2001. 9 ~ 2009. 3(7년 6개월)	2001. 12 ~ 2009. 6(7년 6개월)
2	2009. 3 ~ 2013. 3(4년)	2009. 3 ~ 2020. 6(11년 3개월)
3	2013. 3 ~ 2016. 6(3년 2개월)	2020. 6 ~ ?
4	2016. 6 ~ 2020. 6(4년)	
5	2020. 6 ~ ?	

경기선행지수와 같이 실제 사이클이 맞지 않은 이유는 2008년 금융위기 직후 연준이 행한 비선동적인, 그리고 장기간의 완화정책에 기인했다고 봅니다. 사실 2015~2018년 중 연준이 점진적인 금리 인상을 통하여 유동성을 흡수하려 하였지만, 경기침체 우려로 조기에 거둔 바가 있습니다. 이처럼 경기순환 1주기는 매우 깁니다. 현재 우리가 경기사이클 어디에 서 있는지 올바르게 판단하여 투자 전략을 잘 세워야 몇 년이 편한 것

이지요. 한번 주기를 잘못 타기 시작하면 투자에 있어 백전백패가 됩니다.

한 가지만 더 말씀드리고 다음으로 넘어가겠습니다. 경기는 순환합니다. 그런데 경기가 순환한다고 세계 경제 총 GDP 역시 순환한다고 보면 안 됩니다. 인간은 위대한 동물입니다. 중요한 시기마다 창의력과 협력을 바탕으로 한 단계 도약해왔습니다. 19세기 산업혁명, 20세기 말 인터넷 발명, 2020년 팬데믹 극복 등을 통하여 이를 증명해왔습니다.

다음 슬라이드를 보시지요.

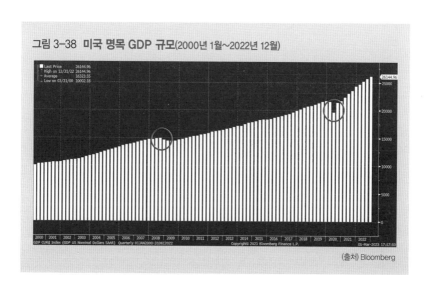

그림 3-38 미국 명목 GDP 규모(2000년 1월~2022년 12월)

(출처) Bloomberg

지난 20여 년간, 2008년 금융위기와 2020년 초 팬데믹 때를 제외하고는 미국의 전체 경제 규모는 성장해왔습니다. 따라서 경기순환주기는 다음 그래프(그림 3-39)로 표현할 수 있겠습니다."

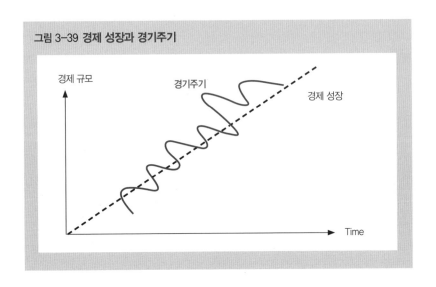

그림 3-39 **경제 성장과 경기주기**

경제 규모

경기주기

경제 성장

Time

쿠키 장면

김가격 차장은 지난 시간에 이어 새로 설명한 지표에 대한 관심이 많습니다. 특히 선행지표를 통해 적합한 투자 기회를 모색하고 싶은 마음이 간절합니다.

"부장님, 질문 있습니다. 말씀하신 컨퍼런스보드 소비자신뢰지수, 그리고 경기선행지수는 언제 발표하고 그 숫자에 어떤 의미가 있는지요?"

"예, 소비자신뢰지수는 일반적으로 매월 마지막 주 화요일 오전 10시(미동부시간 기준)에 발표하는 소비자의 만족도 및 행복감을 서베이한 것입니다. 수치는 1985년 1월 100을 기준으로 그 추이를 봅니다. 숫자 자체에 큰 의미를 두는 것보다는 매월 변하는 그래프의 모양을 추적하면서, 소비자가 느끼는 경기사이클의 어느 지점인지를 파악하는 것에 의의를 두십시오.

경기선행지표는 2016년 1월 100을 기준으로 그 변화율을 봅니다. 발표 시기는 조사 종료 후 3주 후에 발표하는데, 다음 10개의 조사 항목을 통하여 산출합니다.

표 3-16 경기선행지표 구성 항목

No.	대구분	소구분	비중	설명
1	금융	10년 국채 - 기준금리	10.7%	마이너스일 경우, 경기침체 시그널
2	금융	Leading Credit Index (Ticker: LEI LCI Index)	7.9%	컨퍼런스보드가 직접 만든 지수로, 이자율 스와프, 크레디트 스프레드, CDS(신용부도 스와프), 연준 고위 대출담당자 조사 등
3		S&P 500	3.8%	단기(6~12개월) 선행지표로 사용
4	비금융	제조업 평균 근로시간(주당)	27.8%	고용보고서(매월 첫주 금)에서 발췌
5		ISM 신규 수주	16.5%	ISM제조업(매월 첫 영업일)에서 발췌
6		소비자 기대지수	15.5%	컨퍼런스 보드 자체 조사, 로이터 및 미시간 대학 소비자 심리 보고서 결과를 바탕으로 작성(세 개 항목 동일 비중)
7		제조업 소비 & 자재 신규 주문	8.1%	제조업 수주 보고서에서 발췌. 인플레이션 조정 후 수치로 현재 재고수준 및 미래 소비자 수요에 대한 제조업 만족도 조사
8		비국방 분야 신규 수주	3.6%	제조업 수주 보고서에서 발췌. 경기하강의 징조 감지 되면 자본설비와 자본재에 대한 신규 지출 삭감
9		주간 신규 실업보험 청구	3.3%	실업청구보고서에서 발췌
10		신규 민간주택 건축허가	2.7%	주택착공보고서에서 발췌. 미래 건설활동의 선행지표 역할

(출처) 컨퍼런스 보드, 『세계 경제지표의 비밀』(맑은 글, 2022년 개정판) p.257~258 참조

경기선행지표는 그 개별 항목 발표 때마다 채권시장이 반응하기 때문에, 그 자체가 서프라이즈가 나온다고 해도 채권시장에 반영하는 정도는 미약합니다. 그러나 앞으로 경기 전망이 어떨 것인지에 대한 바로미터가 되므로 그 추이를 아는 것은 매우 중요합니다."

경기사이클과 채권가격, 그리고 궁합 맞는 ETF

신 부장이 다음 슬라이드 변환을 위해 노트북 엔터키를 칩니다.

"다음 슬라이드는 2000년 이후 GDP 성장률(전년 대비)를 기초로 경기사이클을 전적으로 제 마음대로 정의한 것입니다.

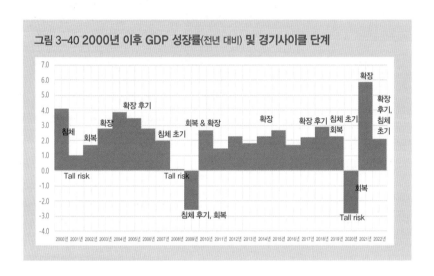

그림 3-40 2000년 이후 GDP 성장률(전년 대비) 및 경기사이클 단계

지난 22년 동안 Tail risk는 4번 일어났습니다. 2001년 9·11 사태, 2008년 리먼브라더스 부도, 2020년 코로나로 인한 팬데믹, 그리고 2022년 러시아의 우크라이나 침공이 있습니다. 러시아-우크라이나 전쟁을 제외한 Tail risk가 일어났을 때에는 연준이 즉각적으로 금리 인하 및 유동성 공급 정책으로 경제 붕괴를 막았다는 공통점이 있습니다.

그리고 2008년 이후 미국의 경제 성장률은 2%대의 저성장 기조를 유지했습니다. 2022년을 제외하고는 저인플레이션 시대였고요. 따라서 예전 같은 일정한 경기사이클을 보기는 어렵고, 중앙은행과 정부의 개입으로 인하여 그 주기는 점차 짧아지고 있는 추세입니다. 예를 들어 2020년 팬데믹으로 인한 짧은 경기침체 당시, 연준과 연방정부의 적극적인 유동성 공급정책 등으로 빠른 회복기 및 경기확장 국면을 거쳐, 2022년은 경기확장후기 및 경기침체 초기 단계에 이르게 된 것입니다.

채권 전략을 배울 때, 전략은 크게 듀레이션 베팅, 크레디트 스프레드, 장·단기 금리 차 전략의 세 가지가 있다고 했습니다. 일반적으로 경기사이클에 따른 금리, 크레디트 스프레드(스프레드), 그리고 장·단기 커브는 어떻게 변할까요? 다음 슬라이드를 한 번 보시지요.

표 3-17 경기사이클에 따른 채권 요소별 현상

구분	회복	확장	확장 후기	침체 초기	침체 후기	Tail risk
금리	하락	상승	상승	정점	하락	하락
스프레드	축소	보합	확대	확대	확대	확대
장·단기	확대	확대	축소	축소	확대	확대

그러면 실제 경기사이클상 금리, 스프레드, 장·단기 커브는 어떻게 변해 왔을까요? 여러분에게 미리 나눠드린 도표가 있습니다(표 3-18). 가독성은 좀 떨어지지만, 꼼꼼히 읽으면서 표에서 볼 수 있는 일반적인 변화와 매칭해보시기 바랍니다.

표 3-18 경기사이클에 따른 주요 항목 전년 대비 변화(2000~2022년) (단위: bp)

구분	GDP 성장률	경기	10년	크레디트 스프레드	S&P 500	2-10년 금리 차	커브 전년 대비
2000년	4.1	경기침체 초기	−133	88	−10.1%	0.8	−5.1
2001년	1.0	경기침체 후기, Tail risk, 회복	−6.1	−25	−13.0%	182.7	181.9
2002년	1.7	경기 침체 후기, 회복	−123.5	10	−23.4%	223.0	40.3
2003년	2.8	회복 및 확장	43.2	−89	26.4%	241.3	18.3
2004년	3.9	확장	−2.8	−14	9.0%	117.5	−123.8
2005년	3.5	확장 후기	17.3	9	3.0%	−2.0	−119.4
2006년	2.8	확장 후기	31.1	−2	13.6%	−11.7	−9.7
2007년	2.0	침체 초기	−67.9	110	3.5%	97.4	109.1
2008년	0.1	Tail risk	−181.1	357	−38.5%	144.6	47.1
2009년	−2.6	침체 후기, 회복	162.5	−383	23.5%	269.9	125.4
2010년	2.7	회복	−54.4	−16	12.8%	269.8	−0.1
2011년	1.5	Tail risk	−141.8	78	0.0%	163.6	−106.2
2012년	2.3	회복, 확장	−11.9	−93	13.4%	150.7	−12.9
2013년	1.8	확장	127.1	−27	29.6%	264.4	113.8
2014년	2.3	확장	−85.7	17	11.4%	150.3	−114.2
2015년	2.7	확장	9.8	34	−0.7%	121.8	−28.5
2016년	1.7	확장 후기	17.5	−42	9.5%	125.0	3.3
2017년	2.2	확장 후기	−3.9	−30	19.4%	51.8	−73.2
2018년	2.9	확장 후기, 침체 초기	27.9	60	−6.2%	19.2	−32.6
2019년	2.3	침체 초기, 회복	−76.6	−60	28.9%	34.4	15.2
2020년	−2.8	Tail risk, 회복	−100.3	3	16.3%	79.0	44.6
2021년	5.9	확장	59.6	−4	26.9%	77.4	−1.6
2022년	2.1	확장 후기, Tail risk, 침체 초기	236.5	38	−19.4%	−55.7	−133.1

크레디트 스프레드: Bloomgerg Us Agg Corporate Avg OAS(Ticker: LUACOAS Index)

커브: Market Matrix US Sell 2 Year & Buy 10 Year Bond Yield Spread(Ticker: USYC2Y10 Index)

그러면 다음 슬라이드의 빈 칸에 경기사이클별로 세 가지 전략 중 유효한 것에는 ○, 아닌 것에는 ×표를 해주시기 바랍니다. '케바케^{Case by Case}'의 경우 세모 표시도 좋습니다. 여러분에게 이미 자료를 배포해드렸습니다."

"5분이 지났습니다. 저 빈칸에 채우실 분?"

유예리 씨가 손을 듭니다. 신 부장이 지목하자 강단 위로 나와 전자칠판에 차례대로 표기합니다.

표 3-19 경기사이클별 전략 유효성

전략	회복	확장	확장 후기	침체 초기	침체 후기	Tail risk
듀레이션 확대	○	×	×	○	○	○
스프레드 축소	○	△	×	×	△	△
장·단기 확대	○	○	×	×	○	△

"예리 씨, 혹시 세모로 표기한 부분에 대해 자세히 설명해주시겠습니까?"

"네, 다음과 같이 구분해서 말씀드리겠습니다.

첫째, 확장기에 스프레드 축소 폭은 대단히 제한되어 있습니다. 그렇다고 확대될 가능성은 별로 없어 보입니다. 왜냐하면 기업이익이 개선되고 있기 때문입니다. 그래서 이 경우에는 듀레이션이 짧은 하이일드나 BBB급 투자등급 채권이 맞을 것 같습니다.

둘째, 침체 후기에는 한계기업이 속출할 수 있고, Tail risk 발생 시에는 너도 나도 유동성 확보를 위하여 크레디트 채권을 엄청 매도할 것입니다. 그래서 스프레드가 크게 확대될 것입니다. 그런데 지난 시간에 배웠듯이 연준의 완화적인 통화정책을 기대할 수 있기 때문에 저가 매수하기 좋다고 판단했습니다. 그러나 투자할 수 있는 자금력에 따라 적극적 매수 또는 보수적인 운용 여부가 결정될 것입니다.

셋째, Tail risk 발생 시에는 기준금리만 내리느냐, 양적완화까지 시행하느냐에 따라 커브가 달라질 것입니다. 최근에는 양적완화까지 하는 추이이므로 커브가 더욱 축소될 수 있어서 사실 긴가민가한 상황입니다."

"네, 잘 정리해주셨습니다. 경기사이클도 정량화할 수 없듯이, 경기사이클에 맞는 상품도 정답을 내릴 수는 없습니다. 그런데 세 가지는 확실히 말씀드릴 수 있을 것 같습니다.

1. 경기침체 후반(Tail risk 포함) 및 회복 단계에서 듀레이션 베팅, 크레디트 스프레드 전략을 확대하면 수익을 얻을 확률이 높아진다.
2. 경기사이클 한 단계 전에 움직여라.
3. 지금 내가 서 있는 경기사이클이 어디인지 모를 때에는 포지션을 최소화하라.

이 세 가지가 제가 채권을 투자할 때 기본으로 삼는 철학입니다. 1은 투자, 2와 3은 위험관리에 대한 내용입니다. 항상 1처럼 채권투자 기회가 오는 것이 아니고, 경기사이클은 순환하기 때문에 다양한 환경을 맞이하기 때문이지요.

첫 시간에 저희 전략별 ETF 상품에 대해서 알아보았습니다. 연수팀을 통해서 나누어드린 배포자료에 ETF 목록이 있을 겁니다. 그것과 지금 제가 쓰는 ETF 상품을 참고하셔서, 다음 슬라이드 빈칸에 적합한 해외채권형 ETF를 선택하시는 겁니다.

[보기]

1) TIP US(물가연동국채)
2) LQD US(투자등급 회사채)

3) LQDH US(투자등급 회사채 스프레드)

4) TBX US(7~10년 국채 금리 인버스)

5) TBF US(20년 이상 국채 금리 인버스)

6) SHV US(단기국채)

7) SJB US(하이일드 인버스)

8) SHYG US(단기 하이일드)

9) HYG US(하이일드)

10) CWB US(전환사채)

11) TLT US(20년 이상 국채)

12) IEF US(7~10년 국채)

13) INFU LN(기대인플레이션 (Breakeven))

14) UINE GY(인버스 기대인플레이션)

15) BNDD US(2~30년 커브 축소 + 20년 이상 국채)

자, 15가지 ETF가 보기에 있습니다. 조합을 하셔도 됩니다. 선행투자 개념이 아니고, 수익 기준으로 경기사이클별로 수익을 극대화할 수 있는 ETF를 선택하세요. 누가 나와서 적어주시겠습니까?"

"부장님, 그동안 제가 오답만 냈었는데, 이번에는 진짜로 정답을 적어보 도록 하겠습니다."

어병철 씨가 비장한 각오로 전자칠판 앞으로 다가갑니다.

표 3-20 경기사이클별 해외채권형 ETF(예시)

전략	회복	확장	확장 후기	침체 초기	침체 후기	Tail risk
듀레이션 확대	LQD TIP HYG	INFU	TBX TBF UINE	IEF UINE	TLT	TLT
스프레드 축소	LQDH CWB	CWB		SJB	SJB	SJB
장·단기 확대	(SHY,TBX) (SHY,TBF)	(SHY,TBX) (SHY,TBF)	(BNDD, TBF)	(BNDD, TBF)	(SHY,TBX)	

"어병철 씨, 고맙습니다. 침체부터는 오히려 인버스 하이일드, 인버스 기대인플레이션 등을 통해서 돈을 벌 수 있는 부분까지 잘 적어주셨습니다.

여기까지 제가 준비한 해외채권형 ETF 운용을 위한 ETF 특징, 상품 리스트, 경기지표, 그리고 경기사이클에 맞는 상품까지 다루었습니다. 더 설명해야 할 내용이 태산 같지만, 시간 제약상 이 정도로 마치겠습니다. 그래도 이 정도 범위를 커버하신다면, 해외채권형 ETF를 운용하여 돈을 버는 데 아무 문제없습니다. 이것을 잘 응용하셔서서 여러분만의 전략을 만들어나가시길 기원합니다. 감사합니다."

PART
4

경기사이클에 적합한
해외채권형
ETF

01

경기회복 및
확장 초기

달러 약세는 곧 신흥국 통화 강세를 기대할 수 있다?
LEMB US(2019년 4월 15일)

    2018년 신난은행 입행 전 오이디푸스 자산운용에서 약 3년 간 해외채권 대표펀드매니저 경험이 있던 신 부장은 유독 이머징 마켓 투자에 관심

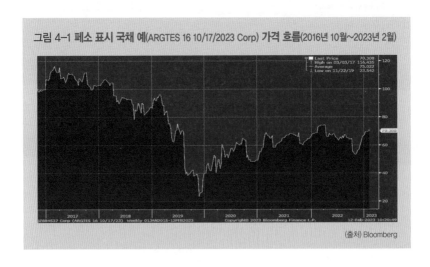

그림 4-1 페소 표시 국채 예(ARGTES 16 10/17/2023 Corp) 가격 흐름(2016년 10월~2023년 2월)

(출처) Bloomberg

이 많았습니다. 특히 크레디트 바벨 전략[1]을 토대로 2014년 브라질월드컵 4강 팀(독일, 네덜란드, 브라질, 아르헨티나)의 국채를 운용하는 '오이디푸스 크레디트바벨 월드컵 4강 펀드'를 출시, 약 2,000억 원의 판매를 하였습니다. 특히 그는 아르헨티나 국채에 대한 관심이 많았는데, 2016년 아르헨티나 대선을 앞두고 중도우파인 마크리 후보의 당선 가능성이 커지고 이에 따른 구조 개혁 기대감으로 2017년 초까지 가격 상승이 있었습니다.

그러나 2017년부터 연준의 본격적인 긴축모드로 달러가치가 상승하고 이머징 국가의 통화가치가 급락합니다. 이는 이머징 국가의 외환보유고를 감소하게 하여 대외부채 디폴트 가능성이 높아지는 이유입니다. 아르헨티나와 터키가 환율 불안과 디폴트 덫에 빠지게 됩니다(그림 4-1, 4-2). 결국 신 부장 운용펀드는, 마치 얄궂은 운명을 피하지 못하고 자기의 눈을 찌르

그림 4-2 달러 인덱스, 아르헨티나 및 터키 환율 추이(2016년 1월~2018년 12월)

(출처) Bloomberg

달러 인덱스: 흰색 점선(우측 축 1), (달러 대비) 아르헨페소: 붉은색 실선(우측 축 2)
터키리라: 분홍색 점선 (좌측 축)
달러 인덱스 상승 시, 아르헨페소 및 터키 리라 하락 시 그래프 우상향

---

1 안전자산과 위험자산의 음의 상관관계를 이용, 비중을 동일하게 가져감으로써 시장 상황과 관계없이 일정한 수익을 얻는 전략

는 아픔을 느끼며 2018년 5월, 출시 2년 만에 청산절차를 밟게 됩니다.

'그때 아르헨티나와 브라질 채권으로 수익을 좀 냈었다면, 내 이름이 그야말로 전국구가 될 수 있었는데!'

신 부장은 운용역 시절을 회상하며 쓴웃음을 짓습니다.

그러나 양적완화 이후 이머징 마켓 통화 강세를 눈으로 똑똑히 지켜본 신 부장. 높은 쿠폰이자, 상승 모드의 통화가치가 만난다면 채권쟁이로서 레버리지 없이 최고의 수익률을 실현할 수 있다는 점에서 이머징 마켓 통화 표시 채권투자에 미련을 버리지 못합니다.

마침 파월 의장이 금리 인상 및 양적축소 등 긴축정책 재검토에 들어간 금년 1월부터 주식시장, 회사채 등 위험자산 강세가 두드러졌습니다. 긴축을 더 이상 하지 않겠다는 것은 달러가치 하락을 의미합니다. 다만 트럼프의 대중 강경책이 유일한 불확실성입니다.

월요 부서회의에서 신 부장은 이머징 마켓 로컬통화 표시 채권 투자를 공식 발표합니다.

"지금 우리 채권 포트폴리오도 대체로 수익을 얻고 있고, 통화정책 기준으로 달러가 약세로 전환하면 이머징 마켓으로 돈이 들어갈 거란 말이야. 마치 양적완화 이후에 이머징 마켓 금융시장이 무진장 뜨거웠던 것처럼 말이야."

두동강 차장이 즉각 반박에 나섭니다.

"부장님, 신난은행 리스크를 이제는 좀 파악이 되지 않으셨습니까? 신난은행을 정말 심란하게 만드는 투자입니다. 그리고 해외 점포 소재국 이외에 통화를 조달하기 매우 어렵습니다. 불가능합니다."

"두 차장, 작년이라면 자네 말처럼 보수적인 운용이 맞아. 그런데 지금은 완전히 바뀌었어. 우리 CWB 같은 전환사채는 이미 높은 수익을 얻었잖아. 만약 해당 로컬통화 조달이 어려워서 직접투자가 어렵다면 ETF를 통한 간접투자는 어떤가?"

두동강 차장은 물러서지 않습니다.

"제가 생각하는 로컬통화 표시 채권형 상품 투자는 일종의 '기회포착형 Opportunistic Investing' 투자입니다. 즉 매우 단기간에 수익을 실현하고 나와야 하는, 매우 피곤한 투자 방법입니다. 그리고 트럼프가 지난 달, 중국 제품에 대하여 엄청난 관세를 부과[2]하겠다고 하지 않았습니까? 그러면 이머

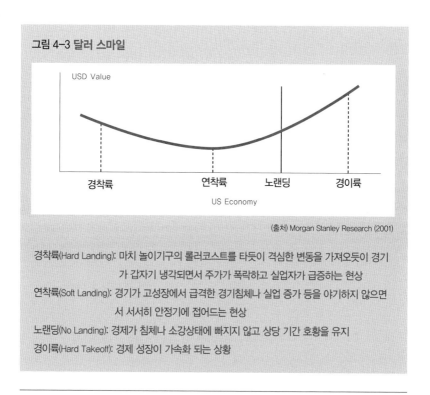

그림 4-3 달러 스마일

USD Value

경착륙   연착륙   노랜딩   경이륙

US Economy

(출처) Morgan Stanley Research (2001)

경착륙(Hard Landing): 마치 놀이기구의 롤러코스트를 타듯이 격심한 변동을 가져오듯이 경기
　　　　가 갑자기 냉각되면서 주가가 폭락하고 실업자가 급증하는 현상
연착륙(Soft Landing): 경기가 고성장에서 급격한 경기침체나 실업 증가 등을 야기하지 않으면
　　　　서 서서히 안정기에 접어드는 현상
노랜딩(No Landing): 경제가 침체나 소강상태에 빠지지 않고 상당 기간 호황을 유지
경이륙(Hard Takeoff): 경제 성장이 가속화 되는 상황

2　2019년 3월 10일, 트럼프 미 행정부는 중국 상품 2,000억 달러어치에 대하여 10~25% 관세를 부과하
　 겠다고 발표하자, 중국 정부에서는 즉각 600억 달러어치 미국산 제품에 대한 보복관세를 발표했다.

징 통화 중 가장 높은 비중을 차지하고 있는 위안화 가치가 많이 떨어질 겁니다. 그 위험이 너무 큽니다."

"두 차장, 미-중 무역갈등은 일종의 글로벌 이벤트성이지 않을까? 나는 지금 현재의 경기사이클상 통화정책이 완화로 곧 돌아서고 이후 경제가 활성화되는, 확장국면으로의 전환 단계라고 보는 거야. 보통 소프트랜딩 (연착륙) 단계~확장 초기 단계에서 미 달러가치는 '달러 스마일(그림 4-3)' 그래프상 하락으로 향하지. 미국 경제의 70% 이상을 차지하는 소비를 촉진하기 위해서는 국내 물가가 싸져야 하니까 미국의 수입물가가 내려간다는 것은, 즉 미 달러 가치가 떨어지는 것과 일맥상통한 거야."

차영하 과장은 신 부장의 이머징 마켓에 대한 사랑을 잘 알고 있습니다. 회식 때마다 신 부장은 차영하 과장의 투자 철학을 인정하고 속내를 밝히곤 하였습니다.

"차 과장은 평균회귀를 믿으니까 내가 이야기하는데, 그 이론에 가장 부합하는 것이 이머징 마켓 통화야. 이 통화는 이머징 마켓 자체의 경제 성장에 의존하는 이론이 아니라 항상 미국과 관련한 이슈이기 때문이지. 미국의 달러 가치 사이클에 따라 자연스럽게 이머징 마켓 통화도 강해졌다가 약해졌다가 하는 거야."

"부장~니임, 달러로 투자할 수 있는 이머징 마켓 채권형 ETF가 있습니다아~. 이 채권형 ETF는 두 가지로 나누어지는데, 부장님께서 원하시는 이머징 마켓 내 국가가 발행한 로컬통화 채권과 이머징 마켓 내 기업들이 발행하는 달러 표시 채권 두 가지로 나누어집니다~."

"그래? 로컬 채권 통화 표시가 좋지. 어떤 상품이 있는가?"

"예에~. LEMB US라는 ETF입니다아~. iShares가 운용하는 상품이며,

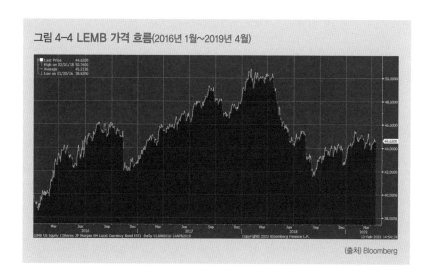

그림 4-4 LEMB 가격 흐름(2016년 1월~2019년 4월)

(출처) Bloomberg

벤치마크는 J.P. Morgan Government Bond Index Emerging Markets Global -15% Cap 4.5% Floor입니다아~.

이머징 마켓 관련한 상품은 국가별 비중이 중요합니다아~. 포트폴리오의 움직임은 대략 달러와 반대방향으로 가지만, 포트폴리오 통화군 간 상관관계에 따라서 실적이 달라집니다아~."

"그러면 상위 5개 통화가 어떻게 되며, 시가총액은 어느 정도야?"

"예에~. 중국 비중이 약 14.5%, 도미니카공화국, 헝가리, 우루과이, 체코공화국 순으로 이들 국채 비중은 약 4.5~4.6% 수준입니다아~. 시가총액은 약 5억 2,000만 달러로 장중에서 1,000만 달러 정도 소화하기 무난합니다아~."

"부장님, 중국 비중이 너무 높습니다. 트럼프가 계속 자기 중심으로 스포트라이트를 받으려고 중국과 관련한 뉴스를 계속 쏟아내면 위안화 가치는 계속 떨어지게 됩니다."

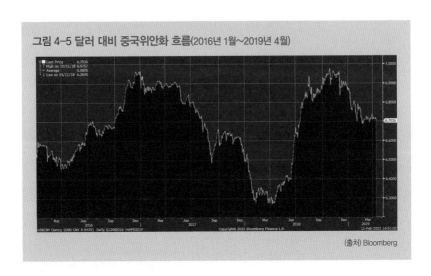

그림 4-5 달러 대비 중국위안화 흐름(2016년 1월~2019년 4월)

(출처) Bloomberg

두 차장이 중국 비중이 높음에 걱정합니다.

그렇습니다. 마침 미국에서 다시 대중 관세 폭탄을 재차 퍼붓기 시작한 만큼, 추가 위안화 하락 가능성도 있습니다.

회의 마무리 시간입니다. 신 부장은 마음 속 깊이 투자하고자 하는 열망이 끓어오르지만, 두 차장의 염려의 목소리도 반영할 필요가 있습니다.

"현재 미 달러가치는 금리정책을 반영하여 하방 압력을 받고 있어. 여기에 작년 말 시장에서 우려한 경기침체 가능성은 많이 사라진 것으로 보여. 그러나 미-중 무역 갈등으로 이머징 마켓 ETF에서 가장 높은 비중을 차지하고 있는 위안화의 변동성에 대해서도 무시할 수 없다고 보네."

두 차장이 이어 받습니다.

"이머징 마켓 로컬통화 채권 직접투자는 현재 결제 및 자금조달, 그리고 리스크 측면에서 불가능하지만, ETF를 통한 간접투자는 가능하니 투자를 한다면 ETF로 해야 합니다. 그리고 부장님 말씀대로 통화정책이 변경되어 기준금리를 인하로 조정하면 달러가치는 떨어질 것이고, 곧이어 이머징 마켓 통화는 상승 압력을 받습니다. 여기에 동의합니다. 그리고 제 의견을 경청해주셔서 대단히 감사드립니다. 그러면 부장님, 이렇게 하면 어떻겠습니까? 우선 1,000만 달러를 투자를 하되, 손·익절매 구간은 매입가격 대비 5%, 보유기간은 최장 2개월 정도로 하고 테스트를 하는 것입니다."

신 부장은 최종 결정합니다.

"좋아, 오늘 내일 1,000만 달러 분할 매수하고 두 차장 말처럼 손·익절매 구간 및 보유기간을 엄격하게 적용하여 투자해보라고."

LEMB US Equity(iShares J.P. Morgan EM Local Currency Bond ETF)

1. 개요
동 ETF는 이머징 마켓 내 정부가 발행하는 로컬통화 국채를 벤치마크 비중과 유사하게 편입한 ETF입니다. 벤치마크는 J.P. Morgan Government Bond Index Emerging Markets Global 15% Cap 4.5% Floor입니다.

2. 운용사
iShares는 BlackRock 계열 Spider(State Street), Vanguard와 함께 세계 3대 대형 ETF 운용사입니다.

3. 상장일 및 수수료
상장일은 2011년 10월이며, 총 수수료는 투자금의 0.30%입니다.

4. 시가총액
USD 5억 2,000만(약 6,200억 원)입니다(2023년 2월 기준).

5. 트래킹 에러
최근 1년 벤치마크 대비 약 2.6%(연환산) 수준입니다.

6. 포트폴리오 구성
이머징 마켓 내 국채

7. 이런 시장 상황에서 유리해요
중앙은행의 완화적인 통화정책으로의 변화 시작점에 소프트 랜딩(연착륙) 기대감이 높아질 때부터 경기확장 초기 국면으로 미국 내 인플레이션 상승 초기 시 투자 시 수익을 얻을 확률이 높아집니다.

8. 기간별 수익률(연환산 기준, %, 2023년 2월 말 기준)

1개월	3개월	6개월	YTD	1년	3년	5년
−2.8	1.7	4.0	0.7	−5.7	−4.8	−4.5

9. 미 이머징 마켓 채권형 ETF(국채) 주요 내용(2023년 2월 현재)

구 분	LEMB		EMLC		EBND		EMB		VWOB		PCY	
운용사	iShares		Vaneck		Spider		iShares		Vanguard		Invesco	
시가총액 ($억)	5.2		31.2		22.2		169.0		33.1		17.3	
상장일	2011-10-20		2010-07-23		2011-02-24		2007-12-19		2013-06-04		2007-10-11	
벤치마크	JPMorgan GBI-EM 15Cap 4.5Floor		JPMorgan GBI-EM GI		Bloomberg EM Local Currency Go		EMBI Global Core		Bloomberg USD EMG Govt RIC Cap		Deutsche Bank DBIQ Emerging Market	
Local/USD	Local		Local		Local		USD		USD		USD	
수수료(%)	0.30		0.30		0.30		0.39		0.20		0.50	
듀레이션(년)	4.7		4.6		5.8		6.8		7.0		9.2	
신용등급(%)												
AAA	0.0		3.5		0.0		0.0		0.0		0.0	
AA	0.4		0.4		0.6		8.1		9.9		2.8	
A	3.6		3.8		3.4		14.5		15.6		8.8	
BBB	25.5		22.3		16.3		28.2		27.3		23.5	
BB	14.1		14.3		8.8		22.4		21.5		27.8	
무등급/기타	38.8		31.0		36.0		25.2		24.3		36.7	
국가별(%)	중국	14.5	중국	10.1	중국	12.5	멕시코	6.0	멕시코	9.5	오만	3.5
	도미니카	4.6	인니	9.7	한국	12.3	인니	5.4	사우디	7.6	엘살바도르	3.4
	헝가리	4.6	브라질	8.0	인니	8.9	터키	4.9	인니	7.4	코스타리카	3.4
	우루과이	4.6	말레이시아	7.7	말레이시아	7.4	사우디	4.4	튀르키에	7.2	요르단	3.3
	체코	4.5	태국	7.5	태국	6.4	카타르	4.4	카타르	5.3	바레인	3.3

이제 투자등급 회사채 가격 상승을 기대할 수 있겠네?
LQD US & LQDH US (2019년 6월 11일)

"부장님, 이번 여름에 저 다른 부서로 옮기고 싶습니다."

두동강 차장의 청천벽력의 요청이었습니다. 2019년 상반기, 작년의 아픔을 딛고 외화채권부의 해외채권 포트폴리오는 그야말로 '순항' 중입니다. 그런데 외화채권부의 2인자이자 채권운용 경력 10년 차인 두동강 차장의 부서 이동 요청은 잘나가는 집에 찬물을 끼얹는 행동입니다. 채권시장의 암흑기였던 2018년 내내 그는 보수적인 포트폴리오 운용을 주장하면서, 장대성 본부장에게 포트폴리오 확대 압력을 받고 있었던 신 부장과 잦은 마찰이 있었던 것도 사실입니다. 여기에 감정이 쌓인 것이 아닌지 돌아봅니다.

"두 차장, 무슨 불만 있어?"

"아닙니다, 부장님. 그래도 작년에 마찰은 좀 있어도 부장님께서 본부장님에게 욕 먹을 거 각오하고 제 말 들어주셔서 올해 투자를 좀 할 수 있게 된 거 아닙니까."

그렇습니다. 작년 크레디트 채권시장은 엉망이었습니다. 그러나 인플레이션도 안정적이고 트럼프의 뜬금없는 감세정책, 스스로 '관세맨'이라 칭하며 중국에 대한 무역보복을 예고하면서 2018년, 그리고 2019년에도 크레디드 채권시장을 불안히게 만들고 있었습니다(그림 4-6).

"두 차장이 잘 알겠지만, 올해 시장 분위기가 좋아. '연준과 싸우지 마라'는 격언이 있지 않은가? 그것은 '연준의 말을 잘 따라라' 아닌가? 이제 채권에 잘 투자만 하면 되는데 자네가 나간다면, 진짜 찬물 끼얹는 거여."

"올해 채권시장 좋을 거라는 것은 잘 알고 있습니다. 그런데 제가 이 부

그림 4-6 투자등급 회사채 지수 및 스프레드 추이(2018년 1월~2019년 5월)

(출처) Bloomberg

회사채 지수: 흰색 실선(우측 축) – 'U.S. Corporate Investment Grade(LUACTRUU Index)

회사채 스프레드: 붉은색 점선(좌측 축) – 'US Agg Corporate Avg OAS'(LUACOAS Index)

서에 있게 된 지도 벌써 10년입니다. 차 과장이나 안 대리가 스스로 생각하고 투자할 수 있도록 제가 자리를 비우는 게 맞다고 생각했습니다."

신 부장은 '아! 차 과장과 안 대리 하고 한번 붙었구나'라고 감이 옵니다. 이럴 때일수록 선임에게 힘을 실어주어야 합니다.

"두 차장, 지금처럼 후배들 잘 이끌어줘. 차 과장, 안 대리는 아직 경험을 더 쌓아야 해. 좋은 장 나쁜 장 다 경험했으니까, 올해같이 회복하는 장도 경험하고. 그리고 또 침체가 올 수 있잖아? 그 사이클까지는 저 둘은 좀 배워야 해. 그러려면 산전수전 다 겪은 자네의 경험이 필요해. 그리고 자네가 판단하는 투자 건에 대해서는 난 항상 열려 있으니까, 작년처럼 나에게 '악마의 변호인'이 되어줘. 알았지?"

두 차장이 미리 대답하기 전에 신 부장은 화제를 전환합니다.

"두 차장, 이제 경기도 바닥을 찍은 거 같고 트럼프가 중국에 심심치 않게 시비는 걸고 있지만, 파월이 이야기한 '보험성 금리 인하'[3]가 예정되어 있으니까 경기가 회복 국면으로 진입할 거 같은데 말이야. 어떤 상품이 좋을까?"

두 차장은 머리가 복잡합니다. 사실 며칠 전에 회사채 추가 매입을 두고 숨고르기를 하자는 자신의 주장에 차 과장이 정면으로 반박하는 과정에서 그는 마음의 상처를 받았습니다. 그러나 신 부장의 의견을 들어보니 회사채를 추가 매입하는 것이 적절해 보입니다.

"부장님 시각이 맞으면 회사채 매입이 적합합니다. 경기 바닥 후 회복기에는 채권 상품에 있어서 회사채만큼 확실한 상품이 없기 때문입니다. 다만 회사채를 추가로 매입하는 것은 현재 저희 내규상 쉽지 않습니다."

증권사 출신인 신 부장은 이해가 되지 않습니다.

"왜 추가 매입이 어려워?"

채권운용 이전에 리스크 부서에 오래 있었던 두 차장은 조목조목 설명합니다.

"저희 같은 투자 계정(IFRS 적용 후 FVOCI)은 회사채를 매입할 경우 해당 발행사의 신용도에 따라 위험 값이 측정됩니다. 트레이딩 계정(IFRS 후 FVPL)은 이것이 면제되어 사실상 한도 제한이 없습니다. 그래서 저희가 등급별로 한도를 정하여 투자를 하는 것이 아니라, 회사별 한도를 받고 투자를 하는 구조입니다. 그런데 회사별로 한도가 매우 작아서 투자를 무작정 늘리기가 어려운 상황입니다."

---

3 2019년 5월 FOMC에서 〈파이낸셜 타임스(Financial Times)〉의 샘 플레밍(Sam Fleming) 기자가 "경기침체를 염두에 둔'금리 인하 또는 '보험성 인하'인가"라는 질문에, 파월이 다각도로 검토하고 있다고 대답하면서 '보험성 인하(Insurance cut)'가 당시 주요 키워드로 등장했다. 실제 7월 FOMC에서 25bp 기준금리를 인하하면서, 파월 의장이 이 단어를 '공식화'했다.

"그런 이유가 있었군. 그래서 가끔 밤새우면서 한도 작업을 하는 거구나?"

신 부장은 그래도 회사채 매입을 하고 싶습니다.

"그러면 다른 방도는 없나?"

두 차장은 기다렸다는 듯이 이렇게 말합니다.

"한 가지 방법이 있습니다. ETF는 리스크에서 상품별로 관리하니, 그 안에 들어가 있는 기초자산이 채권이라면 투자 가능합니다."

"그래? 뭐 투자등급 회사채 ETF야 워낙 종류가 많으니까 시가총액이 큰 상품에 투자하면 될 거 같은데?"

매사에 조심스러운 두 차장은 일종의 안전장치를 두고 싶어 합니다.

"부장님, 실제로 기준금리는 내리겠지만, 이미 올해 초(2019년)부터 이 예상은 채권시장에 거의 100% 반영되어 있다고 생각합니다. 그래서 중장기 금리는 경기 회복 기대감에 오히려 상승할 수 있습니다. 그러니 더 확실한 크레디트 스프레드⁴ ETF를 같이 베팅하는 것이 어떻겠습니까?

"좋아, 상품 종류가 많으니까 대표 상품 중심으로 소개 좀 해줄래?"

두 차장은 두 개의 상품 개요를 보여주면서 설명합니다.

"부장님, LQD US라는 상품입니다. 그리고 이것의 이자율 부분을 헤지하여 크레디트 스프레드만 남겨둔 상품은 LQDH US입니다. 둘 다 기초자산은 같은, 마치 주몽의 첫째 아들 유리(고구려 제2대 왕)와 셋째 아들 온조(백제 건국왕)의 관계입니다."

"대체로 금년에는 두 ETF 모두 상승 추이를 보이고는 있네. 그런데 두 차장 말대로 둘 간의 (−)의 상관관계가 좀 보이는구먼."

---

4 회사채 수익률과 안전자산 수익률 간의 차이로 일반적으로 '회사채 수익률 − 유사만기 미 국채 수익률'을 의미한다.

"그렇습니다. 작년 말(2018년) 경기 침체 우려로 위험자산 가격이 훅 빠졌지 않습니까? 이에 직접적으로 관계가 있는 LQDH는 가격이 급락한 반면, LQD는 안전자산 금리가 스프레드 확대 폭의 상당분만큼 빠졌기 때문에 가격을 유지할 수 있었고요. 제가 우려하는 부분은 트럼프가 중국에 대해서 심심치 않게 강한 발언을 할 텐데, 여기에 따른 안전자산 선호 현상이 나올 수 있고요. 반면에 파월이 실제 보험성 인하를 한다면 위험자산 선호 현상이 본격화되면서 중장기 금리는 오히려 상승할 수 있습니다. 따라서 소위 '짬짜면' 전략처럼 두 개를 적절하게 섞는다면 일정한 수익을 얻을 수 있다고 생각합니다."

신 부장은 이미 회사채 매입에 대한 확신이 있었기 때문에 두 차장 말대로 두 개의 상품 모두 참여하기로 결정합니다. 결정하기 전 항상 체크하는 것, 유동성에 대하여 묻습니다.

"두 차장, 이 상품들 유동성에는 문제가 없지?"

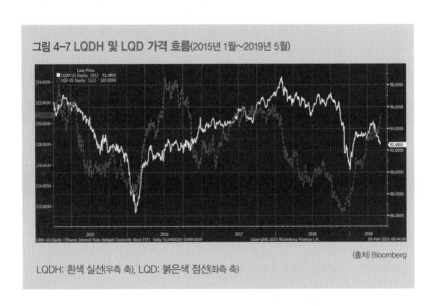

그림 4-7 LQDH 및 LQD 가격 흐름(2015년 1월~2019년 5월)

(출처) Bloomberg

LQDH: 흰색 실선(우측 축), LQD: 붉은색 점선(좌측 축)

그림 4-8 LQD 기초자산 allocation(2023년 2월 6일 현재)

Top Industry Groups	02/06/23	Top Geographic	02/06/23	Top Assets	02/06/23
Banks	24.12%	U.S.	84.72%	Corporate	98.774%
Pharmaceuticals	7.05%	U.K.	3.93%	Cash and Other	.791%
Telecommunications	6.89%	Canada	2.81%	Government	.435%
Media	4.19%	Japan	2.34%	Mortgage	.000%
Oil+Gas	3.91%	Netherlands	1.37%	Preferred	.000%
Software	3.68%	Australia	.66%	Municipal	.000%
Retail	3.49%	Spain	.64%	Equity	.000%
Pipelines	3.39%	Ireland	.53%		
Semiconductors	3.29%	France	.41%		
Healthcare-Services	3.20%	Luxembourg	.19%		
⊕ Hlds Anlys	PORT »	02/06/23	BBG Composite Rating	02/02/23	Maturities	02/02/23
Top 30 Hidings % Port	3.78	BBB	45.39%	30 yrs	44.09%
		A	41.28%	10 yrs	20.17%
		AA	7.24%	5 yrs	18.50%
		BB	3.00%	7 yrs	15.49%
		AAA	1.45%	Not Classified	2.05%
		NR	.06%	3 yrs	.18%

"예, 미국 회사채를 대표하는 ETF입니다. LQDH 또한 시가총액이 3억 달러가 넘습니다. 장내에서 한 번에 1,000만 달러 매입해도 큰 문제 없는 수준입니다."

결정의 순간!

"좋아, 짬짜면으로 갑시다. 그런데 LQD가 아무래도 장기 채권이 많으니 금리 상승 리스크가 좀 있어 보여. 반면에 위험자산 상승에 대해서는 나도 이견이 전혀 없어. LQD 1,000만 달러, LQDH 1,500만 달러 3일 이내 나누어서 들어가라고. 3일 후에 따로 술 한잔 하지."

LQD US Equity(iShares iBoxx $ Investment Grade Corporate Bond ETF)

1. 개요
동 ETF는 미국에서 발행한, 투자등급 및 달러 표시 회사채 수익률을 추종하는 ETF입니다. 벤치마크는 iBoxx USD Liquid Investment Grade Index Total Return Index입니다. LQDH의 경우 LQD US ETF에 이자율 스와프로 크레디트 스프레드만 노출시킨 경우로서 BlackRock Interest Rate Hedged Corporate Bond Index를 추종합니다.

2. 운용사
iShares는 BlackRock 계열로 Spider(State Street), Vanguard와 함께 세계 3대 대형 ETF 운용사입니다.

3. 상장일 및 수수료
상장일은 2002년 7월이며, 총 수수료는 투자금의 0.14%입니다(LQDH US 는 0.24%).

4. 시가총액
USD 392억(약 47조 원) [LQDH는 USD 3억 4,000만]입니다(2023년 2월 기준).

5. 트래킹 에러
최근 1년 벤치마크 대비 약 1.1%(연환산) 수준입니다(LQDH 0.4%).

6. 포트폴리오 구성
미국에서 발행한 (공모 또는 144A/Reg S) 달러 표시 회사채

7. 이런 시장 상황에서 유리해요
경기사이클상 경기침체 후반기(중앙은행의 완화적인 통화정책으로의 변화 시작점)에서 경기확장 초기 국면에서 투자 시 수익을 얻을 확률이 높아집니다. LQDH의 경우 경기확장 중반까지로 확대할 수 있습니다(이자율 상승 위험을 헤지).

8. 기간별 수익률(연환산 기준, %, 2023년 2월 말 기준)

구분	1개월	3개월	6개월	YTD	1년	3년	5년
LQD	−4.2	−0.8	−1.3	1.1	−12.3	−4.4	1.1
LQDH	−0.9	1.9	4.4	2.0	3.9	2.5	2.1

9. 미 회사채 ETF 주요 내용(2023년 2월 현재)

구 분	LQD	USIG	VCIT	SPIB	IGIB	VCLT
운용사	iShares	iShares	Vanguard	Spider	iShares	Vanguard
시가총액 ($억)	392.1	81.1	407.6	64.5	111.8	54.4
상장일	2002-07-26	2007-01-11	2009-11-23	2009-02-11	2007-01-11	2009-11-23
벤치마크	iBoxx USD Liquid Investment Grade	ICE BofA US Corporate Index 4P	Bloomberg US Credit Corp 5-10Y	Bloomberg Intermediate Corporation	ICE BofA 5-10 Year US Corporation	Bloomberg US Corporate 10+ year
Passive?	Yes	Yes	Yes	Yes	Yes	Yes
수수료(%)	0.14	0.04	0.04	0.04	0.04	0.04
듀레이션 (년)	8.6	7.1	6.2	4.2	6.2	13.2
신용등급별						
AAA	1.5	1.0	0.3	0.5	0.1	2.6
AA	7.2	7.2	4.2	5.1	5.0	8.6
A	41.3	40.4	39.5	42.2	37.8	37.1
BBB	45.4	48.6	52.2	48.5	52.9	49.4
기타	0.1	2.3	3.8	3.3	3.2	2.3

하이일드 반등 속도가 더 빨라!
HYG US(2020년 10월 26일)

팬데믹 공포는 연준 및 주요 중앙은행의 초대형 완화정책으로 잠잠해졌습니다. 기저효과이긴 하지만 각종 경제지표는 회복 추이에 있습니다. 팬데믹 이전 수준까지 가려면 아직 멀었지만 고용도 꾸준히 올라오고 있습니다.

그림 4-9 주요 경제지표(GDP, 내구재 주문, CPI)(2018년 1월~2022년 12월)

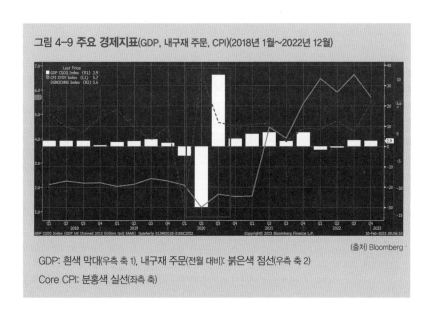

(출처) Bloomberg

GDP: 흰색 막대(우측 축 1), 내구재 주문(전월 대비): 붉은색 점선(우측 축 2)
Core CPI: 분홍색 실선(좌측 축)

신 부장은 장내싱 본부장에게 매주 1회 이메일로 경기 상황 및 투자 유망 상품에 대하여 서면 보고를 합니다. 장 본부장이 신난은행 3대 천재라는 닉네임답게 텍스트 중독증이 있어서 무엇이든 읽는 것을 좋아한 것에 착안하여, 신 부장이 보고방식을 이렇게 하면 어떻겠냐는 데에서 시작한 것입니다.

물론 글을 쓰는 건 50이 넘은 신 부장에게도 고욕입니다. 그러나 마음에 안 들면 고래고래 소리 지르는 장 본부장 앞에서 보고하느니, 글을 쓰면서 서로 생각을 정리하는 시간을 갖는 것이 훨씬 낫다고 판단하였습니다.

본부장님 귀하,

주말 잘 보내셨습니까.

시장 상황에 대하여 1) 지난 주 주요 사건 및 금리동향, 2) 전체적인 경기 상황, 3) 향후 예상 및 적합한 투자 상품 보고 순으로 말씀드리겠습니다.

지난 주(10월 19~23일)에 주요 사건으로는 미 양당 간 재정부양 추가 지출에 대한 합의가 가까워졌다는 소식에 금리가 상승하고 크레디트 스프레드 축소 모습이 보였습니다. 대선 관련하여 트럼프가 바이든에 밀리는 여론조사가 이어 나오면서, 향후 민주당 중심의 재정정책 가능성에 힘을 받는 모습입니다. 미 의회 선거 관련한 여론조사 역시 민주당이 양원을 접수하는 '블루웨이브' 가능성이 점차 높아지고 있습니다.

다음은 경기 상황입니다. 지난 주 실업급여 청구 건수가 78만 7,000건으로 전주 89만 8,000건 대비 10만 건 이상 감소하였습니다. [그림 4-10] 그래프와 같이 아직은 팬데믹 이전 수준까지 가려면 추가로 만 명이 고용되어야 하지만, 고용시장이 회복세를 보이는 점과 앞에서 말씀드린 재정정책 효과, 물가 상승 등을 감안하면 경기는 향후 완연한 회복세를 보일 것으로 예상합니다.

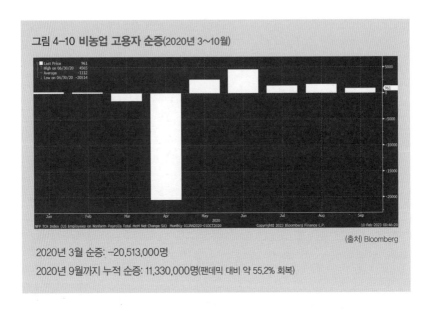

그림 4-10 비농업 고용자 순증(2020년 3~10월)

2020년 3월 순증: −20,513,000명
2020년 9월까지 누적 순증: 11,330,000명(팬데믹 대비 약 55.2% 회복)

(출처) Bloomberg

이를 바탕으로 향후 시장을 예상한다면, 대선 및 양원 선거 결과를 아직 속단하기는 이릅니다만 현재로써는 바이든의 당선 가능성이 커 재정정책 중심의 경기 회복 드라이브가 가속화될 것으로 예상합니다. 채권시장의 영향도는 1) 금리 상승, 2) 크레디트 스프레드 축소의 모습을 보일 것입니다.

마지막으로 이러한 환경 하에서 적합한 상품을 고르라면, 저는 하이일드와 관련한 상품을 추천하는 바입니다. 저희가 내규상 채권 직접 매입 시 투자등급, 즉 S&P 기준으로 BBB- 이상의 채권 이상만 투자가 가능합니다. 반면, ETF 등과 같은 간접자산의 경우에는 자유롭게 투자가 가능합니다. 당분간 완화적인 통화정책, 즉 무제한 양적완화와 크레디트 채권 매입이 지속될 것으로 예상하는 가운데, 팬데믹의 그늘에서 벗어나 전반적인 경기지표가 회복 추이에 있다는 점, 앞으로도 재정정책을 통한 경기부양이 지속된다면 기업들의 실적 개선이 뚜렷해질 것입니다. 즉 등급이 낮은 하이일드를 투자함으로써 수익을 얻을 수 있습니다.

하이일드 ETF의 대표적인 상품은 티커가 HYG US인 'iShares iBoxx High Yield Corporate Bond ETF'입니다. 세계 최대 규모의 ETF 운용사인 iShares가, 미국 하이일드 기업이 발행한 채권을 기초자산으로 하여 운용하는 ETF로써 구체적인 통계는 [그림 4-11]과 같습니다.

그림 4-11 자산 분포 현황(2023년 2월 현재)

Top Industry Groups	02/08/23	Top Geographic	02/08/23	Top Assets	02/08/23
Media	10.66%	U.S.	80.38%	Corporate	99.840%
Telecommunications	6.10%	Canada	4.32%	Cash and Other	.155%
Oil&Gas	6.03%	Cayman Islands	2.11%	Government	.005%
Pipelines	4.71%	U.K.	1.99%	Mortgage	.000%
Retail	4.69%	Netherlands	1.99%	Preferred	.000%
Commercial Services	4.55%	Luxembourg	1.32%	Municipal	.000%
Healthcare-Services	4.54%	Bermuda	1.02%	Equity	.000%
Diversified Finan Serv	3.81%	France	1.00%		
REITS	3.71%	Italy	.97%		
Lodging	3.54%	Ireland	.73%		
⊕ Hlds Anlys | PORT »	02/08/23	BBG Composite Rating	02/08/23	Maturities	02/08/23
Top 10 Holdings % Port	3.74	BB	49.61%	5 - 7 yrs	30.97%
		B	39.86%	3 - 5 yrs	30.88%
		CCC	9.16%	7 - 10 yrs	18.50%
		NR	.74%	1 - 2 yrs	17.33%
		CC	.45%	+ 10 yrs	1.99%
		BBB	.03%	Not Classified	.21%
		C	.00%	0 - 1 yr	.13%

(출처) Bloomberg

금년 YTDYield To Date(직전 연말 대비 현재 시점까지의 수익률)는 −3.9%이지만, 바닥이었던 지난 3월 대비해서는 약 18.7% 상승한 상황입니다. [그림 4-12] 그래프만 보면 좀 늦은 감이 있지만, 수익을 얻을 수 있는 확률은 현시점에 투자하는 것이 더 높다고 판단합니다. 앞에서 말씀드린 대로 하이일드 기업의 펀더멘털이 확신이 들 정도의 개선이 이루어질 것이라는 기대 때문입니다.

시가총액은 약 160억 달러 수준으로 장내에서 수천만 달러를 거래해도 전혀 지장이 없는 유동성을 가지고 있습니다. 직원들에게 우선 1천만 달러 투자를 준비하라고 지시한 상황입니다. 본부장님께서 검토하시어 투자에

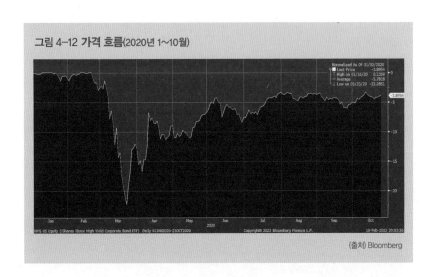

그림 4-12 **가격 흐름**(2020년 1~10월)

(출처) Bloomberg

미진한 부분이 있다면 회신 부탁드리겠습니다.

　즐거운 한 주 되십시오.

　신달라 배상

　장 본부장으로부터 10분 후에 회신이 옵니다.

　신 부장,

　좀 비싼 감이 있지만, 팬데믹 이전보다 훨씬 많은 돈을 풀었으니 지난 1월 가격보나는 오르지 않겠소? 원인대로 투자하세요.

　장대성

HYG US Equity(iShares iBoxx High Yield Corporate Bond ETF)

1. 개요

동 ETF는 미국에서 발행한, BBB- 미만인 달러 표시 회사채 수익률을 추종하는 ETF입니다.
벤치마크는 iBoxx USD Liquid High Yield Index Total Return Index입니다.

2. 운용사

iShares는 BlackRock 계열로 Spider(State Street), Vanguard와 함께 세계 3대 대형 ETF
운용사입니다.

3. 상장일 및 수수료

상장일은 2007년 4월이며, 총 수수료는 투자금의 0.48%입니다.

4. 시가총액

USD 167억(약 20조 원) 입니다(2023년 2월 기준).

5. 트래킹 에러

최근 1년 벤치마크 대비 약 3.2%(연환산) 수준입니다.

6. 포트폴리오 구성

미국에서 발행한 (공모 또는 144A/Reg S) 달러 표시 하이일드 회사채

7. 이런 시장 상황에서 유리해요

경기사이클상 경기침체 후반기(중앙은행의 완화적인 통화정책으로의 변화 시작점)에서 경기확장
초기 국면에서 투자 시 수익을 얻을 확률이 높아집니다.

8. 기간별 수익률(연환산 기준, %, 2023년 2월 말 기준)

1개월	3개월	6개월	YTD	1년	3년	5년
−1.9	−0.1	2.8	2.3	−5.4	0.2	2.3

9. 미 하이일드 ETF 주요 내용(2023년 2월 현재)

구 분	HYG	JNK	USHY	HYLB	ANGL	FALN
운용사	iShares	Spider	iShares	Xtrackers	Vaneck	iShares
시가총액 ($억)	166.7	95.8	95.3	40.3	28.6	15.6
상장일	2007-04-11	2007-12-04	2017-10-26	2016-12-07	2012-04-11	2016-06-16
벤치마크	iBoxx USD Liquid High Yield Index	Bloomberg VLI: High Yield TR	ICE BofA US High Yield Constra	Solactive USD High Yield Corporation	ICE US Fallen Angel High Yield	Bloomberg US HY Fallen Angel
Passive	Yes	Yes	Yes	Yes	Yes	Yes
수수료(%)	0.48	0.40	0.15	0.15	0.35	0.25
듀레이션(년)	4.0	4.2	4.1	4.0	5.6	5.2
신용등급별 (%)						
BBB	0.0	0.6	0.0	0.5	0.0	0.3
BB	49.6	43.6	46.5	50.3	85.3	82.3
B	39.9	43.7	41.5	39.9	10.8	12.6
CCC	9.2	10.1	10.5	8.1	2.4	2.7
CC	0.5	0.3	0.3	0.5	0.0	0.1
C	0.0	0.0	0.0	0.0	0.0	0.0
무등급/기타	0.7	1.0	1.1	0.3	1.2	1.9

잠자던 물가의 '코털'을 건드리지 마라?
TIP US(2020년 12월 1일)

개표 지연, 바이든의 역전, 그리고 바이든 당선을 인정하지 않았던 트럼프의 태도 변화 등 지난 달 미국 정계는 혼돈의 연속이었습니다. 코로나는 소강 상태와 확진자 발생을 반복하면서, 팬데믹 종식을 바라는 전 세계인들은 희망과 절망을 주기적으로 느끼고 있습니다. 바이든 대통령 당선인은 본격적인 정부 인수 작업에 들어가면서, 공약으로 내세운 재정정책 확대를 추진하기 위하여 트럼프 및 공화당 지도부와 협상에 들어가고 있습니다. 파월 의장은 코로나로 인한 경제 위험이 여전히 크다고 판단하며, 이것이 종식되기 전까지는 현재의 완화적인 정책을 유지하겠다고 밝혔습니다.

안예슬 대리는 지난 일주일 동안 온라인으로 '거시경제와 해외채권'이

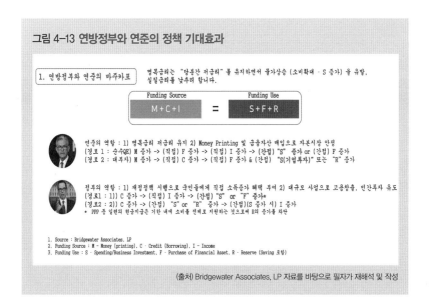

그림 4-13 연방정부와 연준의 정책 기대효과

(출처) Bridgewater Associates, LP 자료를 바탕으로 필자가 재해석 및 작성

라는 금융투자협회 프로그램에 참여하느라고 재택근무를 했습니다. 국내 최고의 거시경제 전문가인 오노우 박사가 지난 3월부터 현재까지 미 연준과 행정부에서 시행한 각종 정책에 대하여 [그림 4-13]의 프레젠테이션 장표 1장이 가장 인상에 남습니다.

즉 Funding Source와 Funding Use의 등식이 성립하는 가운데, 중앙은행이 창출하는 M(통화)과 연방정부가 재정정책을 통하여 개인에게 돈을 지급하면서 나오는 I(소득), 또는 대출규제를 완화하여 C(차입)을 증가시킵니다. 이것을 사용하는 소비자들은 S(소비) 또는 F(금융자산 투자), 그리고 앞으로 경기가 회복될 때까지 R(저축)을 늘릴 것이라는 기대가 이번 팬데믹 때의 슈퍼 완화정책과 재정정책의 핵심입니다.

여기서 안 대리는 한 가지 의심을 하지 않을 수 없습니다.

'결국 저 정책은 시중에 돈을 무진장 많이 풀리게 하여 인플레이션을 유발하지는 않을까?'

오노우 박사의 코멘트가 생각납니다.

"여러분, 연준이 2009년 양적완화를 시작해서 대차대조표 규모가 기존 9,000억 달러에서 4조 달러 이상으로 4배 이상 커졌지만, 인플레이션은 지금 [그림 4-14]의 그래프에서처럼 좀처럼 의미 있는 상승을 보이지 못했지요. 연준의 가이드라인인 Core PCE 2% 밑에 머물렀지요.

왜 그랬을까요? 당시에 연방정부에서는 감세정책 확대 이외에는 의미 있는 재정정책을 펼치시 않았고요. 그리고 당시에 양적완화로 풀린 돈들이 소비에 쓰이는 게 아니라 전부 금융시장으로 흘러가서 자산가격만 엄청나게 높였고요. 사실 자산가격 부분을 인플레이션 항목에 포함한다면 정말 엄청난 인플레이션 상승이라고 말할 수 있지요.

그런데 이번 팬데믹 때 나온 미 연방정부와 연준의 콜라보레이션 정책

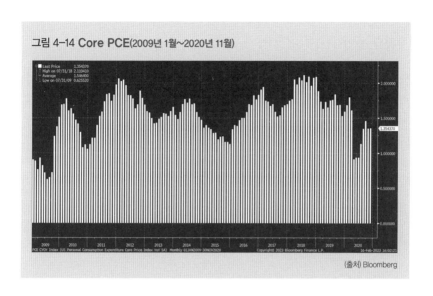

그림 4-14 Core PCE(2009년 1월~2020년 11월)

(출처) Bloomberg

은 자칫 엄청난 인플레이션을 유발할 가능성이 큽니다. 팬데믹 때 소비자들이 돈이 생겨도 밖에 나가서 쓸 수가 없었어요. 지금은 저축이나 투자로 아껴두고 있지요. 코로나가 완화되어 사람들이 밖에 나가서 돈을 쓰기 시작하면 시중에 돈이 엄청나게 풀리게 되고 인플레이션은 불가피합니다. 여기에 아직 헤드라인에 언급되지는 않았지만 지금 공장이나 항만 등에 일할 사람이 없어요. 다 팬데믹 때 잘리거나 그만두었는데 이들이 돌아오기 쉽지 않아요. 아니, 돌아올 이유가 없어요. 그들은 의식주를 해결할 만한 돈이 충분하거든요.

여러분, 이 연수가 끝나고 현업으로 복귀하면, 꼭 인플레이션에 대한 경각심을 주변 동료 분들에게 알려주세요. 1980년대 초반 이후에 최고를 찍을지도 모릅니다.”

연차가 낮고 먼저 말하는 것을 꺼리는 안예슬 대리이지만, 오 박사의 강연을 그냥 넘길 수는 없습니다.

‘이번에 용기를 내서 꼭 상품 아이디어를 신달라 부장님께 제출하고 인

정받을 테야.'

안 대리는 대표적인 인플레이션 헤지 상품들을 검색합니다. 외화채권부에서는 원유, 금과 같은 상품Commodity 관련 금융상품에는 투자할 수 없습니다. 오로지 채권 관련한 상품을 대상으로 선택해야 합니다.

'아, 맞다! 물가연동채권이 있었지.'

이번 온라인 연수에서 해외채권 강사로 나온, 전직 신난은행 해외채권 운용역이었던 강부채 선생님은 지금이야말로 물가연동채권, 즉 TIPSTreasury Inflation Protected Securities에 투자할 시기라고 강조하였습니다.

"여러분, TIPS는 이제 여러분에게 수많은 투자 TIP을 줄 겁니다. 여기 TIPS는 명목금리에서 인플레이션 부분을 차감한 실질금리(=명목금리－인플레이션)를 수익률로 하고 있어요. 지금 보는 그래프(그림 4-15)처럼 실질금리는 지금도 낮고 앞으로도 낮을 거예요.

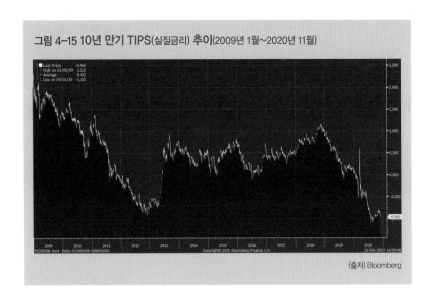

그림 4-15 10년 만기 TIPS(실질금리) 추이(2009년 1월~2020년 11월)

(출처) Bloomberg

지금까지는 이 공식의 앞부분인 명목금리의 하락이 실질금리를 낮췄다면, 앞으로는 어마무시한 인플레이션이 이것을 낮출 거예요. 연준은 명목금리를 당분간 안 올린다고 했으니 현재와 같은 제로에 가까운 금리를 보일 겁니다. 지금 연준은 물가의 코털을 제대로 건드렸어요."

'잠자는 물가의 코털을 건드렸다?'

안 대리는 수많은 물가연동국채를 포함한 ETF를 찾습니다. 그중 TIPS를 대표하는 TIP US ETF를 선정합니다. 신 부장에게 먼저 말을 거는 것이 부담스럽다면, 굳이 많은 설명을 하지 않아도 다 알 만한 상품을 골라야 할 것이고, 이 조건에 TIP US가 가장 부합합니다.

이 상품의 운용사는 세계 최대 규모의 iShares, 평균 듀레이션은 약 7년, 자산 규모는 약 245억 달러 수준으로 시장에서 수억 달러라도 매매하는 데 전혀 지장이 없습니다. 기초자산은 전체 TIPS로 구성되어 있으며 잔존만기 기준 분포는 다음과 같습니다.

표 4-1 TIP 잔존만기 구성(2023년 2월 기준)

1~3년	3~5년	5~7년	7~10년	10년 이상	기타
25.4	28.3	13.1	19.0	13.9	0.4

안 대리는 마지막 투자 배경 및 이 상품의 최근 5개년 간 가격 흐름을 마지막으로 정리하면서 보고서를 완성합니다.

투자 배경: 팬데믹 당시 연준의 국채 및 MBS의 무제한 매입, 300억 달러 규모의 회사채 및 ETF 매입 등 '슈퍼' 양적완화, 그리고 연방정부의 재정정책 등으로 잠재적인 인플레이션 상승 및 실질금리 하락 가능성이 큽니다. 여기에 부합하는 상품으로 미 물가연동국채인 TIPS가 대표적이며,

이를 포함하는 대표적인 ETF인 TIP에 투자할 경우 추가 수익을 얻을 수 있습니다.

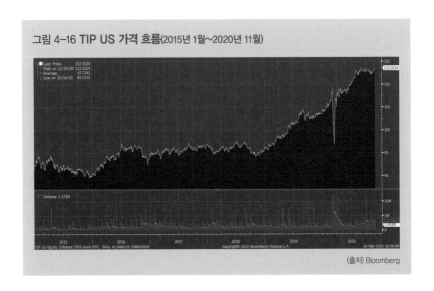

그림 4-16 TIP US 가격 흐름(2015년 1월~2020년 11월)

(출처) Bloomberg

보고서를 프린트한 후, 안 대리는 깊은 심호흡을 하면서 부장실 앞에 섰습니다.

'1,000만 달러? 아니야, 내 짬밥에 무슨 1,000만 달러. 500만 달러만 투자한다고 말씀드리자. 만약 뭐라고 하시면 어쩌지? 걱정되네.'

부장실 문을 노크하려는 순간, 문틈으로 신 부장의 심각한 목소리가 들려왔다.

"뭐야? 우리 정혁이가 코로나 확진이라고? 이거 어쩌나! 당신은 어때?"

심각한 신 부장의 목소리에 안 대리는 그만 돌아서고 맙니다.

TIP US Equity(iShares TIPS ETF)

1. 개요
동 ETF는 미 물가연동국채, 즉 전 만기에 걸친 TIPS를 편입한 ETF입니다. 벤치마크는 Bloomberg US Treasury Inflation Note Index입니다.

2. 운용사
iShares는 BlackRock 계열로 Spider(State Street), Vanguard와 함께 세계 3대 대형 ETF 운용사입니다.

3. 상장일 및 수수료
상장일은 2003년 12월이며, 총 수수료는 투자금의 0.19%입니다.

4. 시가총액
USD 222억(약 26조 6,000억 원)입니다(2023년 2월 기준).

5. 트래킹 에러
최근 1년 벤치마크 대비 약 0.4%(연환산) 수준입니다.

6. 포트폴리오 구성
미 물가연동국채

7. 이런 시장 상황에서 유리해요
완화적인 통화정책으로 명목금리 하락 및 잠재 인플레이션 상승으로 실질금리가 하락할 경우 유리한 상품입니다. 인플레이션은 경기부양정책 및 경기지표가 살아나 본격적으로 회복 및 확장국면에 접어들 때 발생합니다. TIPS는 이 경우에 적합한 상품입니다. 반면 경기침체 및 디플레이션 국면, 긴축정책 등으로 실질금리가 상승할 경우에는 피해야 합니다.

8. 기간별 수익률(연환산 기준, %, 2023년 2월 말 기준)

1개월	3개월	6개월	YTD	1년	3년	5년
−1.4	−0.6	−4.3	0.7	−11.2	0.1	2.3

9. 미 물가연동국채 ETF 주요 내용(2023년 2월 현재)

구 분	TIP	VTIP	SCHP	SPIP	STIP	LTPZ
운용사	iShares	Vanguard	Schwab	Spider	iShares	Pimco
시가총액($억)	221.8	153.1	136.5	20.8	129.0	6.5
상장일	2003-12-05	2012-10-16	2010-08-05	2007-05-30	2010-12-03	2009-09-03
벤치마크	Bloomberg US Treasury Inflation Note Index	Bloomberg US Treasury TIPS 0-5yr	Bloomberg US Treasury Inflation	Bloomberg US Govt Inflation-Link	ICE U.S. Treasury Inflation Link	ICE BofA 15+ Year US Inflation
수수료(%)	0.19	0.04	0.04	0.12	0.03	0.20
듀레이션(년)	6.8	2.5	6.8	7.1	2.6	19.9
만기별 분포 (%)						
0∼1년		42.2			16.9	
1∼3년	25.4	42.2	26.8	26.8	37.1	
3∼5년	28.3	38.9	25.8	23.7	45.6	
5∼7년	13.1		14.5	16.5		
7∼10년	19.0		18.7	15.7		
10년 이상	13.9		14.1	17.3		100.0

02

경기확장
단계

커브 스티프닝을 내가 스스로 만들어볼까?
VGSH US + TBX US(2021년 1월 8일)

지난주 코로나에 걸려 일주일 격리를 마치고 출근한 두동강 차장. 100kg에 육박했던 몸무게가 외견상으로는 10kg은 빠져 보입니다.

"두 차장님, 건강 괜찮으십니까?"

"차장님, 다이어트 제대로 하셨네요~오~."

안예슬 대리와 차영하 과장이 커피 한잔 건네며 안부를 묻습니다.

"진짜 죽는 줄 알았어."

아직도 숨쉬기가 버거운지 헉헉대며 두 차장이 대답합니다.

WHO가 코로나가 전 세계 전염병으로 지정한 지 10개월이 다 되어갑니다. 백신이 나와 접종을 해도 코로나의 기세를 막기는 어렵습니다. 이제 코로나는 일상생활에 깊숙이 침투해 있습니다.

"부장님은 이번 주 휴가라고? 어제 전화 와서, 헉헉, 이번 주 투자는 우리 팀원들이 상의해서 결정하라고 하시더구먼. 시장 상황하고, 헉헉, 투자 아이디어 있으면 공유합시다."

"예, 이번 주(2021년 1월 8일) 상원 조지아 주 2개 결선투표에서 예상을 뒤엎고 민주당 후보 2명이 모두 당선되면서 하원에 이어서 상원도 민주당이 다수당이 되었습니다. 즉 '블루웨이브'를 완성한 셈인데요. 바이든 대통령 당선인이 21월 21일 취임 후에는 민주당발 재정정책 이슈로 위험자산 선호 및 국채 금리 상승이 예상됩니다."

안 대리가 먼저 이번 주에 일어난 이슈에 대하여 정리합니다.

"차장님, 지금 금리가 너무 낮습니다. 아무리 제로금리라고 해도 10년 금리가 고작 1%대 초반입니다. 유로 표시 회사채는 BBB급도 마이너스 금리 상황입니다. 더 이상 여기에 베팅하는 것은 곤란하지 않을까 싶습니다."

미스터 민Mr. Mean 차 과장은 예의 평균회귀의 법칙에 대하여 말하는 듯합니다.

"그리고 어쨌든 조금씩 사회생활이 정상화되어가고 있습니다. 그에 반하여 각국 정부의 재정지출은 기하급수적으로 늘어난 상황입니다. 민주당의 2조 달러에 육박하는 대규모 재정지출 계획은 분명히 '구축효과Crowding-out Effect[5]'를 낳게 될 것입니다."

차 과장이 말을 이어나갑니다.

"재정지출에다 무제한 양적완화 때문에 통화량이 급증하고 있습니다. 2008년 금융위기 이후에 수차례의 양적완화에도 불구하고 인플레이션은 대체로 2% 이내에서 안정적으로 유지하였습니다만, 특별한 재정정책은

---

5 재정지출을 확대할 경우, 재원 마련 방법은 1) 세율 인상, 2) 국채 발행이 있다. 1)의 경우 납세자의 가처분 소득 감소, 2)의 경우 채권 공급 증가로 인한 금리 상승이 발생하여 민간이 차입하여 투자할 수요를 감소하게 하는 일종의 외부효과이다.

없었습니다. 여기에 작년 8월 잭슨홀 미팅[6]에서 파월 의장이 '평균인플레이션 목표제[7]'를 시행하겠다고 한 것이 왠지 찜찜합니다. 인플레이션이 발생해도 당장 대응하지 않겠다는 것인데요. 밀턴 프리드먼의 말처럼 '인플레이션은 화폐적 현상'인데, 돈이 이렇게 풀리는데 여태껏 인플레이션이 잠잠한 것이 이상합니다. 대비해야 합니다."

'차 과장, 이번에는 나하고 의견이 비슷하네.'

공격적인 신 부장의 논리적 우군이었던 차 과장의 경기진단은 채권시장에 부정적인 사항이었습니다. 비관론자인 두 차장의 의견과 일맥상통합니다. '혹시 신 부장이 자리에 없어서 내 의견에 동조한 거 아냐?'라는 의심과 함께 말입니다.

"그러면 안 대리가 말한 현재 상황과 차 과장의 인플레이션에 대한 우려를 종합하면 장기 금리가 상승할 수 있다?"

두 차장은 아직도 한 문장을 끝내는 데에 힘겨워합니다.

"예에, 그렇습니다. 차장님, 그렇다고 연준이 제로금리를 당분간 포기하지 않을 듯한데, 저희 이번에 새로운 전략으로 투자해봄이 어떻습니까?"

"어떤 전략이 있어?"

"커브 스티프닝으로 승부를 거는 겁니다. 경기 회복 초기를 넘어 중반, 중앙은행이 아직 단기 금리에 대한 별다른 조치를 취하지 않을 경우에, 기대

---

6 매년 8월 와이오밍 주 휴양지인 잭슨홀에서 캔자스시티 연방은행 주최로 열리는 경제정책 심포지움. 각국 중앙은행 총재, 경제석학들이 모여 통화정책, 경제정책 등에 대하여 논의한다. 특히 2010년 버냉키 당시 연준의장이 '2차 양적완화'를 본 모임에서 발표하면서, 주목을 받기 시작했다.

7 Average Inflation Targeting(AIT): 기존 2% 이하의 인플레이션 목표에서, 일정기간 동안 2% 상회를 허용하는 정책이다. 2008년 금융위기 이후 10년이 넘는 기간 동안(2018년 제외) 풍부한 유동성에도 불구하고 낮은 인플레이션으로 디플레이션 우려가 높아지자, 연준 자체적으로 정한 기간 동안의 인플레이션 수치를 보고 통화정책을 결정하겠다는 '사후적·탄력적 정책'이다. 2020년 잭슨홀 미팅 때 파월 의장이 최초로 밝혔으며, 그해 10월부터 시행했다.

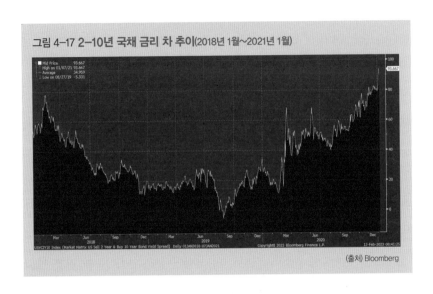

그림 4-17 2~10년 국채 금리 차 추이(2018년 1월~2021년 1월)

경제 성장률은 높아지면서 동시에 명목성장률의 대용치인 미 국채 10년물 금리가 상승해왔습니다. 단기 금리는 별다른 움직임을 보이지 않을 테니, 짧은 듀레이션의 ETF를 매입하고, 금리 인버스(채권 매도 포지션) 10년 ETF를 동시에 매입하여 커브 스티프닝 전략을 만드는 것입니다(그림 4-17)."

실제 2년-3년으로 대표하는 장·단기 금리 차는 점점 커지고 있습니다. 민주당 정부가 들어서면 그 차이가 더 커질 것으로 두 차장은 보고 있습니다.

"좋아, 그러면 헉헉, 상품으로 구성할 건가?"

안예슬 대리가 대답합니다.

"예, 차 과장님 하고 같이 준비해보았습니다. 단기 ETF는 여러 종류가 있지만, 뱅가드에서 운용하는 VGSH라는 디키의 ETF를 선정하였습니다. 그리고 10년 매도 포지션의 ETF는 프로쉐어스에서 운용하는 TBX라는 ETF를 선정하였습니다. 둘 다 금리를 기반으로 하는 ETF이기 때문에 직관적으로 기초자산 구성은 잘 아실 거라고 생각합니다.

단순 듀레이션 계산을 하면 현재 2년물 듀레이션이 약 1.8년이고, 10년 듀레이션은 약 8년입니다. 그러면 장·단기 금리의 개별 변화와 관계없이 금리 차이로만 수익을 얻기 위한 비율은 약 4 대 1입니다. 즉 단기 ETF 4, 장기 매도 ETF 1의 비율로 구성합니다."

차 과장이 이어 받습니다.

"VGSH 4, TBX 1만큼 투자를 하게 되면 둘 간의 금리에 대한 가격 민감도를 나타내는 듀레이션[8]은 0이 됩니다. 듀레이션이 0이라는 것은 개별 채권의 금리 변동성에 따른 가격 변동 자체는 없는 것이 됩니다. 여기서 가격변동은 2년과 10년의 금리 차이에 의해서 변할 뿐입니다."

두 차장은 예상 손익을 정리해봅니다.

"(콜록콜록) 예를 들면 어제 기준으로 VGSH 2,000만 달러, TBX 500만 달러를 투자했다고 가정해보자고, 헉헉! 아놔, 이거 숨이 막혀서 원. (물 한 모금을 마신 후) 어제 2년 10년 금리 차이가 0.93% 또는 93bp(1bp=0.01%)니까, 만약 오늘 2년 금리가 +1bp 상승하고 10년 금리가 +5bp 상승했으면 산술적인 수익은 이렇네.

sum(투자원금×듀레이션×금리 변화), 즉 20,000,000×2년×-(0.01%) +5,000,000×8년×0.05% = -4,000+20,000=16,000달러를 버는 거네?"

"차장님, 정확하십니다."

안 대리가 두 차장의 손익 정리를 최종 확인해줍니다.

"좋아, 그러면 부장님 하던 대로 내가 정리해볼게. 우선 현재 재정정책 기대감 및 코로나로 인한 경제생활 마비에서 벗어나 회복 단계로 가고 있는 전형적인 경기회복 단계 상황이야. 그런데 중앙은행인 연준은 2022년

---

8 실질만기. 그러나 주가지수 1% 변동분에 대한 개별종목 변동률을 나타내는 베타(Beta)와 비슷한 의미로, 금리 변동분에 대한 채권가격의 변동분이다. 즉 '△Price/Price0(가격 변화) ≈ − Duration×△금리'의 수식으로 표현한다.

말부터 평균인플레이션 목표제를 실시해서 그들이 목표로 한 2%를 일정 기간 넘더라도 용인하겠다는 입장이야. 그리고 돈은 무진장 풀려있어. 이를 종합해볼 때 단기 금리는 안정적으로 유지, 장기 금리는 경제 성장률 회복과 함께 상승 가능성이 커서, 장·단기 금리 차이는 더욱 커질 것이다. 맞지, 차 과장?"

"맞습니다. 역시 차장님께서 시장을 정리하는 안목이 뛰어나십니다."

신 부장이 없으니 차 과장의 '숭배'는 이미 두 차장에게 가 있습니다.

"마지막 체크사항! 부장님이 항상 하시는 거지만, 이들 ETF 유동성은 어때?"

"넵, VGSH는 약 190억 달러 수준으로 장내에서 사도 문제가 없습니다. 다만 TBX가 아직은 금리 상승에 베팅하는 투자자가 많지 않아서 그런지 3,000만 달러 수준입니다. 그러나 리스크 거래를 통해서 장외에서 시가총액의 10% 정도 사는 것은 문제가 없습니다."

안 대리가 두 종목의 유동성에 대하여 정리를 합니다.

"음, TBX의 낮은 시가총액을 보면 유동성이 좀 걸리네. 그럼 시가총액의 10% 정도인 300만 달러에 국채 2년을 대표하는 VGSH를 그 4배인 1,200만 달러 매입해서 체크해보자고. 오늘 밤 종가 기준으로 장외에서 리스크 거래로 매입해봐."

그때 두 차장의 핸드폰에 '신달라 부장'이 뜹니다.

"예, 부장님. 헉헉~ 살 쉬고 셰십니까?"

"두 차장, 헉헉~ 콜~록! 나 어제 코로나 확진이야. 일주일 더 쉬어야겠어. 수고 좀 해줘. 헉헉!"

VGSH US Equity(Vanguard Short-Term Treasury Index Fund ETF)

1. 개요
동 ETF는 미국 국채 중 잔존만기 1~3년 남은 상품을 편입한 ETF입니다. 벤치마크는 Bloomberg US Treasury 1–3 Year Bond Index입니다.

2. 운용사
Vanguard는 1970년대 ETF의 전신이라고 할 수 있는 인덱스 펀드를 출시한, 패시브(소극적) 투자의 선두주자로서, Spider(State Street), iShares와 함께 세계 3대 대형 ETF 운용사입니다.

3. 상장일 및 수수료
상장일은 2009년 11월이며, 총 수수료는 투자금의 0.04%입니다.

4. 시가총액
USD 191억(약 23조 원)입니다(2023년 2월 기준).

5. 트래킹 에러
최근 1년 벤치마크 대비 약 0.1%(연환산) 수준입니다.

6. 포트폴리오 구성
잔존만기 1~3년 미국 국채

7. 이런 시장 상황에서 유리해요
동 상품 단독 편입의 경우, 통화정책 긴축 후반부터 (경기침체 후) 완화정책으로의 피봇이 일어날 때 유리합니다. 즉 긴축 시에는 장·단기 금리 역전으로 높은 캐리(이자) 수익을, 피봇 시에는 금리 하락에 따른 채권가격 상승으로 자본차익을 얻을 수 있습니다.
합성 포지션의 경우, 장·단기 금리 차이 방향에 베팅하여 장기 국채 ETF 또는 금리 인버스(채권 매도 포지션) ETF와 결합합니다. 또는 크레디트 바벨 전략으로 동 자산을 안전자산, 단기 하이일드 채권형 ETF(SHYG, SJB 등)와 결합할 수 있습니다.

8. 기간별 수익률(연환산 기준, %, 2023년 2월 말)

1개월	3개월	6개월	YTD	1년	3년	5년
−0.7	0.1	−0.5	0.2	−2.8	−0.9	0.8

9. 단기 미국 국채/회사채 ETF 주요 내용(2023년 2월 현재)

구 분	VGSH	SHY	IGSB	SCHO	VCSH	BSV
운용사	Vanguard	iShares	iShares	Schwab	Vanguard	Vanguard
시가총액($억)	190.6	268.8	241.0	128.5	411.4	368.2
상장일	2009−11−23	2002−07−26	2007−01−11	2010−08−05	2009−11−23	2007−04−10
벤치마크	Bloomberg U.S. Treasury: 1−3y	ICE U.S. Treasury 1−3 Year Bond	ICE BofA 1−5 Year US Corporate	Bloomberg U.S. Treasury: 1−3 Y	Bloomberg US Corporate 1−5 year	Bloomberg U.S. Gov/ Credit Float
수수료(%)	0.04	0.15	0.04	0.03	0.04	0.04
듀레이션(년)	1.8	1.8	2.7	1.8	2.6	2.6
편입종목	국채	국채	국채	국채	회사채	국채/회사채

TBX US Equity(ProShares Short 7-10 Year Treasury ETF)

1. 개요
동 ETF는 미 국채 7~10년의 매도 포지션을 통하여 수익을 추구하는 ETF입니다. 벤치마크는 ICE U. S. Treasury 7-10 Year Bond Index의 -1배입니다.

2. 운용사
Proshares는 레버리지 및 '쇼트' 포지션에 특화되어 있는 ProFunds Group 계열, 대형 ETF 운용사입니다.

3. 상장일 및 수수료
상장일은 2011년 4월이며, 총 수수료는 투자금의 0.95%로 패시브형 감안 비싼 편입니다.

4. 시가총액
USD 7,000만(약 840억 원)입니다(2023년 2월 기준).

5. 트래킹 에러
최근 1년 벤치마크 대비 약 9.8%(연환산) 수준입니다.

6. 포트폴리오 구성
벤치마크의 수익률 하락 시 이익을 얻는 토털리턴 스와프

(출처) Bloomberg

7. 이런 시장 상황에서 유리해요
동 상품 단독 편입의 경우, 경기확장 국면부터 통화정책 긴축 시작 후 추가 긴축이 예상될 경우, 장기 금리 상승으로 수익을 얻을 수 있습니다.
합성 포지션의 경우, 장·단기 금리 차이 방향에 베팅하여 단기 국채 ETF(VGSH, SHY 등)와 결

합합니다. 또는 TAIL US, SWAN US 등 미 국채 10년 포지션과 주식 풋/콜 옵션이 편입되어 있는 경우, 순수한 옵션 효과를 보기 위하여 금리 위험을 제거하는 데 쓰입니다.

8. 기간별 수익률(연환산 기준, %, 2023년 2월 말)

1개월	3개월	6개월	YTD	1년	3년	5년
3.7	2.8	6.2	0.7	17.7	5.0	0.4

시장이 바뀔지언정 크레디트 바벨은 일정한 수익을 줄 수 있다?
IEF US + HYGH US(2021년 2월 2일)

2019년, 2020년 채권시장 호조로 외화채권부 수익이 2년 연속 300억 원을 넘습니다. 신달라 부장은 지난 2년간의 성과를 바탕으로 '최우수 사원상'을 수상하면서, 20년 해외채권 운용 인생 최고의 시기를 맞습니다. 그러나 2021년을 맞이하여 채권시장에는 지난 2년과는 다른 몇 가지 변화가 보입니다. 우선 민주당 소속인 조 바이든이 미국 46대 대통령으로 취임합니다(2021년 1월 20일). 바로 직전 조지아주 상원의원 2개소 결선투표에서 모두 민주당 소속 후보가 당선되면서, 미 상하원 모두 민주당이 과반수 이상을 차지하는 '블루웨이브'를 완성합니다. 주식시장은 S&P 500 기준으로, 팬데믹 저점대비 53%가 상승하면서 거품 우려가 높아집니다. 반면 채권 금리는 연 저점 수준인 1% 내외(10년 국채 금리 기준)로 금리 랠리를 기대하기 어려운 상황입니다(그림 4-18).

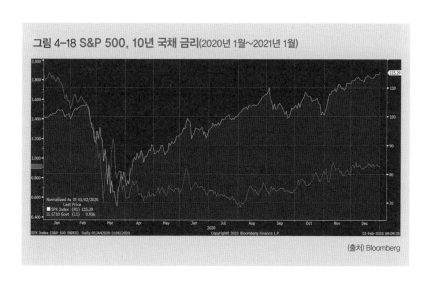

그림 4-18 S&P 500, 10년 국채 금리(2020년 1월~2021년 1월)

(출처) Bloomberg

신 부장은 부서 내 정례 주간회의를 매주 화요일 아침 8시에 개최합니다. 참석자는 신달라 부장, 두동강 차장, 차영하 과장, 안예슬 대리, 김승리 주임 5명입니다.

"올해는 채권투자해서 별로 먹을 게 없겠어. 금리는 한참 저점이고 주식은 저렇게 올라가 있으니 지난 2년과 같이 듀레이션을 길게 가져가서 운용하는 것은 안 맞지 않나?"

신 부장은 듀레이션, 즉 금리 변동성에 대한 채권가격의 민감도를 높게 가져가는 것에 대하여 불안을 느끼고 있는 것입니다.

두동강 차장이 대답합니다.

"네, 맞습니다. 올해는 채권 듀레이션 자체는 줄여두는 것이 맞습니다. 그런데 절대금리 자체가 낮은 데다가 연준이 유통시장에서 회사채를 매입[9]하면서 크레디트 스프레드도 엄청 축소되어 있습니다(그림 4-19)."

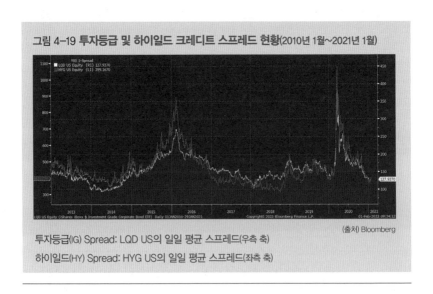

그림 4-19 **투자등급 및 하이일드 크레디트 스프레드 현황**(2010년 1월~2021년 1월)

(출처) Bloomberg

투자등급(IG) Spread: LQD US의 일일 평균 스프레드(우측 축)
하이일드(HY) Spread: HYG US의 일일 평균 스프레드(좌측 축)

---

9 유통시장 회사채 매입프로그램(SMCCF, Secondary Market Corporate Credit Facility)로 연준이 2020년 3월, USD 3,000억 이내에서 달러 공모회사채 매입 등 지원책이며, 동년 6월부터 시행

"미국 민주당 정부가 집권하고 양원 또한 민주당이 다수당이 아닙니까아~. 민주당 당론인 재정정책을 밀어붙이면, (국채 공급량이 증가하여) 금리는 상승할 가능성이 크지만 크레디트 스프레드 확대 가능성은 낮습니다아~."

차 과장이 이어 말합니다.

"그러나 주가가 너무 올랐고 크레디트 스프레드가 워낙 낮아서, 제 기준으로는 결국 주가는 하락할 것이고 크레디트 스프레드가 확대되는 것이 맞습니다아~. 원칙으로는 국채 금리도 올라가야 하지만, 이렇게 위험자산 손실이 늘어나는 환경에서는 작년 2월 코로나 발생 후 국채 금리가 급락한 것처럼, 안전자산 선호 현상으로 쏠려서 금리가 하락할 수 있습니다아~."

"그럴 수 있어. 게다가 코로나가 완전히 끝난 것이 아니잖아. 작년 여름에 델타변이가 나타나면서 시장이 한번 흔들렸었잖아. 당분간 코로나 위험요인은 항상 생각해둬야 할 거야."

신 부장은 나름의 리스크 관리에 대하여 팀원들에게 강조합니다.

"부장님, 그리고 팀원 여러분."

항상 서두에 개미 목소리로 자신에게 관심이 있는지 없는지 탐색하는 안예슬 대리.

"어, 안 대리. 의견 있나? 의견은 언제나 환영이야!"

"네, 지금 전반적으로 채권가격, 위험자산 가격이 비싸긴 하지만, 차 과장님 말씀을 살펴보면 적어도 위험자산과 안전자산 간의 전통적인 역의 상관관계는 유지하지 않을까요?"

"맞습니다아~. 안 대리가 말한 대로 전통적으로 안전자산과 하이일드 채권 간에는 역의 상관관계가 있었습니다아~."

두동강 차장은 반문합니다.

"전통적으로는 그렇긴 한데, 2009년 양적완화가 시작된 후부터는 금리도 하락하고 크레디트 채권가격도 상승하는 현상이 벌어져서 오히려 (+)의 상관관계로 변하였을 텐데?"

반론에 약한 안 대리 대신 차 과장이 대답합니다.

"차장니~임, 재정정책 자체는 위험자산에는 호재입니다아~. 금리는 상승할 수 있지만, 지금 연준이 무제한으로 국채와 MBS를 매입하고 있기 때문에 당분간 금리 상승 정도는 제한되어 있을 겁니다아~. 설사 금리가 상승하더라도 위험자산 가격이 상승하는, 전형적인 '경기확장 국면'이기 때문에 둘 간의 (-)의 상관관계가 어느 정도 성립될 거 같습니다아~."

자신감을 찾은 안 대리가 말합니다.

"다음은 2013년 이후 미 국채와 하이일드 스프레드 간 상관관계표입니다."

표 4-2 미 국채(10년) vs 하이일드(Bloomberg Barclays US HY OAS) 상관관계

2013	2014	2015	2016	2017	2018	2019	2020
−48.3%	−58.1%	−65.5%	−53.7%	−60.4%	−39.8%	−65.2%	−38.9%

(출처) Bloomberg

"그렇구면. 결국 미 국채 금리와 하이일드 크레디트 스프레드 간에는 (-)의 상관관계가 있으니, 비율을 잘 맞추면 움직임과 상관없이 둘의 이자수익을 얻을 수 있다? 그러면 어떻게 결합하면 좋겠어?"

차 과장이 안 대리에게 양보합니다.

"안 대리가 이미 어떻게 결합해야 할지 잘 알고 있습니다아~. 안 대리 설명 부탁드립니다아~."

평소 백데이터를 항상 준비하는 안 대리는 회귀분석 자료와 함께 설명을 이어나갑니다.

"종목은 미 국채 7~10년을 대표하는 IEF US와 하이일드 채권의 크레디트 스프레드를 대표하는 HYHG US ISHARES INTEREST RATE HEDGED HY ETF를 결합합니다. 참고로 HYHG US의 기초자산 구성요소는 1) HYG US에 2) 이자율 스와프(고정 pay 변동 receive) 이 포함되어, 금리 영향 요소를 제거하고 오로지 하이일드의 크레디트 스프레드만 시장에 노출합니다. 결합비율은 최근 7년간의 회귀분석(그림 4-20)을 토대로 분석한 결과, IEF US 1단위당 HYHG US 약 0.6단위[10]를 섞으면 되는데요. 이 비율대로 진행하심이 어떨까요?"

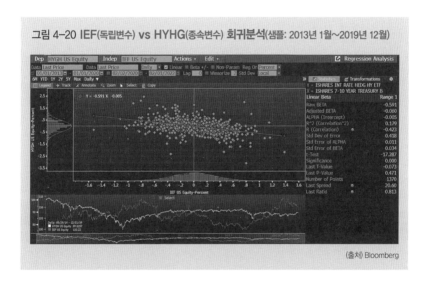

그림 4-20 IEF(독립변수) vs HYHG(종속변수) 회귀분석(샘플: 2013년 1월~2019년 12월)

(출처) Bloomberg

두 차장이 잠시 개입합니다.

"안 대리, 그런데 HYGH US 시가총액이 USD 1억 4,000만에 불과해서 유동성에 문제가 있을 수 있는데, 어떻게 생각하나?"

---

10 [그림 4-20]에서 최근 7년간 IEF(독립변수)와 HYHG(종속변수) 간 관계를 보면 회귀식이 HYHG 추정치 = -0.591×IEF-0.005임을 감안, 기울기의 근사치인 0.6을 적용한 것임

투자 자산 간 결합비율에만 신경을 써, ETF의 유동성 정도를 나타내는 시가총액에 대해서는 미처 생각을 못한 터였습니다. 이때 안 대리의 구원병 차 과장이 다시 나섭니다.

"차장니~임, 어차피 LP(유동성 공급자, Liquidiy Provider)가 있어서 500만~1,000만 달러 투자하는 것은 문제가 안 될 것으로 사료됩니다아~. 그리고 어차피 지정가로 두 종목을 동시에 살 것이기 때문에, 같은 브로커를 사용해서 리스크 거래를 하면 됩니다아~."

신 부장이 결정할 때가 되었습니다. 비록 팬데믹 이후 금리가 하락하고 주가가 급등을 하여, 단순한 듀레이션 베팅으로 채권투자를 하면 수익률이 낮을 것이 자명한 데다가, 재정정책에 따른 국채 공급 증가는 금리 상승을 불러일으킬 수 있습니다. 따라서 지난 2년 동안의 채권 금리 하락에 기대는 것보다, 시장의 변동성과 관계없이 꾸준한 수익을 낼 수 있는 전략(즉 크레디트 바벨 전략)이 적합하다고 판단합니다.

"좋아, 안 대리, IEF US 2,000만 달러에 HYHG 1,200만 달러, 오늘 밤 미국 장 열리면 리스크 거래로 동시에 사도록 해."

신 부장은 선배들의 이야기를 적으면서 회의록을 요약하고 있던 김 주임에게 한마디 덧붙입니다.

"김 주임, 이런 살아 있는 투자 회의는 어디서도 듣기 힘들어. 좋은 공부가 되었으면 좋겠어."

IEF US Equity(iShares 7-10 Year Treasury Bond ETF)

1. 개요
동 ETF는 미국 국채 중 잔존만기 7~10년 남은 상품을 편입한 ETF입니다. 벤치마크는 ICE U.S. Treasury 7-10 Year Bond Index(4PM, 3PM through 2021년 1월 29일)입니다.

2. 운용사
iShares는 BlackRock 계열로서 Spider(State Street), Vanguard와 함께 세계 3대 대형 ETF 운용사입니다.

3. 상장일 및 수수료
상장일은 2002년 7월이며, 총 수수료는 투자금의 0.15%입니다.

4. 시가총액
USD 239억(약 28조 6,000억 원)입니다(2023년 2월 기준).

5. 트래킹 에러
최근 1년 벤치마크 대비 약 0.2%(연환산) 수준입니다.

6. 포트폴리오 구성
잔존만기 7-10년 미국 국채

7. 이런 시장 상황에서 유리해요
동 상품 단독 편입의 경우, 통화정책 긴축 후반부터 (경기침체 후) 완화정책으로의 피봇이 일어날 때 유리합니다. 즉 경기침체 도래 시 인플레이션 하락 및 성장률 둔화로 중·장기 국채 금리가 정점을 찍고 하락하는 모습을 보일 것입니다. 또한 통화정책 피봇 기대감으로 금리가 추가 하락할 수 있습니다.
합성 전략으로는 음의 상관관계를 가지는 하이일드 채권형 ETF과 결합하여 시장 상황에 무관한 이자수익에 초점을 맞춘 크레디트 바벨 전략을 만들 수 있습니다.

8. 기간별 수익률(연환산 기준, %, 2023년 2월 말 기준)

1개월	3개월	6개월	YTD	1년	3년	5년
−3.3	−1.3	−4.0	0.4	−13.6	−5.3	0.3

9. 미국 국채 ETF 주요 내용(2023년 2월 현재)

구 분	IEF	VGIT	GOVT	SCHR
운용사	iShares	Vanguard	iShares	Schwab
시가총액($억)	238.6	134.7	212.9	76.7
상장일	2002-07-26	2009-11-23	2012-02-16	2010-08-05
벤치마크	ICE U.S. Treasury 7-10 Year Bo	Bloomberg U.S. Treasury 3-10 Y	ICE U.S. Treasury Core Bond In	Bloomberg U.S. Treasury 3-10 Y
수수료(%)	0.15	0.04	0.05	0.03
듀레이션(년)	7.6	5.1	6.0	5.0
만기 분포(%)				
1년 이내		0.1	0.5	
1~3년		1.2	34.3	
3~5년		46.4	18.3	47.7
5~7년	2.5	31.7	19.8	31.4
7~10년	96.3	20.7	7.5	20.8
10년 초과			19.2	
기타	1.1		0.4	0.2

HYGH US Equity(iShares Interest Rate Hedged High Yield Bond ETF)

1. 개요

동 ETF는 달러 표시 고정금리 하이일드 채권(신용등급 BB+ 이하 채권)의 금리 상승 위험을 헤지하기 위하여, 고정금리 지급 이자율 스와프를 포함한 상품입니다. 이자율 스와프 후 기초자산의 크레디트 스프레드의 움직임으로만 수익이 결정됩니다. 벤치마크는 BlackRock Interest Rate Hedged High Yield Bond Index입니다.

2. 운용사

iShares는 BlackRock 계열로 Spider(State Street), Vanguard와 함께 세계 3대 대형 ETF 운용사입니다.

3. 상장일 및 수수료

상장일은 2014년 5월이며, 총 수수료는 투자금의 0.52%입니다.

4. 시가총액

USD 1억 4,000만(약 1,680억 원)입니다(2023년 2월 기준).

5. 트래킹 에러

최근 1년 벤치마크 대비 약 0.2%(연환산) 수준입니다.

6. 포트폴리오 구성

HYG US+고정금리 지급 이자율 스와프

7) Top Fund Hlds | MHD »	Net Fund
11) iShares iBoxx High Yield Corpo	94.019%
12) BlackRock Cash Funds - Treasur	3.426%
13) CASH COLLATERAL USD XJPM	2.331%
14) SWP: USD 0.774500 01-APR-2030	1.481%
15) SWP: USD 0.326500 15-SEP-2025	1.305%
16) SWP: USD 1.417000 07-APR-2028	.830%
17) SWP: OIS 1.130500 18-NOV-2026	.590%
18) SWP: USD 1.233000 08-JUN-2028	.583%
19) SWP: OIS 1.321000 05-JAN-2029	.400%
20) SWP: OIS 1.445500 27-JAN-2029	.390%

(출처) Bloomberg

7. 이런 시장 상황에서 유리해요

경기사이클상 경기침체 후반기(중앙은행의 완화적인 통화정책으로의 변화 시작점)에서 경기확장 국면, 금리 상승과 스프레드 축소가 발생하는 구간까지 투자 시 수익을 얻을 확률이 높아집니다.

8. 기간별 수익률(연환산 기준, %, 2023년 2월 말 기준)

1개월	3개월	6개월	YTD	1년	3년	5년
0.3	2.0	7.0	2.7	4.6	4.0	3.4

9. 이자율 헤지 ETF 주요 내용(2023년 2월 현재)

구 분	HYGH	HYHG	HYZD	AGZD	IGBH	IGHG
운용사	iShares	Proshare	WisdomTree	WisdomTree	iShares	Proshare
시가총액($억)	1.4	1.2	1.8	2.4	0.9	3.7
상장일	2014-05-29	2013-05-23	2013-12-18	2013-12-18	2015-07-23	2013-11-07
벤치마크	BlackRock Interest Rate Hedged	FTSE High Yield (Treasury Rate-Hedged)	WisdomTree US High Yield Corpo	Bloomberg US Aggregate Zero Duration	BlackRock Interest Rate Hedged	FTSE Corporate Investment-Grad
수수료(%)	0.52	0.50	0.43	0.23	0.15	0.30
IG/하이일드	하이일드	하이일드	하이일드	IG	IG(장기)	IG
듀레이션(년)	4.0	4.2	4.1	4.0	5.6	5.2
만기 분포(%)						
1년 이내	0.3		4.1	4.3		
1~3년	17.9	9.1	13.4	22.3		
3~5년	32.1	35.3	26.8	17.9		
5~7년	30.1	33.1	33.1	13.1		9.2
7~10년	17.2	21.7	20.1	21.9		15.7
10년 초과	2.0	0.7	2.5	20.5	99.6	75.1
기타	0.5	0.1			0.4	

듀레이션은 짧게, 수익은 높게
SHYG(2021년 2월 8일)

2021년 1월 말 FOMC에서 파월 의장은 인플레이션에 대한 걱정이 현시점에서는 없으며 테이퍼링[11]에 대하여 명확하게 선을 그으면서 금리는 하락합니다. 그러나 시장의 생각은 이와 다릅니다. 2021년 2월 초 ISM 제조업 지표는 명확한 상승 시그널을 보내고 있습니다. 지난 주말, 미 상원에서 해리스 부통령의 캐스팅 보트 권한 행사로 약 1조 9,000억 달러 규모의 경기부양 법안이 통과되었습니다. 민주당이 다수당을 차지하고 있는 하원에서도 통과가 유력합니다. 연초 대비 미 국채 10년물은 25bp(0.25%) 상승하였습니다. 즉 작년 말 국채 금리 수준으로 매입을 했다면 지금 약 2.25%[12] 가격 하락한 셈입니다. 10년물 수익률이 1.1%임을 감안하면, 2.25% 하락분은 결코 무시할 수 없는 수준입니다.

반면에 주식시장과 크레디트 채권시장은 여전히 강세입니다. 적당한 인플레이션, 엄청나게 풀려 있는 유동성, 회복하는 경기지표, 그리고 관망 중인 연준까지, 모든 환경이 위험자산을 투자하기 적당한 환경입니다.

신 부장은 금리 하락에 기대를 걸고 한 '듀레이션 베팅 전략'의 전면 수정이 필요하다고 생각하고 있습니다. 차 과장에게 전화를 합니다.

"차 과장, 잠시 내 방으로 플리즈~."

---

11 Tapering: 중앙은행이 국채, MBS 등 채권을 매입하는 양적완화의 규모를 점차 줄여나가면서 궁극적으로는 대차대조표상 자산의 증가 없이, 자산의 만기도래하는 분에 대하여 재투자에 한하여 매입을 이어나가는 정책임.
양적축소(Quantitative Tightening 또는 Runoff): Tapering 단계를 지나, 중앙은행이 금리 인상 등 긴축정책을 시작하면 보유자산의 재투자를 종료 및 유통시장에 매각하여 대차대조표상 자산 규모를 줄여나가는 정책임.

12 듀레이션 9년이라고 가정할 때, $\triangle P/P \approx -Duration \times \triangle r$(이자율변화) = $-9 \times$ (+0.25%)

"예~, 3초 내로 뛰어가겠습니다아~."

차 과장은 다이어리와 미리 준비한 상품 아이디어 자료를 들고 신 부장의 방으로 들어갑니다.

"찾으셨습니까아~."

"우선 지난달에 투자한 커브 스티프닝 전략은 어찌 잘 되어가고 있나?"

지난달에 제로금리하에서 장기 금리 상승을 예상, 장·단기 커브 스티프닝 전략의 성과를 통하여, 신 부장은 현재 시장에 대한 자신의 생각을 정리하고자 합니다.

"예에~, 부장님. 안 그래도 제가 지난 1월 8일 종가로 매입한, TBX 300만 달러 및 VGSH 1,200만 달러에 대한 손익을 가져왔습니다아~(그림

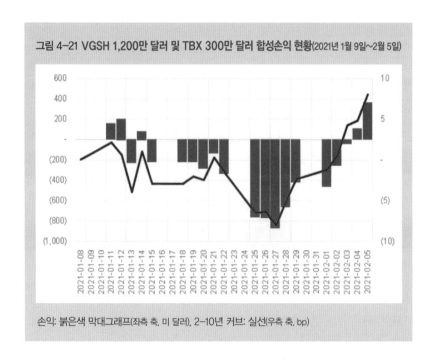

그림 4-21 VGSH 1,200만 달러 및 TBX 300만 달러 합성손익 현황(2021년 1월 9일~2월 5일)

손익: 붉은색 막대그래프(좌측 축, 미 달러), 2-10년 커브: 실선(우측 축, bp)

4-21)."

"투자했을 때보다는 2-10년 구간 8bp(0.08%) 확대되었고요. 이에 따라 손익도 미세하기는 하지만 저희 본부 회식예산 정도인 360달러 정도 벌었습니다아~."

"차라리 밸런타인 30년산 가격이라고 해라. 하하. 그래도 시도 자체가 좋았어. 앞으로 장·단기 커브도 더 확대될 거 같아?"

"예에~, 2008년 금융위기 이후 제로금리 및 양적완화를 통하여 2-10년 커브가 최대 291bp(2.91%)까지 확대된 적이 있습니다아~. 요즘 흘러나오는 테이퍼링과 관련해서도 2013년도 6월에 갑자기 확대된 모습을 보였습니다아~. 반면에 지금은 105bp(1.05%)에 불과합니다. 현재와 비슷한 분위기라면 충분히 200bp까지 갈 것입니다아~."

미스터 민답게 차 과장은 커브 확대를 확신합니다.

"듣는 것만 해도 기분이 좋은데? 200bp까지 확대가 되면 지금 8bp에 360달러이니까, 25배를 곱하면 9,000달러 버는 거네. 금리 위험 없이 그 정도 수익이면 나쁘지 않다고 봐. 그래서 IB들은 이러한 포지션을 잡을 때 수억 달러를 투자하는 것이지. 차 과장, 그러면 현재 크레디트 채권시장은 어때? 사실 커브 스티프닝은 경기가 확장국면에 있을 때 일어나는 일 아니야?"

신 부장은 화제를 전환하여 크레디트 채권 현황을 물으며 자신의 생각을 정리합니다.

"맞습니다아~. 지금 경기지표도 좋고 민주당 정부가 재정부양을 2조 가까이 지출한다는 것 아니겠습니까? 크레디트 시장은 호조를 보일 겁니다. 한 가지 변수는 코로나 변이 출연으로 작년 6월처럼 델타변이로 인하여 시장이 혼란에 빠지고, 결국 연준이 회사채를 매입하고서야 안정이 되었던 사례가 반복될 수 있다는 것입니다아~."

"그러면 현재 크레디트 스프레드, 또는 이를 대용할 수 있는 지표가 있는가?"

차 과장은 다이어리에 끼워놓은 그래프 2개가 포함된 장표 한 장을 신부장에게 전달합니다.

"예에~, 블룸버그를 통하여 크레디트 스프레드를 확인할 수 있습니다. 티커는 LUACOAS Index라고 미 투자등급 기업의 옵션 조정 스프레드[13]를 지칭합니다아~. 현재 이 스프레드 추이는 [그림 4-22] 그래프와 같습니다아~.

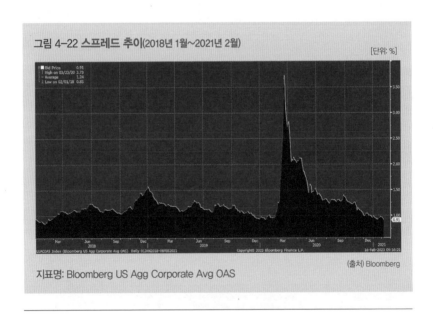

그림 4-22 **스프레드 추이**(2018년 1월~2021년 2월)

[단위: %]

지표명: Bloomberg US Agg Corporate Avg OAS

(출처) Bloomberg

---

13 OAS(Option Adjusted Spread)라고 한다. 조기상환권리가 포함된 채권의 스프레드는 그것이 포함되지 않은 채권보다 높다. OAS는 이러한 옵션을 제거한 후의 스프레드를 일컫는 용어이며, 주로 MBS같이 조기상환으로 인한 가치 변동성이 높은 상품에 사용된다. 참고로 투자등급 채권의 경우, 원활한 차환발행을 위하여 법정만기 3개월 전 발행사가 조기상환을 할 수 있는 권리를 포함하는 경우가 있는데, 그 권리가치는 매우 작은 수준이다.

그림 4-23 S&P 500 P/E ratio 역수 - 미 10년 국채 금리 추이(2018년 1월~2021년 2월)

[단위: bp]

그런데 말입니다아~. P/E 비율을 역산하면 현재 내가 얻을 수 있는 주식 수익률이 됩니다아~. 이 수익률에서 Treasury를 차감하면 주식시장에서 내가 짊어져야 할 위험 프리미엄이 됩니다아~(그림 4-23).

2020년 팬데믹 이후에 지속적으로 스프레드가 축소하는 모습을 보입니다. 그러나 스프레드에 베팅을 하기에는 투자등급이나 주식시장의 위험 프리미엄 수준이 낮습니다."

"차 과장, 지금 스프레드에 베팅하여 크레디트 스프레드 상품을 담기에는 그 위험보상이 너무 낮은 거 아냐?"

"맞습니다아~. 역시 부장님께서는 장고[14]의 눈을 가지셨습니다아~. 이럴 때는 듀레이션을 최소화하되 높은 이자수익을 얻을 수 있는 상품을 투

---

14 미국 애니메이션 TV물 〈우주보안관 장고〉(1987)의 주인공으로, 각종 초능력으로 우주의 악당들과 싸워 물리침

자하는 것이 적합한 거 같습니다아~."

"거기에 적합한 상품이 있나? 지금 하도 금리가 낮아서 이자수익이 충분히 나오는 상품이 별로 없을 텐데."

차 과장은 본인이 직접 만든 상품 아이디어 2페이지를 전달합니다.

"경기확장 국면이니 하이일드 상품을 투자하면 기본 이자수익이 높기 때문에 부장님께서 원하시는 조건에 부합합니다아~. 여기에 듀레이션 짧은 상품을 찾았더니 SHYG US라는 상품이 적합해 보였습니다아~."

"자, 그러면 이 상품이 듀레이션이 짧고 수익률이 높다는 것을 한번 보여줘."

"예에~, ETF 이름 자체가 iShares 0-5 Year High Yield Corporate Bond ETF로 주로 짧은 잔존만기의 하이일드 채권을 편입하고 있습니다아~. 2021년 2월 5일자 듀레이션은 1.8년, 스프레드는 약 397bp로,[15] 이

그림 4-24 기초자산 allocation

Top Industry Groups	02/14/23	Top Geographic	02/14/23	Top Assets	02/14/23
Utilities	7.35%	U.S.	77.97%	Corporate	100.288%
Media	7.30%	Canada	4.72%	Government	.053%
Telecommunications	5.97%	Cayman Islands	2.61%	Equity	.002%
Commercial Services	4.90%	Netherlands	2.35%	Mortgage	.000%
Pipelines	4.70%	U.K.	2.35%	Preferred	.000%
Entertainment	4.39%	Luxembourg	1.22%	Municipal	.000%
REITS	4.26%	Bermuda	1.12%	Cash and Other	-.343%
Lodging	4.03%	Italy	.95%		
Healthcare-Services	3.96%	Ireland	.89%		
Aerospace/Defense	3.93%	France	.86%		
(i) Hlds Anlys | PORT »	02/14/23	BBG Composite Rating	02/13/23	Maturities	02/13/23
Top 10 Hdlings % Port	6.03	B	45.64%	3 - 5 yrs	58.80%
		BB	43.29%	1 - 3 yrs	36.80%
		CCC	10.00%	0 - 1 yr	4.07%
		NR	.67%	5 - 7 yrs	.33%
		CC	.28%		

(출처) Bloomberg

---

15 동 상품 현재 듀레이션 2.4년 및 옵션 조정 스프레드 337.8bp이며, 현재 국채 2년 감안한 수익률은 약 8%에 달한다. 당시 수치는 블룸버그 데이터를 토대로 추정한 것이다.

(출처: https://www.ishares.com/us/products/258100/ishares-05-year-high-yield-corporate-bond-etf)

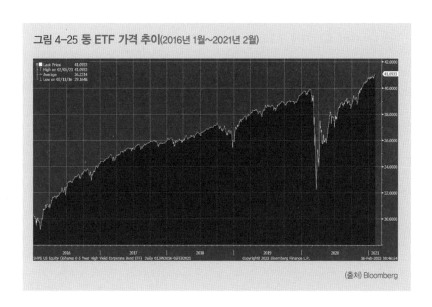

그림 4-25 동 ETF 가격 추이(2016년 1월~2021년 2월)

(출처) Bloomberg

를 감안한 수익률은 약 4.08%(2.5일자 2년 국채 금리 1.05% 감안)입니다아~.
시가총액은 46억 달러로 수천만 달러를 장내에서 매매하는 데 문제없습
니다아~. 기초자산 allocation(그림 4-24) 및 최근 5년간 가격 추이는 [그림
4-25]와 같습니다아~.”

신 부장은 기초자산의 잔존만기별 비중에 대하여 의문이 듭니다. 듀레이
션은 2년이 채 안 되는데, 3~5년 만기가 60%에 가까운 이유를 말입니다.

“차 과장, 잔존만기 비중을 보면, 듀레이션 대비해서 3~5년 비중이 너무
높은데? 이러면 듀레이션도 3~5년으로 형성되어야 하는 거 아냐?”

기다렸다는 듯 차 과장이 대답합니다.

“아~아, 부장님. 하이일드 채권의 구조는 투자등급 채권과는 조금 다른
게 장기 채권이라도 발행 2~3년이 지나면 발행사가 조기상환을 할 수 있
는 권리가 있거나, 투자자가 동 기간 후에 상환을 요구하는 풋옵션이 있을
수 있습니다아~. 예를 들어 이렇습니다아~.

그림 4-26 하이일드 발행 개요의 예(AMM Healthcare Incorporation)

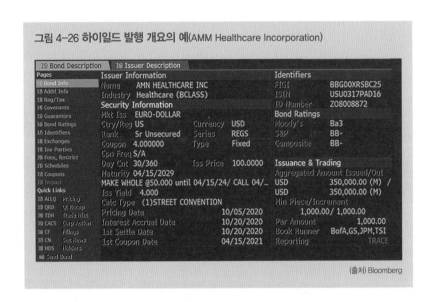

(출처) Bloomberg

이 채권의 법정만기는 2029년 4월 15일입니다만, 발행사의 조기상환 권리행사일은 다음과 같습니다아~.

그림 4-27 조기상환 권리행사일(Call Option) 예

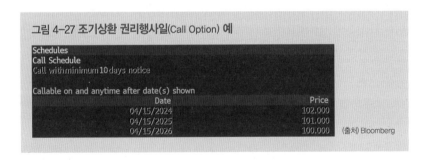

(출처) Bloomberg

조기상환 실행 여부는 시장금리와 지급해야 할 쿠폰이자의 차이, 발행사의 재무상태 등에 의하여 결정되는데, 일반적으로 조기상환을 이러한 저금리 기조하에서는 자주 하는 편입니다아~. 그러므로 실질 듀레이션이 낮은 것입니다아~."

이제야 신 부장은 이 상품에 대하여 완벽하게 이해합니다. 듀레이션이 낮아 금리가 상승하더라도 가격 민감도도 낮으며, 하이일드의 특성상 이자 수익(캐리)도 높습니다. 경기부양, 제로금리 등 경기확장을 위한 환경입니다. 현 상황에 가장 적합한 상품이라고 그는 결론을 내립니다.

이제 결정의 시간!

"차 과장, 시장에서 2,000만 달러만 3일 동안 분할 매수하도록 해."

SHYG US Equity(iShares 0-5 Year High Yield Corporate Bond ETF)

1. 개요
동 ETF는 잔존 실질만기 5년 이내의 하이일드 채권을 주로 편입한 상품입니다. 벤치마크는 Markit iBoxx USD Liquid High Yield 0–5 Index입니다.

2. 운용사
iShares는 BlackRock 계열로 Spider(State Street), Vanguard와 함께 세계 3대 대형 ETF 운용사입니다.

3. 상장일 및 수수료
상장일은 2013년 10월이며, 총 수수료는 투자금의 0.30%입니다.

4. 시가총액
USD 63억(약 7조 6,000억 원)입니다(2023년 2월 기준).

5. 트래킹 에러
최근 1년 벤치마크 대비 약 2.6%(연환산) 수준입니다.

6. 포트폴리오 구성
하이일드 기업 발행한 단기채

7. 이런 시장 상황에서 유리해요
완화적인 통화정책 유지, 경기부양으로 경기확장 국면에서 기준금리 인상 등 긴축정책을 검토하는 경기확장 후반에 장·단기 금리 차 확대되고, 크레디트 스프레드 및 주식 등 위험자산 선호 여전히 강합니다. 이때 듀레이션은 축소하면서도 캐리수익을 높일 수 있는 동 상품이 유리합니다.

8. 기간별 수익률(연환산 기준, %, 2023년 2월 말)

1개월	3개월	6개월	YTD	1년	3년	5년
-1.0	0.5	3.9	2.2	-0.5	2.1	3.0

9. 단기 하이일드 ETF 주요 내용(2023년 2월 현재)

구 분	SHYG	SJNK	HYS	AHYG
운용사	iShares	Spider	Pimco	iShares
시가총액($억)	63.3	38.9	13.4	17.8
상장일	2013-10-17	2012-03-15	2011-06-16	2011-12-05
벤치마크	Markit iBoxx USD Liquid High Yield	Bloomberg US High Yield 350M Corporate	ICE BofA 0-5 Year US High Yield	iShares USD Asia High Yield Bond
수수료(%)	0.30	0.40	0.55	0.5
듀레이션(년)	2.6	2.7	2.4	2.7
신용등급(%)				
BB	43.5	39.8	38.6	29.9
B	45.8	46.4	46.7	15.0
CCC	9.9	9.8	9.6	2.9
CC	0.3	0.5	0.3	-
기타/무등급	0.8	2.0	1.1	52.2

이제 기대인플레이션 상승이다
INFU (2021년 3월 5일)

"금리 천장이 뚫린 거 같구먼. 재정정책에, 제로금리에, 무제한 양적완화에, 주위에 온통 돈이야. 독일 바이마르 공화국 때 하이퍼인플레이션[16] 떠오르지 않아?"

신 부장이 블룸버그 단말기를 보면서 한숨을 내쉽니다. 금년 10년물 미국 국채 금리는 전년 말 대비 65bp(0.65%) 상승하였습니다. 민주당은 상·하원 다수당의 지위를 활용하여 1조 9,000억 달러 규모의 재정지출 법안을 제출, 통과시킵니다. 아직은 CPI가 2% 아래에 있지만, 미국의 대표적인 생산자 물가지표이자 CPI의 선행지표로 알려진 ISM^Institute for Supply Management(생산자협의회) Price Paid Index가 물가 상승 및 확장의 기준선인 50을 훌쩍 넘어, 지난 달 기준 86을 기록합니다(그림 4-28).

'앞으로 물가가 정말 말썽을 부릴 거야.'

"두 차장, 경기가 회복하는 것이 눈에 보이는데 너무 돈을 풀어놓아서 금리가 더 오를 거 같지 않아?"

"부장님, 그렇게 보입니다. 지금 중앙은행들이 국채 매입으로 시장을 안정시키려고 하는데 돈을 더 푸는 꼴이 되어서 본질적인 해결책은 아닙니다. 여기에 연준에서는 물가 압력을 단순히 공급망 붕괴로 간주해서 저절로 해결될 것이라고 하지 않습니까."

---

16 제1차 세계대전(1914~1918) 종전 후 미국, 프랑스, 영국 등 승전국은 독일에게 약 1,320억 금 마르크를 배상금으로 부과하였다. 이미 전쟁비용을 충당하기 위하여 엄청난 양의 채권을 발행한 독일로서는 배상금을 갚기 위하여, 화폐발행을 남발하면서 1921년부터 약 2년간 물가가 1,000배 이상 상승하였다.

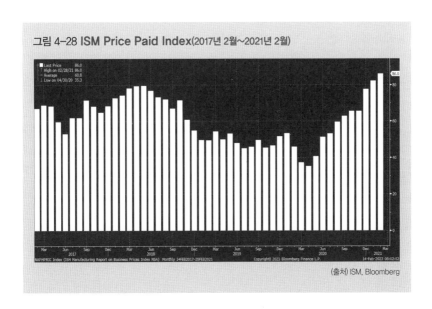

그림 4-28 ISM Price Paid Index(2017년 2월~2021년 2월)

(출처) ISM, Bloomberg

두 차장이 지적한 대로 코로나로 인한 장기간의 셧다운으로 생산 및 유통이 제대로 되고 있지 않은 것이 사실입니다. 사회적 거리두기, 그리고 작년 주가 상승 및 저축량 증가로 개인의 가처분 소득이 증가하면서 '조용한 퇴사'가 증가하였습니다. 이는 일손 부족으로 이어집니다. 해외에서 들어오는 컨테이너선을 정박, 하역할 인력이 없습니다.

"부장님, 사회적 거리두기가 해제되어서 경제활동이 정상화되더라도, 지금 쉬고 있는 인력들이 한꺼번에 노동시장에 복귀할 거 같지는 않습니다. 경제활동이 서서히 살아나서 지표가 좋아지고 있는데, 기업들의 구인난은 심각해지니 물가 압력을 받을 것이 분명합니다."

두 차장이 지난 달에 장·단기 금리 스티프닝(확대)에 포지션을 취한 것도, 결국 물가가 상승하는데 연준이 적극적으로 나서지 않을 것이라는 예상에 기인합니다.

"지난 달에 커브 스티프닝 투자의 연장선상에서 말이야. 지난 번 물가연동채권TIPS에 투자한 것처럼 물가 쪽에 투자를 좀 하고 싶은데, 금리가 오르고 있어서 말이야. 좋은 아이디어 없을까?"

"기대인플레이션에 투자하면 어떻습니까?"

신 부장은 반문합니다.

"기대인플레이션이라 함은 3~5년 후에 예상하는 인플레이션이잖아. 이걸 어떻게 측정하는가?"

"보통 기대인플레이션을 'Breakeven rate'라고도 합니다. 이 수식은 '명목금리 – 실질금리'입니다. 가령 5년 후 기대인플레이션을 5년 Breakeven rate라고 표현하는데요. 이것은 '5년 명목금리 – 5년 실질금리'의 식으로 바꿀 수가 있습니다."

두 차장이 한 장의 그래프를 신 부장에게 건넵니다(그림 4-29).

"보통 기대인플레이션을 투자하는 기준만기는 10년입니다. 이 그래프는 10년 Breakeven을 보여주는데요. 실질금리는 물가연동채권의 수익률, 즉 '명목금리 – 인플레이션'이 되니까 다음과 같은 식이 완성됩니다."

10년 Breakeven ~ 10년 국채 금리 - 10년 TIPS

"이 식에서 '≈' 표시는 어떤 의미인가?"

신 부장은 왜 양변이 근사치로 같은지 궁금하여 질문합니다.

"예, TIPS 상품의 공급량, 그리고 수요에 따른 가격 영향 요인 등이 들어가므로 TIPS를 100% 실질금리라고 단정지을 수 없기 때문입니다. 그러나 대부분 명목금리와 인플레이션 간의 차이가 이 상품의 가격결정 요인이기 때문에, 대체로 등식이 성립한다는 말씀입니다."

"진짜 Breakeven, 아니 기대인플레이션이 많이 올랐구먼. 그러면 이와

그림 4-29 10년 Breakeven 추이(2018년 1월~2021년 3월)

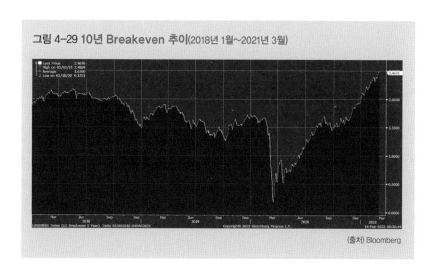

관련한 상품이 있나?"

신 부장은 당장 이 상품을 투자하고 싶습니다.

"예, 미국에 상장되어 있지는 않지만, 영국 증시에 INFU LN이라는 ETF 가 상장되어 있습니다. 운용사는 Lyxor라는 프랑스계 대형 운용사이며, 부장님께서 잘 아시다시피 소시에떼 제네랄이라는 글로벌 투자은행으로 부터 아문디 그룹이 인수한 회사입니다. 포지션은 10년 TIPS 매수와 10 년 미 국채 매도 포지션으로 되어 있으며, Breakeven이 상승할수록 이익 을 얻을 수 있는 구조입니다(그림 4-30)."

"운용사에서 직접 미 국채를 공매도한 포지션이구먼. 그러면 정리를 하 면 이렇구먼. 코로나 팬데믹의 절망에서 벗어나 부분적으로 경제활동이 회복되어가고 있는데, 시중에 돈은 너무 많이 풀려 있는 데다가 경기부양 을 위한 재정정책까지 더해져서 경기가 자칫 과열될 우려가 있다.

여기에 공급망 붕괴 및 인력 부족으로 물가가 상승하고 있는데, 연준은 이를 일시적인 요인이라고 간주하며 완화적인 스탠스를 유지하고 있다.

그림 4-30 기초자산 현황

	% of assets (Index)
TII 0.125% 01/32	27.97%
TII 0.625% 07/32	27.83%
TII 0.125% 07/31	20.09%
TII 0.125% 01/31	12.17%
TII 0.125% 07/30	7.42%
TII 0.125% 01/30	4.51%
US TSY 0.625% 08/30	-0.49%
US TSY 0.875% 11/30	-0.66%
US TSY 0.625% 05/30	-4.12%
US TSY 1.125% 02/31	-6.97%
Total	**87.76%**

(출처) Factsheet(2023년 1월 말 기준)

그래서 결국 인플레이션이 상승할 것인데, 금리가 오르니까 실질금리보다는 기대인플레이션 상품에 투자하는 것이 적합하다. 기대인플레이션 포지션은 '국채 매도와 물가연동국채TIPS 매수'이다. 이를 구현한 ETF는 INFU LN이다."

"빙고!"

두 차장답지 않게 환한 미소로 신 부장의 정리에 답합니다.

"투자의 마지막 코스, 유동성을 체크해야 합니다."

"이거 시가총액이 어느 정도인가?"

"예, 약 4억 달러 수준으로 장내에서도 거래 가능하지만, 유럽에 상장되어 있는 ETF는 주로 기관투자자가 중심이므로 장외에서 리스크 거래로 매입하는 것이 유리하다고 봅니다."

신 부장의 결정 타임!

"좋아, 2,000만 달러만 오늘부터 일주일 동안 분할 매수하도록 해."

INFU LN Equity(Lyxor US$ 10Y Inflation Expectations UCITS ETF)

1. 개요
동 ETF는 10년 Breakeven(기대인플레이션) 수익을 추종하는 ETF입니다. 벤치마크는 Markit iBoxx USD Breakeven 10-Year Inflation Index입니다.

2. 운용사
Lyxor는 아문디 그룹 계열의 프랑스계 ETF 전문 운용사입니다. 자산운용 규모 약 1,670억 유로(220조 원)로 유럽계 ETF 운용사 1위이며, 아문디 그룹에 인수되기 전에는 프랑스의 대표적인 투자은행이자 파생상품에 강점을 보인 소시에떼 제네랄 계열사였습니다. 이의 영향으로 동사의 ETF 운용 구조에는 파생상품이 다수 포함이 되어 있습니다.

3. 상장일 및 수수료
상장일은 2016년 5월이며, 총 수수료는 투자금의 0.25%입니다.

4. 시가총액
USD 7,000만(약 890억 원)입니다(2023년 2월 기준).

5. 트래킹 에러
최근 1년 벤치마크 대비 약 0.1%(연환산) 수준입니다.

6. 포트폴리오 구성
잔존만기 10년 미국 국채 매도 + 잔존만기 10년 내외 TIPS 매수

7. 이런 시장 상황에서 유리해요
경기회복기에서 경기확장기에 접어들어 현재 기대인플레이션 및 금리 상승 시 유리합니다. 특히 경기부양을 위한 재정정책 뉴스에서 시행까지의 기간 중 투자 시 유효합니다.

8. 기간별 수익률(연환산 기준, %, 2023년 2월 말)

1개월	3개월	6개월	YTD	1년	3년	5년
1.6	1.6	−0.3	1.3	3.0	5.7	2.6

경기확장
마무리

금리 상승 헤지와 스프레드 안정을 취하는 상품이 있습니다
BKLN US (2018년 1월 15일)

3월 정기인사 때 본부장 승진을 노리는 장대성 외화채권부장은 연준의 긴축 스탠스에 긴장합니다. 연초부터 일본, 중국 등 미국 국채 보유 1~2위 국이 국채 보유량을 축소하였다는 뉴스, 미국 외 주요 중앙은행이 금리 인상을 준비[17]하고 있습니다. 작년 말(2017년) 트럼프 대통령의 공약이었던 감세안이 양원을 통과하면서 재정은 국채 발행으로 채워야 할 판입니다. 감세로 인한 경기부양 효과는 분명 있을 것입니다. 비록 연방정부 숏다운 이슈가 있긴 하지만, 10여 년간 지속해온 완화적인 통화정책을 공식적으로 마감하고 과열된 경기(엄밀히 말하자면 금융시장)를 잠재우기 위한 긴축이 필요한 상황입니다. 그러나 하필이면 왜 임원으로의 승진을 앞둔 상황에서 일어나는 지, 장 부장은 이해가 되면서도 화가 납니다.

---

17 캐나다중앙은행, 기준금리 인상 1.00% → 1.25% (2018. 1. 17)

아침에 역시 대리 승진을 앞둔 안예슬 주임이 손익 작성이 늦어지자 '고래 선생'의 본성이 드러납니다.

"이놈들, 손익표 작성이 그렇게 어려운 일이냐? 왜 이렇게 늦게까지 안 주냐?"

"죄송합니다, 부장님. 아침에 인트라넷이 안 좋다고 IT보안부에서 연락이 왔습니다. 지금 막 복구되었으니 금방 갖다 드리겠습니다."

안 주임은 장 부장의 화난 목소리에 가뜩이나 긴장해 있어서 목소리가 더더욱 떨립니다.

15분 후 안 주임은 손익표를 프린트하여 장 부장에게 갖다 줍니다.

"부장님, 죄송합니다. 전일 대비 5억 원 손실이며, 금년 총 손익은 마이너스 30억 원입니다."

"뭐야? 금리가 얼마나 튄 거야?"

"10년물 기준 8bp(0.08%)입니다."

"뭐야? 얼마 튀지도 않았는데 벌써 30억 원 날렸어? 이자율 스와프[18]로 금리 헤지를 안 했어?"

'아니, 작년 가을에 이자율 스와프 절대 하지 말라고 고래고래 소리를 질렀거늘.'

작년 가을, 두동강 차장이 부서 회의시간에 장 부장에게 이자율 스와프를 건의하던 장면이 안 대리의 기억에 생생합니다.

"두 차장, 금리 올라가면 내 손에 장을 지져. 트럼프 지금 아무것도 못하

---

18 고정금리 채권을 매입할 경우, 은행에서는 '고정금리 지급 & 변동금리 수취'의 이자율 스와프를 통하여 금리 상승 위험을 상당 부분 제거할 수 있다. 반대로 은행에서 외화채권을 발행, 조달하였을 경우 '고정금리 수취 & 변동금리 지급'의 이자율 스와프를 시행하여 금리 하락 시 손실을 헤지한다.

잖아. 마이너스 금리 하라고 파월을 연준 의장에 임명한 거잖아. 이자율 스와프 절대 하지 마. 금리 하락을 즐기란 말이야."

"부장님, 지금 경기지표들을 보면 완연한 확장기입니다. ISM 제조업 지수(그림 4-31)도 50을 훌쩍 넘었고요, GDP(그림 4-32)도 상승 중입니다. 기대 인플레이션인 Breakeven 10년(그림 4-33)도 상승하고 있습니다. 연준이 금리를 올릴 수 있는 충분한 환경입니다. 이미 비둘기파인 옐런 의장의 연임을 못하게 하고 파월을 새 의장으로 임명하였지만, 파월은 분명 전임자와 다른 행보로 주목을 끌려고 할 겁니다. 그것이 지속적인 금리 인상입니다."

그로부터 3개월이 흐른 지금, 두 차장 말대로 경기확장 및 금리 상승 압력을 받고 있습니다. 지금이라도 장 부장은 가을에 뱉었던 말을 주워 담고 금리 상승에 대비해야 할 시점입니다. 두 차장을 부장실로 부릅니다.

"부르셨습니까?"

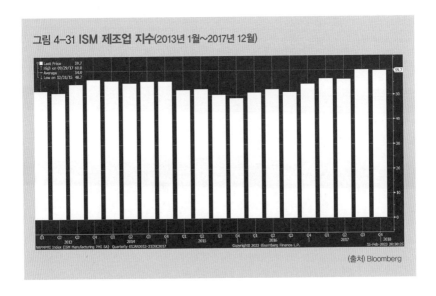

그림 4-31 ISM 제조업 지수(2013년 1월~2017년 12월)

(출처) Bloomberg

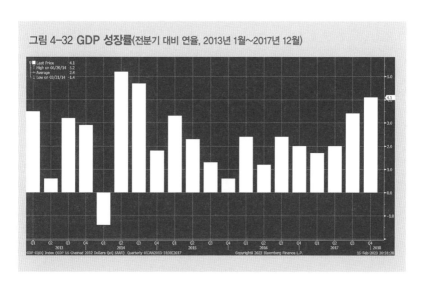

그림 4-32 **GDP 성장률**(전분기 대비 연율, 2013년 1월~2017년 12월)

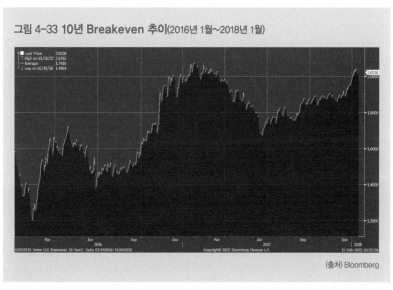

그림 4-33 **10년 Breakeven 추이**(2016년 1월~2018년 1월)

(출처) Bloomberg

"두 차장, 내가 작년에 이자율 스와프 하지 말라고 했다고 지금 손실 본 걸 나한테 그 책임이 있다고는 하지 마. 시장을 제대로 모니터링하고 있었어야지. 그래서 나한테 보고를 제대로 했어야 하는 거 아닌가?"

적반하장도 유분수입니다. 그러나 지금이라도 늦지는 않았습니다. 마음에 안 들면 고래고래 소리 지르면서 공포 분위기를 조성하는 능력은 장 부장이 최고입니다.

"부장님, 저희가 시장을 놓친 것에 대하여는 죄송하게 생각합니다. 그러나 분명히 제가 가을에 이자율 스와프를 통하여 금리 헤지를 해야 한다고 말씀드렸습니다. 그것을 강하게 반대한 것은 부장님이셨고요."

"그래서 모든 게 내 탓이다?"

장 부장의 목소리가 높아집니다. 한 단계 더 나아가면 컵이 날라 갈 판입니다.

"어쨌든 죄송하게 되었습니다. 지금이라도 늦지는 않았습니다. 경기 상황은 좋아서 이자율 스와프만 해놓으면 크레디트 스프레드는 추가로 축소될 수 있어서 손익이 플러스로 돌아설 거라고 봅니다."

화가 목젖까지 차오르지만 참아야 합니다. 장 부장이 화는 내고 있지만, 시장을 제대로 인식하였으니 지금 투자 아이디어를 보고하는 것이 더 나은 환경입니다.

"부장님, 이러한 경기확장 국면에서 좋은 ETF가 있습니다. 분명히 투자 효과가 있을 겁니다. 부장님 이번 정기인사에도 충분히 어필이 가능할 겁니다."

장 부장 얼굴에 화색이 돕니다.

"그래? 어떤 상품이야?"

"네, 미국의 선순위 대출채권(시니어 론이라고 부릅니다)을 편입한 ETF입니다. 티커는 BKLN US, 미국의 대형 운용사인 인베스코가 운용하는 ETF입니다. 미국에서의 시니어 론은 대부분 변동금리 기반의 대출입니다."

"두 차장은 금리가 계속 오름에도 경기 상황은 좋아질 것으로 믿고 있나?"

Top Industry Groups	02/14/23	Top Geographic	02/14/23	Top Assets	02/14/23
Software	12.09%	U.S.	80.31%	Corporate	88.367%
Retail	7.30%	Canada	4.47%	Cash and Other	7.540%
Insurance	7.02%	Luxembourg	3.41%	Government	4.093%
Media	5.97%	Cayman Islands	1.86%	Mortgage	.000%
Commercial Services	5.78%	Netherlands	1.07%	Preferred	.000%
Pharmaceuticals	5.42%	U.K.	1.04%	Municipal	.000%
Airlines	4.26%	France	.14%	Equity	.000%
Sovereign	4.09%	Japan	.07%		
Computers	4.02%				
Telecommunications	3.97%				

@ Hlds Anlys | PORT »	02/14/23	BBG Composite Rating	02/14/23	Maturities	02/14/23
Top 10 Hldings % Port	24.15	B	56.62%	5 - 7 yrs	36.22%
		BB	23.24%	3 - 5 yrs	33.36%
		BBB	5.00%	1 - 3 yrs	15.71%
		CCC	.79%	Not Classified	13.56%
		NR	.04%	0 - 1 yr	.74%
				7 - 10 yrs	.41%

(출처) Bloomberg

장 부장은 시장 상황을 확인하고 싶어 합니다.

"경기가 과열되어 있고 연준이 금리를 본격적으로 올리기는 하겠지만, 현재로써는 베이비스텝, 즉 3개월에 25bp씩 올리는 그림입니다. 크레디트 스프레드는 안정적으로 유지할 것으로 보입니다. 변동금리 자산, 특히 등급이 낮지만 비교적 탄탄한 미국 기업들의 시니어 론(그림 4-34)이 매력이 있다고 생각합니다."

"장내에서 거래할 만큼의 유동성은 어때?"

"현재 78억 달러 규모의 시가총액이니 장내에서 몇천만 달러를 매입해도 문제없습니다."

장 부장은 의사결정 전 정리를 합니다.

"두 차장 말대로 경기가 확장 국면에 있어서 위험자산에 대한 수요가 높고 가격 상승 및 크레디트 스프레드 축소 여력이 있다. 맞지?"

"예, 그렇습니다."

"그런데 연준은 본격적으로 금리를 올리려고 한다. 금리가 올라가면 이자율 스와프를 하지 않고 듀레이션 베팅을 하는 채권가격은 떨어지지만, 이자율 스와프를 하거나 변동금리 자산을 매입하면 크레디트 스프레드에만 노출이 되어서 오히려 가격 상승이 기대된다. 이 중에서 시니어 론을 기반으로 한 BKLN US 같은 ETF가 매력이 있다. 맞지?"

"예, 그렇습니다."

장 부장은 마음을 가다듬고 결정을 합니다.

"좋아, 500만 달러 투자해."

보수적이고 비관론자이긴 하지만, 두 차장은 한번 투자를 하면 기본 1,000만 달러는 하는 스타일입니다.

"부장님, 매수 액수가 좀 적은데요. 1,000만 달러 어떻습니까? 그 정도는 되어야 의미 있는 수익이 나올 수 있습니다."

장 부장은 다시 목소리를 높입니다.

"아니, 500만 달러도 내가 엄청 신경 써서 내린 결정인데, 너무 적다고? 좋아. 작년에 이자율 스와프 하지 말라고 내가 결정한 거 생각해서 좀 양보하지. 630만 달러 투자해. 그것이 내 최선이야, 알겠지? 그리고 매일 종가 기준으로 손익 보고해줘."

BKLN US Equity(Invesco Senior Loan ETF)

1. 개요
동 ETF는 벤치마크인 Morningstar LSTA US Leveraged Loan 100(매주 조기상환 원금을 감안, 리밸런싱 하며 발행사별 2%를 넘지 않음)를 추종하는 미국 기업 중심의 시니어 론을 편입하고 있습니다.

2. 운용사
인베스코는 iShares, Spider(State Street), Vanguard 뒤를 잇는 미국 내 4위의 대형 운용사입니다.

3. 상장일 및 수수료
상장일은 2011년 3월이며, 총 수수료는 투자금의 0.65%로 패시브 ETF 감안 비싼 편입니다.

4. 시가총액
USD 43억 6,000만(약 5조 2,000억 원)입니다(2023년 2월 기준).

5. 트래킹 에러
최근 1년 벤치마크 대비 약 3.3%(연환산) 수준입니다.

6. 포트폴리오 구성
80% 이상, 미국 소재 기업이 차입한 변동금리부 선순위 대출채권(시니어 론)

7. 이런 시장 상황에서 유리해요
오랜 기간 동안 완화적인 통화정책 유지, 경기부양으로 경기확장 국면에서 기준금리를 완만하게 인상하는 경기확장 후반 및 긴축 초기에, 금리 상승과 크레디트 스프레드 축소 현상이 나타나므로 변동금리부 자산(고정금리 지급의 이자율 스와프분 포함)이 유리합니다.

8. 기간별 수익률(연환산 기준, %, 2023년 2월 말 기준)

1개월	3개월	6개월	YTD	1년	3년	5년
−0.1	2.9	3.6	3.3	1.8	2.5	2.3

9. 시니어론 및 변동금리채권 ETF 주요 내용(2023년 2월 현재)

구 분	BKLN	SRLN	FTSL	FLOT	VRIG	FLRN
운용사	Invesco	Spider	First Trust	iShares	Invesco	Spider
시가총액 ($억)	43.6	61.1	26.7	82.0	5.6	28.3
상장일	2011−03−03	2013−04−04	2013−05−02	2011−06−17	2016−09−22	2011−12−01
벤치마크	Morningstar LSTA US Leveraged	Markit iBoxx USD Liquid Leveraged	Morningstar LSTA US Leveraged	Bloomberg US FRN〈5 yrs Total	- (액티브 ETF)	Bloomberg US FRN〈5 yrs Total
수수료(%)	0.65	0.70	0.86	0.15	0.30	0.15
편입종목	시니어론	시니어론	시니어론	변동금리채	변동금리채	변동금리채
등급별(%)						
AAA		0.7		16.3	17.5	18.2
AA				8.7	7.6	9.6
A				56.7	30.2	58.0
BBB	5.0	5.3	0.7	15.7	21.8	13.4
BB	23.2	30.8	27.0	0.4	0.6	0.3
B	56.6	59.0	58.4			
CCC	0.8	2.7	3.9			
CC		0.1				
무등급 /기타		1.3	1.2		21.0	

금리 상승에도 돈을 벌 수 있는 기회가 있다고?
TBT US(2022년 1월 5일)

신달라 부장은 1년 전 이맘때를 돌이켜봅니다. '무엇이 잘못된 것이지?' 본부 자산 규모가 원화채권 50조 원을 포함하여 약 60조 원 규모를 운용하고 있음에도 본부 일일 손익변동이 -10억 원 이상만 되면 안절부절못하여 고래고래 소리 지르는 '고래 선생' 장대성 본부장이 호출합니다.

"신 부장, 2022년 새해 말이야, 뭔가 불안해. 인플레이션 요인은 일시적이라고 파월 의장이 말하고 다니는데, 역시 경제학자가 아니라서 그런지 못 미더워. 그리고 금리가 스멀스멀 오르고 있잖아?"

"예, 맞습니다. 저희 보유 10억 달러 채권 중에 최소 20%를 빨리 시장에 팔아서 손실을 줄이려 하고 있습니다."

'고래 선생'의 표정이 좋지 않습니다.

"신 부장, 내 말의 행간을 모르겠어? 내가 말하는 것은 금리가 오르고 있는 상황에서 돈을 벌라고 하는 거지, 채권을 팔아서 손실을 줄이라고 하는 게 아니잖아! 내일 모레까지 금리 상승기에 적합한 상품, 대표적인 거 하나라도 좋으니까 보고해."

"네, 알겠습니다. 보고드리겠습니다."

본부장실을 나온 신 부장은 걱정이 이만저만 아닙니다. 2021년 내내 뜨겁게 달구었던 인플레이션 논란에 대하여, 연준은 코로나 이후 공급망 붕괴에 따른 일시적transitory 요인이며, 이것은 일상생활로 복귀하면서 자연히 없어지게 될 인플레이션 현상이라고 규정합니다. 그러나 시장에서는 연준이 결국은 금리 인상을 하게 될 것이라고 기대하면서 금리 상승에 베팅하는 상황이었습니다.

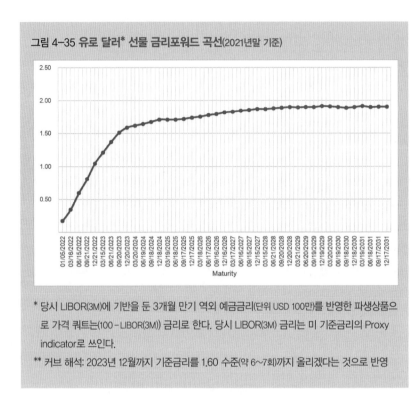

그림 4-35 유로 달러* 선물 금리포워드 곡선(2021년말 기준)

* 당시 LIBOR(3M)에 기반을 둔 3개월 만기 역외 예금금리(단위 USD 100만)를 반영한 파생상품으로 가격 쿼트는(100-LIBOR(3M)) 금리로 한다. 당시 LIBOR(3M) 금리는 미 기준금리의 Proxy indicator로 쓰인다.
** 커브 해석: 2023년 12월까지 기준금리를 1.60 수준(약 6~7회)까지 올리겠다는 것으로 반영

신 부장은 평소에 '연준과 싸우지 마라'는 격언을 20년간 실천해온 사람입니다. 그래서 2021년 파월의 말을 전적으로 믿었던 것이지요. 그런데 12월 FOMC(Federal Open Market Committee, 연방공개시장위원회)에서의 성명서에서 변화의 조짐을 읽었습니다.

"With inflation having exceeded 2 percent for some time, the Committee expects it will be appropriate to maintain this target range until labor market conditions have reached levels consistent with the Committee's assessments of maximum employment. In light of inflation developments and the further improvement in the labor market, the Committee decided to reduce the monthly pace of its net asset purchases by $20 billion for Treasury securities and $10 billion for agency mortgage-backed securities. (이하 생략)"

"한동안 2%를 넘는 인플레이션 상황에서, 노동시장 여건이 위원회의 최대 고용 평가와 일치하는 수준에 도달할 때까지 이 목표 범위(평균 2%를 상회하는 수준)를 유지하는 것이 적절할 것으로 위원회는 기대하고 있다. 물가 상승과 노동 시장의 추가적인 개선을 고려하여 위원회는 월 순자산 매입 속도를 재무부 증권의 경우 200억 달러, 기관 모기지 지원 증권의 경우 100억 달러 줄이기로 결정했다."

'그래, 지금 쟤네들 틀렸다고 인정하고 있어. 아주 세게 긴축할 수 있겠어. 금리 진짜 많이 오르겠구먼.'

다음 날 아침, 신 부장은 외화채권형 ETF 운용을 총괄하는 차영하 과장을 방으로 호출합니다. 차 과장은 철저한 '평균 회귀론자'입니다.

"차 과장, 본부장님이 오더를 내리셨어. 금리 상승기에 돈 벌 수 있는 상품을 보고하라는 거야."

"그렇습니까아~? 금리가 너무 낮아서 언젠가는 오르겠다고 생각했는데, 지금이 그 시기가 아닌가 싶습니다아~."

차 과장은 평소 말꼬리가 긴 것이 특징이어서 신 부장이 기분 나쁠 때마다 지적을 당합니다.

"야, 이 자식! 아직도 말투를 안 고쳤네. 니가 말투는 고따위여도 평균 회귀론자답게, 이런 상황에서도 돈을 벌 수 있는 방법이 있겠어?"

차 과장, 특유의 능글능글한 웃음을 지으면서 말을 이어갑니다.

"이번 금리 상승은 40여 년간 잠자고 있던 인플레 망령이 깨어난 것이지요. 단기간 평균 회귀는 어렵습니다아~. 본부장님 및 부장님 말씀대로 금리는 당분간 상승할 것으로 보입니다아~. 변동금리채가 대안이 될 수 있겠습니다만, 지금 유통시장에 씨가 말랐을뿐더러 크레디트 스프레드가 벌어져서 결국은 가격이 빠지는 상황이라서 현 상황에서 적합하지는 않습니다아~. ETF 중에서 적합한 것이 보이긴 합니다아~."

신 부장의 얼굴에 갑자기 화색이 돕니다.

"그래? 그게 뭐야?"

"일단 레버리지 여부와 평균만기에 따라 분류가 되는데요오~. 제가 표로 정리한 것이 있으니까 가져오겠습니다아~."

"빨리 가져와 봐. 20분 후에 부행장님 모시고 점심 식사 가야 해."

차 과장은 부장실을 나오면서, '저 인간은 왜 내 말투 가지고 난리야. 지는 툭하면 욕하면서'라고 혼잣말을 하지만, 결혼 때 신 부장이 자기 돈으로 선물한 엘씨회사의 스타일러를 생각하면서 자리로 돌아갑니다. 2분 후 그는 자료를 들고 다시 부장실로 들어갑니다.

"부장님, 여기 있습니다아~."

차 과장의 설명이 이어진다.

"이것들은 모두 운용사와 은행 간 스와프에 기반한 것입니다아~. 예를

Ticker	TBX	TBF	TBT	TMV
운용사	Proshares	Proshares	Proshares	Direxion
듀레이션	-7.7년	-17.8년	-17.8년 × 2배	-17.8년 × 3배
레버리지	1x	1x	2x	3x
시가총액(USD백만)	76.4	334.4	730.6	447.9

(출처) 각사 Factsheet

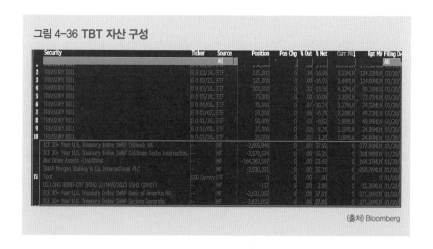

그림 4-36 TBT 자산 구성

Security	Ticker	Source	Position	Pos Chg	% Out	% Net	Curr MV	Rpt MV	Filing D₂
		All							All
2	TREASURY BILL	B 0 03/14...	ETF	125,000	0	.14	-16.95	5.55MLN	124.23MLN	01/20/
3	TREASURY BILL	B 0 03/23...	ETF	125,000	0	.09	-16.93	5.44MLN	124.09MLN	01/20/
4	TREASURY BILL	B 0 03/16...	ETF	100,000	0	.10	-13.56	4.32MLN	99.36MLN	01/20/
5	TREASURY BILL	B 0 05/18...	ETF	75,000	0	.08	-10.09	3.35MLN	73.91MLN	01/20/
6	TREASURY BILL	B 0 04/06...	ETF	75,000	0	.07	-10.14	3.27MLN	74.32MLN	01/20/
7	TREASURY BILL	B 0 03/07...	ETF	50,000	0	.06	-6.79	2.20MLN	49.73MLN	01/20/
8	TREASURY BILL	B 0 03/23...	ETF	50,000	0	.03	-6.82	1.99MLN	49.98MLN	01/20/
9	TREASURY BILL	B 0 03/09...	ETF	25,000	0	.02	-3.39	1.10MLN	24.86MLN	01/20/
10	TREASURY BILL	B 0 03/30...	ETF	25,000	0	.02	-3.38	1.08MLN	24.88MLN	01/20/
	ICE 20+ Year U.S. Treasury Index SWAP Citibank NA		MF	-2,656,046	0	.00	37.92	0	-277.90MLN	01/20/
	ICE 20+ Year U.S. Treasury Index SWAP Goldman Sachs Internation-		MF	-3,579,574	0	.00	50.35	0	-308.50MLN	01/20/
	Net Other Assets -Liabilities			-164,360,597	0	.00	22.43	0	-164.37MLN	01/20/
	SWAP Morgan Stanley & Co. International PLC		MF	-2,510,331	0	.00	35.31	0	-258.76MLN	01/20/
19	Spot	USD Currcy	ETF		0	.00	.00	0	0	01/20/
	US LONG BOND-CBT BOND '22/MAR/2023 USH3 COMDTY			-117	0	.00	2.08	0	-15.26MLN	01/20/
	ICE 20+ Year U.S. Treasury Index SWAP Bank of America NA		MF	-2,631,007	0	.00	37.01	0	-271.20MLN	01/20/
	ICE 20+ Year U.S. Treasury Index SWAP Societe Generale		MF	-2,631,002	0	.00	37.01	0	-271.20MLN	01/20/

(출처) Bloomberg

들어 TBT의 기초자산은 [그림 4-36]과 같습니다아~.

즉 현물인 T-BILL을 기초로 대형은행들과 ICE 20+ Year US Treasury Index의 2배 레버리지 스와프를 한 것입니다아~. 금리가 상승하면 2배로 이익을 벌고 하락하면 그 반대입니다아~."

"알아, 이 자식아! 내가 셈도 못 하냐?"라고 되받아치긴 했지만 신 부장은 차 과장의 깊이 있는 설명에 내심 놀랍니다. '자식, 공부 많이 했네. 금리가 낮을 때는 금리 상승에 대비하고 금리가 지나치게 오를 때는 금리 하락에 유리한 상품을 선제적으로 찾는… 역시 미스터 민이야.'

"그래, 그러면 어떤 게 좋겠어? 변동성을 줄일 것을 감안하면, TBX나 TBF가 레버리지가 없으니 더 안전하지 않겠어?"

"부장님, 역사적으로 TBT가 가장 유동성이 좋았습니다아~. 시가총액을 보면 알 수 있습니다아~. 레버리지 1배와 3배의 중간 2배, 어떻습니까아~"

화끈한 신 부장, 화통한 성격만큼 결정도 빠르게 합니다.

"좋아, 묻고 더블로 가자고! 점심 먹고 와서 본부장님께 보고드릴 테니까 3,000만 달러 한도로 투자 보고서 1부 작성해봐."

TBT US Equity (ProShares UltraShort 20+ Year Treasury)

1. 개요
동 ETF는 만기 20년 이상 미 국채 가격 벤치마크 중 하나인 ' ICE U.S. Treasury 20+ Year Bond Index'의 반대 포지션(국채 매도 또는 '쇼트') 2배의 레버리지에 비례한 수익률을 추구합니다.

2. 운용사
Proshares는 레버러지 및 '쇼트' 포지션에 특화되어 있는 ProFunds Group 계열, 대형 ETF 운용사입니다.

3. 상장일 및 수수료
상장일은 2008년 5월이며, 총 수수료는 투자금의 0.89%으로 높은 편입니다(패시브 0.10% 내외).

4. 시가총액
USD 7억 4,000만(약 9,000억 원) 입니다(2023년 2월 기준).

5. 트래킹 에러
레버러지형 쇼트 포지션 상품으로, 최근 1년 벤치마크 대비 약 19.7%(연환산) 수준입니다.

6. 포트폴리오 구성
구성은 T-Bill 보유분 및 이를 담보로 하여 벤치마크인 'ICE U.S. Treasury 20+ Year Bond Index'의 2배 쇼트 포지션 토털리턴 스와프로 구성되어 있습니다(2023년 1월 27일 현재).

7. 이런 시장 상황에서 유리해요
장기 금리 상승기인 1) 경기 호황, 2) 인플레이션 상승 등으로 인한 긴축정책 3) 주요 국채 보유국인 중국, 일본 자국 통화 및 금리 상승 등으로 인한 보유 국채 매도 등이 있습니다.

8. 기간별 수익률 (연환산 기준, %, 2023년 2월 말 기준)

1개월	3개월	6개월	YTD	1년	3년	5년
11.1	0.3	15.8	−4.2	71.9	16.0	−3.1

금리 상승에 하방 리스크 관리까지?
PFIX US (2022년 1월 7일)

"차 과장, 오케이 사인 났어. 근데 말이야…."

신 부장이 장 본부장에게 TBT를 3,000만 달러 수준(당시 가격 수준 18.00달러/주 감안할 때 170만 주) 매입하겠다고 보고한 직후입니다.

"네에, 말씀하십시오오~."

"금리 상승에 베팅할 다른 ETF 상품을 포함해서 절반씩 들어가라는 거야. 한 가지 힌트를 주면, 장 본부장이 이자율 옵션 데스크에서 오래 일을 했잖아. 요즘 ETF에는 스와프 말고 옵션도 들어간다던데 그런 거 없냐고 하시더라고."

국내 최고의 명문 가이스트대 금융공학 석사 출신인 차 과장은 갑자기 옵션의 상품 특성에 대해서 생각을 짜냅니다.

'아, 당시 선물옵션 가르쳤던 박합수 교수님이 자기 배를 가리키면서 '여러분, 옵션의 특성을 배울 때는 제 배를 꼭 기억하세요. 볼록 나왔죠? 옵션은 볼록성을 가지고 있어요'라고 말했던 것을 오늘 써먹네.'

"부장니~임, 아마 본부장님께서 말씀하신 건 옵션의 볼록성을 이용하라는 것 같습니다아~."

신 부장은 채권의 볼록성에 대해서는 이해를 하지만, 옵션의 볼록성에 대하여는 가물가물한가 봅니다. 모르는 용어가 나오면, 흥분하면서 자기가 아는 것부터 이야기한 후 상대방의 대답을 끌어내는 묘한 재주가 있습니다. 전형적인 '동문서답'형 인재라고 할까요.

"야, 그게 뭐야. 내가 볼록성을 모를 줄 알아? 금리가 오르면 채권의 '달러-베이시스 델타'보다 덜 떨어지고 그 반대면 더 올라간다는 거 아냐?"

"개념은 비슷합니다만, 우선 콜옵션을 기준으로 말씀드리겠습니다아~. 옵션의 볼록성이라고 함은 옵션 기초자산의 행사가격을 기준으로, 현재 기초자산 가격이 행사가격에 가까워지고(등가격) 나아가 행사가격을 초과하면 해당 옵션가격의 상승률이 가파르게 올라가는 반면, 행사가격에 한참 못 미치는 가격이 형성되었을 경우에는 가격 하락이 거의 없습니다아~. 이러한 가격 움직임의 비대칭성을 볼록성convexity이라고 합니다아~."

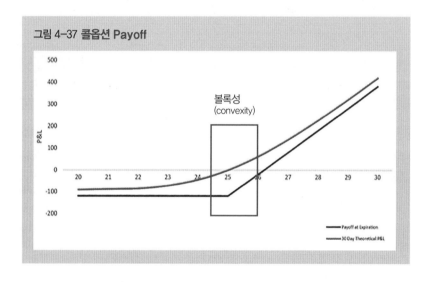

그림 4-37 콜옵션 Payoff

그래도 하나를 들으면 둘은 아는 신 부장은 "그러면 행사가격에 가까워지고 나아가 초과하는데 상승률이 줄어들고, 그 반대의 경우에는 가격 하락 폭이 증가하는 경우가 오목성concavity라고 하겠네?"

상대방의 기분을 잘 맞춰주는 것이 장기인 차 과장은 이렇게 맞장구칩니다.

"정확하십니다아~. 역시 부장님께서 이 본부를 이끌어주셔야 합니다아~."

"좋아, 그런 상품이 있긴 하냐 이거지. 요즘 액티브 ETF[19]가 '돈나무 언니[20]' 때문에 뜨고 있다고 하는데, 참 별의별 상품이 다 나오네."

평균 회귀론자인 차 과장은 2020년 말부터 과잉 유동성에 대하여, 언젠가 잠자고 있던 인플레이션이 분명히 상승할 것이라고 확신하였습니다. 재난지원금으로 받은 돈은 소비로 이어지고, 연준의 무제한 양적완화는 시중에 계속 흘러들어 가고 있었습니다. 공급망 혼란으로 인플레이션이 부각되었을 때도, 연준은 일시적인 요인이라며 금리 인상을 주저하였습니다. 그래서 유난히 금리 상승을 대비하여 몇 가지 상품을 준비하고 있었던 것입니다.

"부장님, Simplify라는 운용사에서 나온 PFIX ETF가 있습니다. 이거 아주 흥미롭습니다아~."

"자산 구성이 어떻게 되어 있지?"

"네에~, 먼저 이 상품의 구성 목적은 금리 상승을 헤지하고 채권의 변동성에 이익을 취하는 상품입니다아~. 그래서 이 상품에는 4년 이내의 짧은 만기 국채와 스왑션으로 구성되어 있습니다아~."

신 부장은 과거 한국 최초의 스왑션 데스크 운용을 했다는 전임 본부장이었던 이만규 선배로부터 이 상품의 유용성에 대하여 인이 박히도록 들었던 터다.

"그래, 고정 페이 또는 리시브 조건으로 기초자산 만기와 옵션 만기가 있지. 그 옵션 만기 이내에 행사가격에 들어가느냐 마느냐에 따라 옵션을 행사하여 스와프 포지션을 취하는 것, 그것 말하는 건가?"

---

19 기초지수의 성과를 그대로 추종하는 패시브 ETF와는 달리, 기초 지수 대비 초과 수익 또는 기초지수 없이 절대 수익 추구를 목표로 하는 ETF

20 캐시 우드(Catherine. D. Wood), 현 ARKK 인베스트먼트 CEO

"맞습니다아~. 역시 부장님께서는 파생과 유가증권을 두루 섭렵하신 신난은행의 귀한 보물이십니다아~."

차 과장의 '교언영색'한 말임을 알지만, 신 부장은 기분이 썩 나쁘지 않습니다. 차 과장이 설명을 이어갑니다.

"네에~, 아래에 PFIX의 기초자산 현황이 나와 있습니다(그림 4-38). 5년 국채 비중은 약 48%, T-Bill은 약 25%입니다만, 이 T-Bill은 아래 나와 있는 스왑션의 담보물 및 옵션대금으로 쓰입니다아~. 실질 비중, 즉 스왑션의 액면가치를 감안한 비중은 약 50% 정도 됩니다. 운용사 홈페이지에 아래와 같이 설명하였지만, 이 스왑션은 옵션 만기 7년, 기초자산 만기 20년입니다아~.

그림 4-38 기초자산 현황

Security	Ticker	Source	Position	Pos Chg	% Out	% Net	Curr MV	Rpt MV	Filing Da.
		ALL							ALL
1) US TREASURY N/B	T 4 ⅛ 10...	ETF	159,250	0	.40	47.86	161.16MLN	162.64MLN	01/13/2
1) Spot	USD Curncy	ETF	-14,879,731	+65,923	.00	4.38	14.88MLN	0	01/13/2
1) TREASURY BILL	B 0 02/02...	ETF	85,000	0	.07	24.97	3.42MLN	84.34MLN	01/13/2
PAYB IRS 2.11 5/15/28		MF	-10,000	0	.00	.00	0	-8,988	01/13/2
RECV IRS 2.11 5/15/48		MF	10,000	0	.00	.00	0	10,000	01/13/2
SWAPTION 05/11/2028 P4.00/SOFR MS		MF	920,000,000	0	.00	3.01	0	10.24MLN	01/13/2
SWAPTION 05/12/2028 P4.25/3HL GSX		MF	930,000,000	0	.00	7.90	0	26.85MLN	01/13/2
SWAPTION 05/11/2028 P4.50/SOFR BOA		MF	20,000,000	0	.00	-.12	0	-407,540	01/13/2
SWAPTION 05/11/2028 P4.25/3HL BOAML		MF	760,000,000	0	.00	6.75	0	22.93MLN	01/13/2
SWAPTION 05/11/2028 P4.00/SOFR BARC		MF	140,000,000	0	.00	.87	0	2.96MLN	01/13/2
SWAPTION 05/11/2028 P4.00/SOFR BOA		MF	310,000,000	0	.00	1.75	0	5.94MLN	01/13/2
SWAPTION 05/11/2028 P4.25/3HL MSX		MF	610,000,000	0	.00	5.08	0	17.25MLN	01/13/2
SWAPTION 05/11/29 P4.50/SOFR GSX		MF	370,000,000	0	.00	-2.46	0	-8.33MLN	01/13/2

(출처) Bloomberg

"Using OTC derivatives, usually only available to institutional investors, PFIX is designed to be functionally similar to owning a position in long-dated put options on 20-year US Treasury bonds. Since the option position is held for an extended period, the ETF provides a simple and transparent interest rate hedge."

"일반적으로 기관 투자자만 사용할 수 있는 OTC 파생상품을 사용하여 PFIX는 기능적으로 20년 만기 미국 재무부 채권의 장기 풋옵션(고정금리 pay, 변동금리 receive)에서 지위를 소유하는 것과 유사하도록 설계되었습니다. 옵션 포지션이 장기 보유되기 때문에 ETF는 간단하고 투명한 금리 헤지를 제공합니다."

차 과장은 이어 스왑션의 예에 대하여 설명합니다.

"여기서 'SWAPTION 05/11/2028 P4.00/SOFR MS'의 의미는 'MS(모 건스탠리)와 미 20년(2041년 5월물 기준) 국채 금리 4% pay 조건을 2028년 5월 11일 이전에 충족하였을 경우, 스와프를 할 수 있는 조건입니다아~."

"그래, 스왑션에 대해 이렇게 설명하니까 이해가 된다. 만규 형한테 전화 안 해도 되겠구먼."

차 과장은 마지막으로 PFIX의 payoff(이익 및 손실 구조)에 대하여 강조합니다.

"부장니임~, 이것은 Simplify 사가 제공한 설명 자료입니다아~. 회사의 이름처럼 아주 심플하게 그림으로 설명을 했습니다(그림 4-39). 참고로 현재 20년 국채 금리가 2.1% 수준이니까 스왑션의 행사가격과는 거리가 좀 있습니다. 즉 하락 폭은 매우 제한되어 있고, 상승 폭은 무한합니다아~."

구조가 좀 어렵긴 하지만, 신 부장은 정리할 필요를 느낍니다. TBT처럼, 단순하게 장기 국채 인덱스를 반대로 거스르는 스와프가 아닌, 옵션이 들어가니 좀 헷갈립니다. 그렇지만 팀원 앞에서 모른다는 인상은 자칫 그들에게 부장의 권위가 손상될 수 있다는 생각에 포커페이스를 유지합니다.

"자, 정리해보면 우선 이 PFIX는 5년 국채 50% 매수 포지션과 장기 금

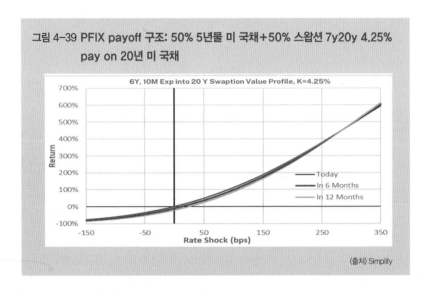

그림 4-39 PFIX payoff 구조: 50% 5년물 미 국채+50% 스왑션 7y20y 4.25%
pay on 20년 미 국채

(출처) Simplify

리 페이의 스왑션 50%가 섞여 있는 것이다. 장기 금리가 상승할수록 스왑션의 가치가 높아지게 되고 이것이 행사가격을 상회할 경우에는 옵션 가격이 급등하게 된다. 이것이 옵션의 볼록성이다."

"맞습니다아~. 부장님 천재십니다아~."

"여기에 5년 금리 상승이 리스크가 될 수는 있지만, 장기 금리 상승이 동반될 경우에는 이를 커버하고도 남는다. 그리고 장기 금리가 하락하더라도 스왑션 특성상 볼록성 때문에 하락 폭은 제한될 것이다. 반면 5년 국채 금리가 동반 하락할 경우 여기서 얻는 이익으로 어느 정도 손실을 상쇄한다?"

"부장님께서는 여기 계시기 너무 아깝습니다아~. 골드만삭스로 가셔야 합니다아~."

차 과장은 윗사람을 기분 좋게 해주는 재주가 그 누구보다도 뛰어납니다. 스스로 대견하다고 생각하는 신 부장, 최종 결정을 한다.

"좋아, PFIX 1,500만 달러분 살 준비하고, 본부장님께 보고할 보고서 1장 준비해라."

PFIX US Equity(Simplify Interest rate Hedge)

1. 개요
동 ETF는 장기 채권 금리 상승을 헤지하는 기초자산을 포함하고 있습니다. 즉 장외 파생상품(스왑션)을 활용하여 금리 상승 및 금리의 변동성 증가 시 가격의 볼록성(Convexity)에 노출하여 수익률이 높아지는 구조를 가지고 있습니다.

2. 운용사
Simplify는 기초자산 – 주식, 채권에 그것들의 옵션을 결합한, 적극적 ETF 운용에 특화된 운용사입니다.

3. 상장일 및 수수료
상장일은 2021년 5월이며, 총 수수료는 투자금의 0.50%으로 높은 편입니다(패시브 0.10% 내외).

4. 시가총액
USD 3억 6,000만(약 4,000억 원)입니다(2023년 2월 기준).

5. 트래킹 에러
적극적 ETF로서 추종하는 벤치마크가 없으므로, 해당사항 없습니다.

6. 포트폴리오 구성
구성은 3년 만기 미 국채 50% 및 T-Bill 보유분을 기초로 한 기초자산 20년 미 국채(T 2.25 05/2041)를 2028년 5월에 고정금리 pay 스와프에 참여할 권리를 지닌 옵션(비중 50%)으로 구성(2023년 1월 27일 현재).

7. 이런 시장 상황에서 유리해요
장기 금리 상승기인 1) 경기 호황, 2) 인플레이션 상승 등으로 인한 긴축정책 등에 유리합니다.

8. 기간별 수익률(연환산 기준, %, 2023년 2월 말 기준)

1개월	3개월	6개월	YTD	1년	3년	5년
8.5	−3.8	15.5	−9.4	52.0		

부장님, 곧 침체 전조가 보입니다.
커브 역전 가능성이 커집니다
BNDD US + TBF US (2022년 2월 7일)

2022년 첫 번째 FOMC에서 연준은 긴축의 의사를 분명히 밝혔습니다. 금리는 급하게 올라갑니다. 러시아-우크라이나 간 긴장 고조로 안전자산 선호 현상이 나타날 수 있겠지만, 크레디트 시장에는 분명 악재입니다. 이미 1월에 금리 상승에 베팅한 PFIX US와 TBT US는 순항 중입니다. 기대 인플레이션 하락에 초점을 맞추어 UINE US ETF도 500만 달러 매수 후 가격 상승 중입니다.

신 부장은 2월 첫 주 일요일(2022년 2월 6일)에 장대성 본부장, 이만규 전 본부장, 그리고 두동강 차장과 라운딩을 다녀왔습니다. 장대성 본부장이 이만규 전 본부장에게 한껏 자랑을 늘어놓습니다.

"형님, 작년 말부터 촉이 왔었거든요. 분명히 연준이 정책 방향을 틀 것이다 말이지요. 그래서 올초(2022년)에 제가 신 부장 시켜서 금리 상승에 베팅을 했거든요. 아, 역시 촉이란 무섭더군요. 엄청 가격 올라서, 그나마 채권가격 까진 거 좀 메우고 있어요."

평소 잘되면 제 탓, 못 되면 남의 탓을 늘어놓는 장 본부장 성격을 잘 아는 이만규 전 본부장이지만, 이날따라 사이클링 버디(파3, 파4, 파5에서 각 1회 이상 버디를 기록하는 것)를 해서 그런지, 후배이지만 장 본부장 비위를 맞춰 줍니다.

"그래서 장 본부장을 이 바닥에서 한국의 '빌 그로스[21]'라고 하는 거야. 하하하."

신 부장은 속이 부글부글 합니다. '저 인간, 손실 조금이라도 보면 부하 직원 나무라고, 잘되면 지가 공을 다 가져가고 말이야. 저런 인간이 어찌 여기서 본부장을 하고 있단 말인가?'

다음 날 아침 신 부장은 부서회의를 엽니다.

"여러분이 고생한 결과, 지난 달 금리 상승 베팅한 TBT 및 PFIX는 의미 있는 상승을 보이고 있고(그림 4-40), UINE도 며칠 안 되었지만 잘될 거라고 믿어. 반면에 보유하고 있는 채권은 금리도 오르고 크레디트 스프레드도 벌어질 판이니 손실을 볼 거 같고 말이야. 당분간은 ETF로 보유 포

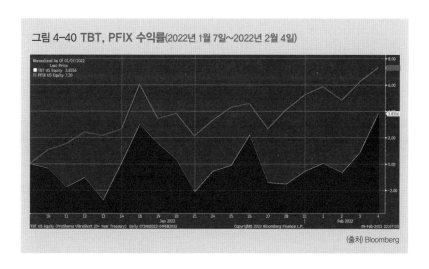

그림 4-40 TBT, PFIX 수익률(2022년 1월 7일~2022년 2월 4일)

(출처) Bloomberg

---

21 Bill H. Gross(1944~) 핌코 창업자 겸 전 핌코 CEO. '채권왕'이라 불리우며 특히 2008년 금융위기를 정확히 예측, 엄청난 수익률을 시현함. 2014년 야누스(Janus Handerson) 인베스트먼트로 자리를 옮겨 CIO를 맡았으나, 의미 있는 수익률을 시현하지 못하고 2019년 은퇴

트폴리오 손실을 방어하는 전략으로 가야 할 거 같아. 좋은 투자 아이디어 있으면 허심탄회하게 말해줘."

두 차장이 대답합니다.

"보통 기준금리를 인상하게 되면 장·단기 커브도 결국 역전 모드로 갈 거 같습니다. 금리를 과도하게 인상할 경우에는 경기침체 징후가 보이고요. 실제로 팬데믹 때 뿌려진 그 많은 돈을 회수한다고 하니까 벌써부터 경기침체 오는 것은 아닌가 하는 우려가 높습니다. 분명히 긴축을 본격적으로 시작하면 경기선행지수는 꺾일 것입니다. 그런데 ETF 중에서 IVOL 같이 장·단기 커브 확대를 베팅하는 상품은 있어도 축소에 베팅하는 상품은 제가 파악하기로는 없습니다."

두 차장 말이 끝나기가 무섭게 차영하 과장이 말을 잇습니다.

"부장니임~, 사실 작년(2021년) 하반기에 IVOL을 운용하는 Quadratic 에서 출시한 디플레이션에 베팅하는 ETF가 나왔습니다아~. 티커는 BNDD US입니다아~."

"야, 차 과장! 상품이 출시되었으면 선임인 나한테 사전에 상의하고 부장님께 말씀드리는 게 도리 아니야?"

두 차장의 목소리가 높아집니다. 그는 자신을 건너뛰어 부장에게 직접 보고하는 차 과장의 행동을 평소부터 탐탁지 않게 여기고 있었습니다.

"차장님, 제가 그래서 지금 여기서 말씀드리는 거 아니겠습니까아~? 회의의 취지가 부장님 말씀하신 대로 허심탄회하게 말을 하고 여기서 아이디어를 얻자고 하는 자리라서 말씀드리는 것입니다아~."

신 부장이 둘을 제지합니다.

"이 사람들, 여기가 싸우라고 있는 자리냐? 우리는 프로야. 여기서 돈 벌 궁리하고 돈 벌면 되는 거야. 프로답지 못하게 감정 드러내면 앞으로 나한테 혼날 줄 알아. 알았어?"

"죄송합니다아~, 부장니임~."

"차 과장, 계속 이어봐."

차 과장은 미리 준비해온 BNDD의 기초자산을 나누어 주면서 말을 이어갑니다.

"예에, BNDD의 기초자산은 VGLT ETF^{Vanguard Long-term Treasury} 80%와 나머지 20%(실제 VGLT와 비중이 같음)의 2-30년 스왑션 풋^{Swaption Put}을 가지고 있습니다아~(그림 4-41)."

그림 4-41 기초자산 내역

	Security	Ticker	Source	Position	Pos Chg	% Out	% Net	Curr Notl
			All					
1)	Vanguard Long-Term Treasury ETF	VGLT US	ETF	414,620	0	.58	80.58	26.84MLN
2)	Spot	USD Curncy	ETF	3,531,162	0	.00	10.60	3.53MLN
	USDCMS 2-30 03/12/25 -30	--	NF	35,000	0	.00	3.67	
	USD CMS 2-30 05/07/24 1	--	NF	30,000	0	.00	5.15	

(출처) Bloomberg

"2-30년 스왑 금리 커브는 다음과 같이 현재 급격하게 축소되고 있는 모습입니다(그림 4-42). 지금은 연준이 25bp씩 올릴 것이라고 하지만, 인플레이션에 대응이 매우 늦어서 빠른 속도로 올릴 수도 있다는 생각이 듭니다아~. 그렇게 되면 기준금리에 사실상 연동되는 2년물은 빠르게 올라갈 것인 반면, 인플레이션과 경기침체 모두를 반영하는 장기 금리의 경우에는 올라가는 속도가 단기물에 비해서는 더딜 것으로 예상합니다아~. 결국 마이너스로 돌아서는 데에 그리 오랜 시간이 걸릴 것 같지는 않습니다아~."

두 차장이 말을 자릅니다.

"부장님, 이 ETF는 그 이름대로 디플레이션에 특화된 상품입니다. 지금

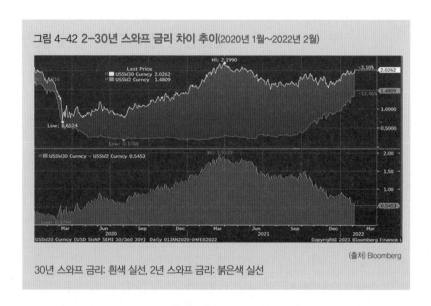

그림 4-42 2-30년 스와프 금리 차이 추이(2020년 1월~2022년 2월)

(출처) Bloomberg

30년 스와프 금리: 흰색 실선, 2년 스와프 금리: 붉은색 실선

과 같은 인플레이션 상황에서 장기 금리는 어쨌든 상승할 것이기 때문에 VGLT에서 많은 손실을 볼 거 같습니다."

아무 말 없던 '젊은 천재' 김승리 주임이 나섭니다.

"부장님, 그리고 차장님 앤드 과장님, 문제는 VGLT를 어떻게 헤지하고 2-30년 커브만 남기느냐에 있는 거 같습니데이. 방법은 간단합니데이. TBF로 막는 겁니데이."

김 주임에게 눈길을 주며 신 부장이 반색합니다.

"김 주임, 그런 방법이 있어? 아, 맞다. 지난달에 우리 TBT 투자하면서 TBF는 레버리지가 1배라서 채택하지 않았던 기억이 있네."

"맞습니데이. 자, 여기 TBF와 VGLT 간의 회귀 식을 함 돌려봤습니데이 (그림 4-43)."

김 주임은 분석을 이어나갑니다.

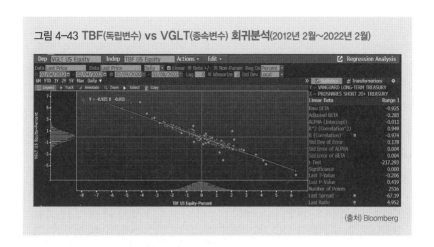

그림 4-43 TBF(독립변수) vs VGLT(종속변수) 회귀분석(2012년 2월~2022년 2월)

(출처) Bloomberg

"여기 마 보시면 TBF 1단위당 VGLT 0.925 단위를 같이 섞으면, 가격 변동을 지워버릴 수가 있는 것입니데이. 그리고 옆에 이 회귀분석의 설명력은 R 수치를 보면 95% 수준입니데이. 이 얼마나 높습니꺼?"

"유동성은 어떤가?"

이론상으로 맞아떨어져도 시장에서 쉽게 구할 수 없다면 아무 소용이 없습니다. 신 부장이 항상 거래하기 전에 체크하는 사항입니다. 차 과장이 말을 이어 나갑니다.

"BNDD 자산 규모가 1억 달러 남짓하기 때문에 외형상 장내에서 거래하기는 어려우나, 경기침체에 대한 우려가 높아서 총 자산 규모가 증가하고 있는 상황입니다아~. 장외에서 '리스크 거래'를 통하여 1,000만 달러 정도 하는 데에 문제는 없습니다아~."

김 주임이 이어 나갑니다.

"부장님예~, TBF는 이미 3억 달러가 넘어서 BNDD 수량이 채워지면 바로 거래가 가능합니데이. 참고로 BNDD가 2021년 9월에 상장된 ETF라서 지난 10월부터 현재까지 2개의 ETF를 합쳐놓은 수익률입니데이(그

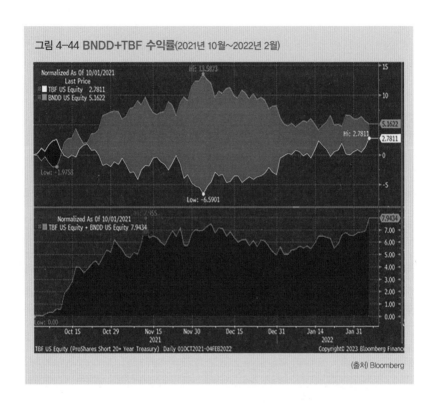

그림 4-44 BNDD+TBF 수익률(2021년 10월~2022년 2월)

(출처) Bloomberg

림 4-44)."

"두 차장 생각은 어때?"

신 부장은 마지막으로 선임의 자존심을 챙겨주려 합니다.

"네, 차 과장하고 김 주임이 준비를 잘한 것 같습니다. 장기 금리 상승에 대한 헤지 방안이 있으니까 각 1 대 1로 들어가면 좋을 거 같습니다."

신 부장은 다음과 같이 최종 결정을 내렸습니다.

"좋아, 차 과장이 BNDD 1,000만 달러를 매입하고, 매입하자마자 김 주임이 TBF 1,000만 달러를 매입하라고. 뭐 회귀식에 92.5% 비율이라고 하지만, 그게 1 대 1 하고 뭐가 달라. 그렇게 하자고."

BNDD US Equity

1. 개요

동 ETF는 채권 변동성 및 경기침체 또는 디플레이션으로 장기 금리 하락, 그리고 미 국채 장·단기 금리 차 축소(플래트닝) 시 이익을 얻는 구조로 설계된, '적극적(Active)' 상품입니다.

2. 운용사

Quadratic Capital Management 는 2013년, Nancy Davis(전 골드만삭스 Credit, Derivatives and OTC Trading Head) 가 설립한, 채권에 특화된 ETF 운용사입니다.

3. 상장일, 수수료 및 시가총액

상장일은 2021년 9월이며, 총 수수료는 투자금의 0.96%으로 높은 편입니다.

4. 시가총액

USD 3,300만(약 400억 원)입니다(2023년 2월 기준).

5. 트래킹 에러

적극적 ETF로 추종하는 벤치마크가 없으므로, 해당사항 없습니다.

6. 포트폴리오 구성

구성은 아래와 같습니다(2023년 2월 8일 현재).

7) Top Fund Hlds | MHD »	Net Fund
11) Vanguard Long-Term Treasury ET	80.578%
12) USD CMS 2-30 05/07/24 1	5.152%
13) USDCMS 2-30 03/12/25 -30	3.669%

(출처) Bloomberg

여기서 맨 아래에 있는 'USD CMS 2-30 03/12/25-30'의 의미를 설명하면 다음과 같습니다.

1) USD CMS 2-30: 미 달러 CMS(Constant Maturity Swap) 2년-30년간 국채 금리 차로 최

근 5년간 흐름은 다음과 같습니다. 현재는 −140bp(−1.40%)입니다.

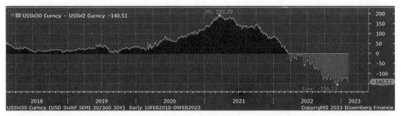

2) 03/13/25: 스왑션 만기

3) −30: 행사가격(−30bp)이며, 스왑션 만기 도래 시 −30bp 내외로 형성할 경우, 2−30년 스프레드 축소 스와프(고정 receive, 변동 pay)에 참여할 수 있는 옵션입니다.

7. 이런 시장 상황에서 유리해요

상품 설명서에 따르면 1) 인플레이션 하락 및 경기침체, 2) 변동성 상승, 3) 양적완화로 인한 장기 금리 하락분 〉 단기 금리 하락분 시 상승, 그리고 4) 장기 금리 상승 〈 단기 금리 상승 시 이익을 얻을 수 있습니다.

포트폴리오 구성 요소를 위의 시나리오에 적용을 하면, 1)은 VGLT US의 상승, 2)는 2−30년 커브에 대한 스왑션, 3)과 4)는 스왑션의 기초자산인 미 스왑 금리 2~30년 간 금리 차 확대에 적용할 수 있습니다.

8. 기간별 수익률(연환산 기준, %, 2023년 2월 말 기준)

구분	1개월	3개월	6개월	YTD	1년	3년	5년
BNDD	1.1	3.9	−2.6	3.5	−14.4		
TBF	5.7	1.1	9.4	−1.6	34.8	9.6	−0.1

04

경기침체
초기

긴축이 시작되면 기대인플레이션은 하락한다?
UINE GY (2022년 1월 28일)

안예슬 대리는 2022년 1월 FOMC 시간에 맞춰 새벽 3시에 출근하였습니다. 기준금리는 동결하였지만, 예전과 달라진 성명서 내용에 주목하였습니다.

The Committee seeks to achieve maximum employment and inflation at the rate of 2 percent over the longer run. In support of these goals, the Committee decided to keep the target range for the federal funds rate at 0 to 1/4 percent. With inflation well above 2 percent and a strong labor market, the Committee expects it will soon be appropriate to raise the target range for the federal funds rate. The Committee decided to continue to reduce the monthly pace of its net asset purchases, bringing them to an end in early March. Beginning in February, the Committee will increase its holdings of Treasury securities by at least $20 billion per month and of agency mortgage-backed securities by at least $10 billion per month. The Federal Reserve's ongoing purchases and holdings of securities will continue to foster smooth market functioning and accommodative financial conditions, thereby supporting the flow of credit to households and businesses.

"위원회(FOMC)는 최대 고용수준과 장기적으로 연 2%의 인플레이션 달성을 추구합니다. 이러한 목표들을 뒷받침하기 위하여, 위원회는 이번 연방기금금리를 0~0.25% 범위를 유지하기로 결정했습니다. 2%가 넘는 인플레이션과 강한 노동시장 환경하에서 위원회는 곧 연방기금금리의 범위를 올리는 것이 적절할 것이라고 결정했습니다. 위원회는 월별 순자산 매입 속도를 낮추기로 결정하였으며, 3월 초 자산매입을 종료할 것입니다. 2월부터 위원회는 국채 보유를 월간 최소 200억 달러까지, 정부기관 MBS는 월간 최소 100억 달러까지 늘릴 것입니다. 연준의 지속적인 증권 매입 및 보유는, 유연한 시장기능 및 완화적인 금융여건을 촉진할 것입니다. 그래서 가계와 기업으로의 신용 흐름을 지지할 것입니다."

'파월 의장이 인플레이션의 심각성을 깨닫고 기준금리를 드디어 올리는구나. 여기에 양적완화를 곧 종료하고 긴축에 들어오겠구나.'

입사 5년 차인 안예슬 대리는 2018년 한 해 잠깐의 긴축을 겪기는 했지만, 경기침체의 전조가 조금이라도 보이면 완화정책으로 돌아서는 연준을 보고 사실 그것이 채권시장에 미치는 영향에 대하여는 잘 몰랐습니다. 심지어 2020년 '슈퍼' 양적완화를 연준이 시행할 때에는 '현대통화이론 Modern Monetary Theory'이라 하여, 각국 정부의 무제한적인 퍼주기 정책도, 화폐를 찍는 데 기인하는 것이 아니라 중앙은행이 전산상의 장부에 지급준비금을 늘리는 것에 불과하므로 인플레이션이 일어나지 않는다는 학설이 힘을 받았으니 말이죠.

미국 시장이 끝나는 한국시각 새벽 6시, 안 대리는 근처 분식집에서 라면 한 그릇으로 아침을 때우고 사무실로 복귀합니다. 웬일로 부장실에 불이 켜져 있습니다. 인사하러 들어갑니다.

"안녕하십니까, 부장님!"

신 부장은 홍콩에 있는 친구가 보내주었다는 보이차 한잔을 마시고 있습니다.

"어, 그래. 안 대리, 시간 되면 여기 보이차 한잔 마시고 가라."

"예, 감사합니다."

커피를 먹고 싶지만, '아니오'를 모르는 안 대리는 자리에 앉습니다. 보이차라는 건 처음 들어봐서 한 모금 마셔보니 오묘한 맛에 따뜻합니다.

"안 대리 오늘 FOMC 때문에 일찍 왔구나."

"예, 두동강 차장님께서 일을 가르쳐주실 때, 항상 이벤트 때는 직접 나와서 시장을 '느껴보라고' 하시더라고요. 실제 나와서 보니까 신문에서 결과만 볼 때와는 확실히 다르더라고요."

"아, 그래? 안 대리, 신문을 보니까 연준이 금리를 인상하겠다고 사전에 알렸구면?"

기다렸다는 듯 안 대리는 "네, 그렇습니다. 파월 의장 기자회견에서 곧 양적완화도 종료하고 '양적긴축'을 논의하겠다고 밝혔습니다.

"그래, 연초에 TBT하고 PFIX 들어가기를 잘했어. 뭐 지금은 큰 효과는 없지만 앞으로는 효과가 있을 거야(그림 4-45)."

안 대리는 신 부장 말이 끝나기 무섭게, "저 부장님, 제가 책으로만 배워서 맞을지 모르겠습니다만, 금리 상승과 더불어 통화긴축 때 나타나는 현

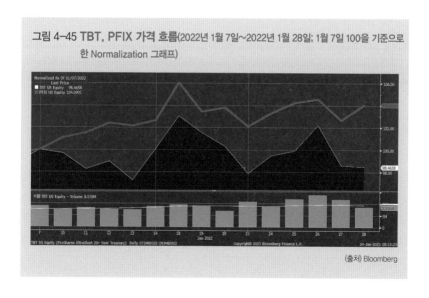

그림 4-45 TBT, PFIX 가격 흐름(2022년 1월 7일~2022년 1월 28일; 1월 7일 100을 기준으로 한 Normalization 그래프)

(출처) Bloomberg

상이 하나 있다고 들었습니다."

신 부장은 안 대리와 같이 배우려고 하는 의지가 강한 후배 직원들에게 뭔가 하나 알려주기 위하여 노력합니다. 그런데 이때만큼은 감이 잘 안 옵니다. 그래도 약한 모습을 보여서는 안 됩니다.

"긴축하면 단기 금리 올라가는 속도가 장기의 그것보다 빨라져서 결국 커브가 역전된다?"

"네, 그것도 당연히 맞는 말씀입니다만, 인플레이션과 관련해서요."

신 부장은 연초 차영하 과장과 논의했던 인버스 ETF에 대하여 복기합니다.

"지금 연준의 금리 인상 시기 자체가 늦었고, 대부분 시장에서도 베이비 스텝, 즉 25bp(0.25%)를 계속 올릴 것으로 예상하잖아? 그래서 인플레이션을 잡기가 어려울 것이고 장기 금리는 상승할 것이라고 베팅한 거지."

안 대리는 신 부장이 아직 자신이 말하려고 할 포인트를 못 짚는 것 같다는 느낌을 받습니다. '이럴 때일수록 과감하게 보고드려야 해.'

"부장님, 오늘 파월 의장 기자회견은 작년(2021년) 내내 이어졌던 기조와는 전혀 달랐습니다. 경기부양보다는 인플레이션을 확실히 잡겠다는 의지가 강해 보였습니다."

"그래? 그래봐야 뭘. 파월이 경제학자도 아니고 뭘 알겠어? 금리 올리지 말자고 하는 연준위원에 둘러싸여서 이러지도 저러지도 못하고 있는데."

S대 경제학과 박사과정을 수료한 신 부장은 세계의 경제 대통령인 연준 의장을 비경제전문가라고 무시하는 경향이 있습니다.

"부장님, 그래도 이번에는 좀 다릅니다. 파월 의장은 트럼프의 온갖 위협에도 굴하지 않고 위기를 헤쳐 나간 사람입니다. 팬데믹 때도 그 누구보다도 적극적으로 대응을 했고요. 그래서 말인데 이번 통화정책을 통하여 인플레이션을 확실히 잡겠다는 의지를 밝힌다면….”

신 부장은 평소에 지시한 업무를 충실히 수행했던 안 대리가 이렇게 강하게 본인의 의견을 피력한 적이 없어, 그의 말에 집중합니다.

“그러면 좋은 아이디어가 있어?”

“네, 적어도 기대인플레이션이 하락할 것이라는 ‘기대’가 있습니다. 시장에서 기대인플레이션을 예상할 수 있는 것은 1) 10년 Breakeven과 2) 미시간대학에서 발표하는 ‘5-10년 기대인플레이션 서베이’입니다.”

신 부장은 10년 Breakeven에 대하여 기억을 더듬습니다. 외화채권 트레이더로 이름을 날리던 2000년 대 초반, 그가 수익을 많이 벌었던 주 포지션이 ‘10년 국채 금리 선물 매도 및 10년 물가연동국채TIPS 매수’의 10년 Breakeven Long 전략이었습니다.

> **10년 Breakeven = 10년 미 국채 금리 - 10년 미 실질금리 = 10년 기대인플레이션**

10년 미 실질금리의 대용치로 10년 만기 TIPS를 사용합니다. 사실 TIPS에는 실질금리 이외에 TIPS에 대한 수요치 등 가격을 결정하는 추가 요인들이 있습니다.

“맞아. 기대인플레이션이 하락할 수 있지. 그걸 베팅할 수 있는 상품이 있어? 기대인플레이션 상승에 대한 포지션은 10년 국채선물 매도에 TIPS를 매수하면 만들어지는데, 그 반대 포지션은 TIPS 선물이 없기 때문에 어려울 텐데. 물론 TIP이라는 ETF를 주식시장에서 공매도를 할 수는 있지만, 그건 이론상으로 가능한 걸로 보이고 말이야.”

안 대리는 기다렸다는 듯 대답합니다.

“네, 증권사 통해서 알아봐달라고 했는데, UINE이라는 ETF가 있습니다.

이건 독일과 프랑스 증시에 상장되어 있습니다. [그림 4-46] 기초자산에
나온 것처럼 이 상품의 운용사인 LYXOR에서 '10년 국채 매수 및 10년
TIPS 매도' 포지션으로 운용하고 있습니다.

"포지션은 완벽하구먼. 다만 시가총액이 생각보다 작구나(그림 4-47). 그

그림 4-46 보유 기초자산

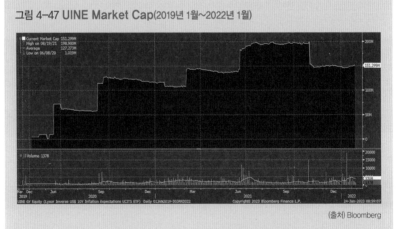

(출처) Bloomberg

그림 4-47 UINE Market Cap(2019년 1월~2022년 1월)

(출처) Bloomberg

* 자산 규모가 USD 2억 미만일 경우, 유동성 부족으로 인하여 장중 거래 시 체결이 불발될 가
능성이 높으며, 매수-매도 호가 간격이 벌어져 사더라도 평가손실을 감수해야 합니다. 따라
서 되도록 자산 규모가 큰 ETF 거래를 추천합니다.

리고 유럽 증시이니 장중 거래보다는 유동성 공급자Liquidity Provider와 '리스크 거래'를 하는 게 낫겠어."

자신의 의견이 받아들여짐에 기분이 좋은 안 대리가 답합니다.

"넵, 알겠습니다. 그러면 얼마나 들어갈까요?"

신 부장은 평소와 다른 여유 있는 모습으로 보이차 한 모금을 마십니다.

"어차피 지금 거래 못 하잖아. 차 한잔 다 마시고 일해."

UINE GY Equity(Lyxor Inverse US$ 10Y Inflation Expectations UCITS ETF)

1. 개요
동 ETF는 10년 기대인플레이션 또는 Breakeven rate 하락 시 이익을 얻는 상품입니다. 벤치마크는 iBoxx USD Inverse Breakeven 10-Year Inflation입니다.

2. 운용사
Lyxor는 아문디 그룹 계열의 프랑스계 ETF 전문 운용사입니다. 자산운용규모 약 1,670억 유로(220조 원)로 유럽계 ETF 운용사 1위이며, 아문디 그룹에 인수되기 전에는 프랑스의 대표적인 투자은행이자 파생상품에 강점을 보인 소시에떼 제너랄 계열사였습니다. 이의 영향으로 동사의 ETF 운용 구조에는 파생상품이 다수 포함되어 있습니다.

3. 상장일 및 수수료
상장일은 2018년 11월이며, 총 수수료는 투자금의 0.35%입니다.

4. 시가총액
EUR 1,800만(약 240억 원)입니다(2023년 2월 기준).

5. 트래킹 에러
최근 1년 벤치마크 대비 약 4.7%(연환산) 수준입니다.

6. 포트폴리오 구성
미국 10년 국채 매수 및 TIPS 10년 매도 포지션

7. 이런 시장 상황에서 유리해요
본격적인 통화정책 긴축으로 경기활동이 위축될 경우 소비수요가 감소합니다. 금리 인상 등 통화정책 긴축은 실질금리를 상승시키며 기대인플레이션이 하락하게 됩니다. 이러한 환경에서 동 상품 투자가 유리합니다.

8. 기간별 수익률(연환산 기준, %, 2023년 2월 말 기준)

1개월	3개월	6개월	YTD	1년	3년	5년
1.4	−2.6	−2.2	0.7	4.8	−4.0	

안전자산 1호는 달러통화
UUP US (2022년 2월 18일)

2022년 러시아의 우크라이나 침공이 임박했습니다. OPEC+의 핵심 국가이자 유럽의 천연가스 공급책인 러시아가, 미국을 포함한 서방국가의 경제제재 위협에도 불구하고, 과거 역사를 언급하며 우크라이나 땅이 본래 자기네 땅이었다고 계속 우깁니다. 일본이 독도가 자기네 땅이라고 우기는 것이나 별 차이가 없습니다. 어쨌든 세계 초강대국인 러시아가 직접 전쟁을 일으키려 하니 비상입니다.

신 부장은 급히 부서회의를 소집합니다. 휴가 중인 차영하 과장을 제외한 전 인원 참석 완료입니다.

"러시아가 오늘 내일 일을 낼 거 같은데, 예상되는 금융상품 현황은 어떤가?"

두동강 차장이 커피 한 잔 마신 후 대답합니다.

"우선 안전자산 선호 현상이 예상됩니다. 즉 미 국채 금리가 하락하고 금 가격 및 달러가치 상승 예상하고 있습니다."

"우리가 보유하고 있는 해외 크레디트 채권들은? 혹시 러시아 기업 발행 채권은 없지?"

기업 한도 담당인 안예슬 대리가 이어 받습니다.

"예, 심사역께서 러시아를 무척 싫어하셔서 작년에 가즈프롬Gazprom(천연가스 및 원유 생산 및 유통을 담당하는 러시아 최대 국영기업)하고 스버뱅크PJSC Sberbank (러시아 국영은행) 한도 넣었다가 야멸차게 차였습니다."

"다행이구먼. 다른 예상 경로는 없을까?"

김승리 주임이 이어 받습니다.

"부장님, 러시아가 유럽에 천연가스를 공급한다 아입니까. 거기에 OPEC+에서 사우디와 함께 양강이니 아무래도 유가가 엄청 올라가지 않겠습니꺼? 실제 유가 흐름이 심상치 않습니데이."

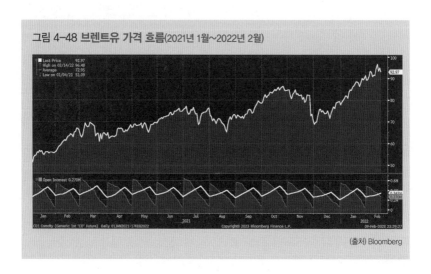

그림 4-48 브렌트유 가격 흐름(2021년 1월~2022년 2월)

(출처) Bloomberg

그렇습니다. 이미 작년 말(2021년)부터 러시아의 우크라이나 침공설이 제기되면서 유가는 빠르게 상승하고 있었습니다. 공급망 혼란으로 이미 인플레이션이 급등하고 있던 상황에서, 유가까지 오르면 인플레이션을 부채질 할 것이 뻔합니다.

신 부장은 시장 상황을 정리해봅니다.

"러시아의 우크라이나 침공은 유럽의 경기침체를 촉발하는 요인이 될 수 있어. 그런데 문제는 인플레이션이야. 3월 FOMC를 봐야겠지만 연준이 인플레이션을 통제하기 위하여 최대한의 긴축을 할 거라고 보여. 그러면 안전자산 선호 현상 세 가지 중에 첫 번째 미 국채 금리는 빠르게 상승할 수 있어."

두 차장이 중간에 개입합니다.

"부장님, 원래 전쟁 상황에서는 미 국채 금리가 상당히 떨어질 수 있습니다. 직전 가장 큰 전쟁이었던 1991년 걸프전 때도 금리는 떨어졌습니다(그림 4-49)."

신 부장은 오랜 채권 경험, 그리고 리더로서의 경험으로 다른 사람들의 다른 의견을 경청하는 태도가 장점입니다. 그러나 운용역 특유의 욱하는 성격은 100% 고치지 못했습니다. 반대의견을 납득하지 못하고 자신의 의견을 시종일관 우기는 두 차장에게 욱하는 본성을 드러내려 합니다.

"두 차장, 자기는 지금 미국 국채 금리 상황만 보는데 당시에는 기준금리도 하락 추이였어. 당연히 금리가 떨어지지 않겠어? 그런데 지금은 금리를 올릴 판이잖아. 하루 이틀 트레이딩 목적이라면 좋아. 국채를 사도 되는데, 우리가 투자계정FVOCI이기 때문에 규정상 최소 1개월을 보유해야 하잖아. 변수가 많기 때문에 어렵다고 봐."

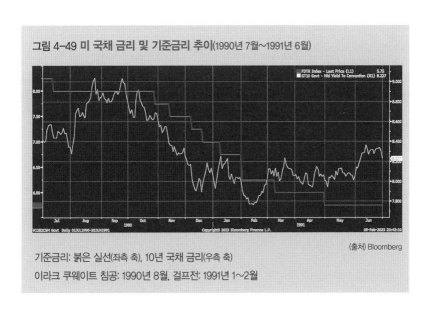

그림 4-49 미 국채 금리 및 기준금리 추이(1990년 7월~1991년 6월)

(출처) Bloomberg

기준금리: 붉은 실선(좌측 축), 10년 국채 금리(우측 축)
이라크 쿠웨이트 침공: 1990년 8월, 걸프전: 1991년 1~2월

두 차장은 그래프를 보자 아무 말 하지 못합니다. 부서 1인자와 2인자 간의 날선 공방의 공백 속에 막내 김 주임이 적막을 깹니다.

"부장님, 결국 연준의 긴축과 안전자산 선호 현상의 교집합으로 달러 상승에 베팅하는 게 맞겠네예. 환율이라는 것이 국내, 즉 미국과 해외의 단기 금리 간 차이에 의하여 결정되는 거 아닙니까? 그라고 전쟁 나면 우선 달러를 구할라카니까 달러 가치가 많이 오를 거 같습니데이."

안 대리가 이어 말을 받습니다.

"그래서 달러 인덱스를 추종하는 ETF가 있습니다. 티커는 UUP US입니다."

신 부장이 잠시 말을 멈추게 하고, "달러 인덱스에 대하여 설명을 좀 해 줘."

"예, 달러 인덱스는 주요 선진국 통화와 달러 간의 환율 가중치로 계산한 것입니다. 비율은 다음과 같습니다(그림 4-50)."

"50% 이상이 유로달러 환율에 의해 결정이 되겠구먼. 그러면 UUP의 자산 구성 및 유동성 좀 말해줘."

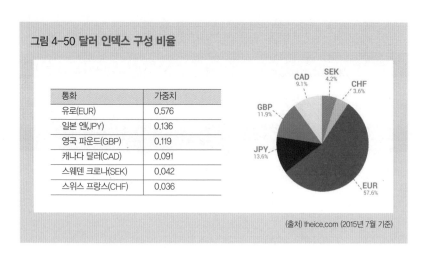

그림 4-50 달러 인덱스 구성 비율

통화	가중치
유로(EUR)	0.576
일본 엔(JPY)	0.136
영국 파운드(GBP)	0.119
캐나다 달러(CAD)	0.091
스웨덴 크로나(SEK)	0.042
스위스 프랑스(CHF)	0.036

(출처) theice.com (2015년 7월 기준)

안 대리가 설명을 이어나갑니다.

"넵, UUP는 달러 인덱스 선물에 투자하는 상품입니다. 그리고 자산 규모는 10억 달러 이상으로 장내에서 하루에 1,000만 달러 이상 거래하는 데에는 전혀 문제가 없습니다(그림 4-51)."

그림 4-51 기초자산

Security	Ticker	Source	Position	Pos Chg	% Out	% Net	Curr Mkt
1 Invesco Government & Agency Portfolio Class Institutional USD INC	AGPXX US	ETF	626,524,824	-94.482M	.77	23.77	626.52MLN
2 Invesco Treasury Collateral ETF	CLTL US	ETF	698,600	0	7.05	2.80	73.60MLN
3 TREASURY BILL	B 0 03/02/23	ETF	300,000	0	.28	11.35	13.10MLN
4 TREASURY BILL	B 0 02/16/23	ETF	150,000	0	.13	5.69	6.50MLN
5 TREASURY BILL	B 0 04/20/23	ETF	100,000	0	.06	3.76	4.44MLN
6 TREASURY BILL	B 0 03/09/23	ETF	70,000	0	.04	2.65	3.00MLN
7 USD Index Mar23	DXH3	ETF	12,754	-890	.00	49.98	1.32MLN
8 Spot	USD Curncy	ETF	0	-12	.00	.00	

(출처) Bloomberg

"좋아, 최근 가격 흐름은 어떤가?"

김 주임이 안 대리 바통을 이어받습니다.

"네, 이미 가격 상승 추이를 보이고 있습니다. 그리고 지난 20년 동안 상황을 보면 미국의 금리 인상 기간, 경기침체 등에 달러가 강세를 보여왔습니데이(그림 4-52)."

신 부장은 투자를 위한 최종 정리를 합니다.

"좋아, 그러면 지금은 전쟁위기에 따른 안전자산 선호 및 경기침체 우려, 그리고 인플레이션을 잡기 위한 연준의 금리 인상으로 달러가치가 오를 것이란 거지?"

두 차장을 포함 전 부서원은 "예 그렇습니다"라고 대답합니다.

"좋아, 오늘 내일에 걸쳐서 총 2,000만 달러 장내 매입하도록 해."

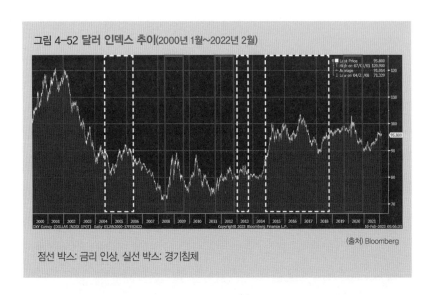

그림 4-52 달러 인덱스 추이(2000년 1월~2022년 2월)

(출처) Bloomberg

점선 박스: 금리 인상, 실선 박스: 경기침체

쿠키 장면

2022년 11월 22일, 김 주임이 아침에 다급하게 부장실에 들어갑니다.

"부장님예, 내년 1월 1일 자로 미국에 상장된 PTPPublicly Traded Partnership(공개거래 파트너십) 형태로 투자하고 있는 ETF는 매도할 때, 매도금액의 10%를 일괄적으로 세금을 묻는다 카던데예?[22]"

"신문에 보니까 대부분 원자재, 에너지, 인프라 기업이던데?"

신 부장이 반문합니다.

"그중에 UUP가 포함되어 있습니데이. 올해 연말까지 정리를 안 하면 다 때려 맞습니다. 엄밀히 말하면 결제일 기준이니까 아무리 늦어도 크리스마스 직후에는 매도해야 합니데."

신 부장은 마침 UUP를 정리하려고 하였습니다.

---

22 'Section 1446(f)' 규정을 통하여 외국 투자자(non-US)가 보유한 PTP 종목에 대하여 손익 관계없이 매도금액의 10%를 세금으로 부과하는 개정안 발표, 2023년 1월 1일부터 시행

"그래, 그러면 지금 현재 얼마나 수익을 얻었는가?"

"저희가 2월 19일 종가로 2,000만 달러 매수를 하였습니데이. 한때 20% 까지 가서 거기서 일단 1,000만 달러 매도를 했고요. 나머지 1,000만 달러 는 현재 13% 정도 됩니더(그림 4-53)."

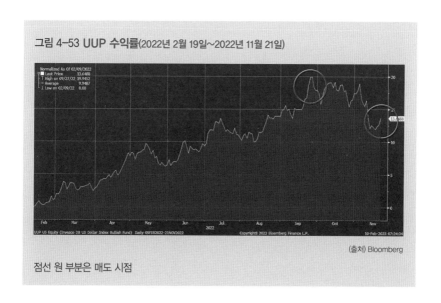

그림 4-53 UUP 수익률(2022년 2월 19일~2022년 11월 21일)

(출처) Bloomberg

점선 원 부분은 매도 시점

신 부장은 환한 미소와 함께 결정합니다.

"그 정도면 훌륭하구먼. 미리 절반을 정리한 거 잘했어. 나머지도 오늘 저녁에 정리하라고."

UUP US Equity

1. 개요

동 ETF는 6개의 Reference Currency Basket(유로, 파운드, 캐나다달러, 스웨덴 크로나, 스위스 프랑, 엔)에 대한 달러가치 변화를 나타내는 'Deutsche Bank US Dollar Index Long Future Index'를 추종합니다.

2. 운용사

Invesco는 BlackRock, 얼라이언스 번스틴 등과 함께 미국의 대표적인 대형 운용사이자 ETF 운용사입니다.

3. 상장일, 수수료 및 시가총액

상장일은 2007년 2월이며, 총 수수료는 투자금의 0.79%으로 높은 편입니다(패시브 0.10% 내외). 시가총액은 USD 13억(2023년 2월 현재)입니다.

4. 트래킹 에러

최근 1년 벤치마크 대비 약 0.23%(연환산) 수준입니다.

5. 포트폴리오 구성

구성은 다음과 같습니다(2023년 2월 8일 현재).

7) Top Fund Hlds | MHD »	Net Fund
11) DOLLAR INDEX Mar23	49.981%
12) Invesco Government & Agency Po	23.774%
13) B 0 03/02/23	11.354%
14) B 0 02/16/23	5.687%
15) B 0 04/20/23	3.761%
16) Invesco Treasury Collateral ET	2.795%
17) B 0 03/09/23	2.647%

(출처) Bloomberg

6. 이런 시장 상황에서 유리해요

달러 강세 시 유리합니다. 달러 강세의 요건은 1) 미국의 긴축정책으로 기준금리 인상, 2) 안전자산 선호 현상 강화, 3) 대체상품 가격 하락(원유, 금 등)

7. 기간별 수익률(연환산, %, 2023년 2월 말 기준)

1개월	3개월	6개월	YTD	1년	3년	5년
3.3	0.2	−1.5	2.2	9.9	2.6	4.6

하이일드 가격이 제일 먼저 빠집니다
SJB US(2022년 7월 20일)

잠잠했던 인플레이션이 재차 오르기 시작합니다. 5월 FOMC(2023년 5월 4~5일)에서 파월이 장담했던 '빅 스텝(75bp) 인상은 없다'의 진실은 진짜 없습니다. 이제 기준금리 75bp 인상은 기정사실입니다. 급박한 긴축정책은 침체를 야기합니다. 목적은 침체를 일으켜서라도 물가를 잡겠다는 것입니다. 벌써 시장에서 믿는 침체의 바로미터 '2-10년 국채 금리 커브'는 한참 역전되어가고 있습니다(그림 4-54).

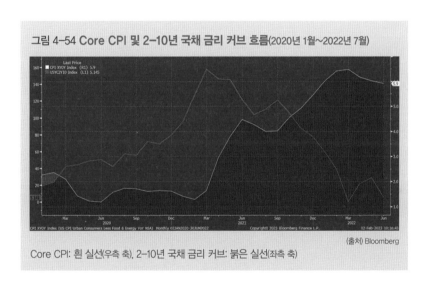

그림 4-54 Core CPI 및 2-10년 국채 금리 커브 흐름(2020년 1월~2022년 7월)

(출처) Bloomberg

Core CPI: 흰 실선(우측 축), 2-10년 국채 금리 커브: 붉은 실선(좌측 축)

신 부장은 다급해집니다. 미국에 이어 영국, 유로존, 호주, 캐나다 중앙은행에서 긴축정책 드라이브를 거는 바람에, 글로벌 채권가격이 급락합니다. 지난 3년 동안 벌어놓았던 수익의 절반을 까먹을 판입니다.

오늘따라 부서 막내인 김 주임은 기분이 좋습니다. 금년 초에 소개팅으로 만났던 여자 친구와 연말에 결혼하기로 했기 때문입니다. 기분 최악인 신 부장, 그리고 기분 좋은 김 주임이 부장실에서 만났습니다.

"김 주임, 결혼하기로 한 거야?"

"네, 어제 프러포즈했다 아입니까."

김 주임의 목소리가 쩌렁쩌렁 울립니다.

신 부장은 아무리 시황이 안 좋아도 절대 부서원들에게 티를 내지 않습니다. 다혈질이긴 하지만, 전입한 지 이제 6개월 된 김 주임이 알 리 없습니다.

"그런데 부장님, 얼굴이 마이 안 좋아보입니데이. 마, 한잔 하시고 푸시소."

"그래, 근데 김주임 이제 여기 온 지 6개월 정도 되었지?"

김 주임은 국내 최고의 금융공학대학원인 가이스트에서 박사를 받은 수재입니다. 차 과장과 마찬가지로 역발상에 능하고, 블랙숄즈 공식은 물론이고 브라운 운동 등의 복잡한 공식을 다 외웁니다. 다만 모든 것을 책으로만 배우고 경험이 부족하다는 약점이 있을 뿐. 그조차 신 부장은 본인이 채워주면 된다는 생각입니다.

"지금 글로벌 채권시장이 어떤 거 같아?"

"마, 지금 보이소. 연준이 AIT[23]인가 에이트인가 인플레이션에 대해서 늑장을 부리는 바람에 다 망한 거 아이겠습니꺼. 이번에 나온 인플레이션이 너무 높게 나와서 긴축 속도는 빨라질 것이고 채권가격은 급락할 거 같습니데이."

비록 부서 막내이지만 시장을 보는 시각, 그리고 자신감을 보니, 신 부

---

23 Average Inflation Target으로, 저물가를 탈피하기 위하여 물가가 평균 2% 이상 오를 때까지 금리 인상 등의 대응을 늦추겠다는 정책방향. 즉 디플레이션을 탈피하고자 어느 정도의 물가 상승 및 경기과열을 용인하겠다는 정책, 2020년 8월 잭슨홀 미팅에서 파월이 처음 밝혔다.

장은 든든하면서도 위험자산 하락에 적합한 상품을 찾아야겠다는 생각을 합니다. 지난 2020년 팬데믹 초기에 쏠쏠하게 수익을 남겼던 TAIL US ETF[24]를 떠올립니다.

"김 주임, TAIL 어때? 위험자산 헤지에 적합해 보이는데."

"부장님, 기초자산이 금리 상승에 취약합니데이. 우선 S&P Put option 프리미엄 지불조로 미 국채 10년물과 TIPS를 90% 담고 있지 않습니꺼(그림 4-55). 그라믄 지금 같은 금리 상승기에 매우 취약합니데이."

김 주임의 논리는 여기서 끝나지 않습니다.

"사실 시장을 판단할 때, 이것이 비체계적 위험의 꼬리 위험인지 아니면 경기사이클상 침체기로 넘어가는 상황인지를 봅니데이. TAIL ETF는 전자, 즉 '블랙스완'이 발생할 때 적합한 상품이라고 생각합니다."

"그러면 자네가 보기에는 지금 연준의 긴축은 경기사이클상 침체기로 넘어가는 상황이다?"

"예, 그렇습니다. 나중에 침체가 와서 기업이 연쇄 부도가 나는 꼬리 위험이 발생할 수 있지만, 지금 현재는 이것을 걱정할 단계는 아닙니데이."

신 부장은 직전 경기침체기였던 2008년 금융위기 당시를 떠올립니다. 금융위기 자체는 꼬리 위험이었지만, 그 단초가 된 것은 2004년부터 2006년까지 긴축정책을 펼쳐서 기준금리를 최초 1.0%에서 5.25%까지 인상했던 시기였습니다. 즉 긴축을 하는 시기 내에는 경기사이클상 침체기를 준비하는 단계입니다. 위험자산의 비중을 덜어내고 금리가 충분히 오르면 채권을 매입해야 하는 시기입니다.

"음, 그렇다면 장기간 위험자산 가격이 하락할 수 있겠구면. 이를 이용하

---

24 최악을 최상으로...TAIL US 편 참조

그림 4-55 자산 구성

Security	Ticker	Source	Position	Pos Chg	% Out	% Net	Curr
TREASURY BILL	B 0 03/23/23	ETF	125,000	0	.02	-47.1	5.43M
TREASURY BILL	B 0 05/18/23	ETF	50,000	0	.06	-19.3	2.22M
TREASURY BILL	B 0 04/06/23	ETF	50,000	0	.03	-19.0	2.19M
TREASURY BILL	B 0 02/07/23	ETF	20,000	0	.02	-7.01	810,50
Markit iBoxx Liquid High Yield Index -HYG SWAP Citibank NA	--	MF	-192,394	0	.00	111.1	
Markit iBoxx Liquid High Yield Index -HYG SWAP UBS AG	--	MF	-3,644	0	.00	2,215.	
Spot	USD Currency		0	0	.00	.00	
Markit iBoxx Liquid High Yield Index -HYG SWAP Goldman Sachs I...	--	MF	-3,202	0	.00	1,946.	
High Yield Index -HYG BNP Paribas Citibank NA	--	MF	-4,597	0	.00	2,291.	
Net Other Assets -Liabilities	--	MF	66,531,254	0	.00	-25.1	

(출처) Bloomberg

여 돈을 벌 수 있는 방법은 없을까?"

김 주임은 기다렸다는 듯이 가져온 다이어리에 끼워 놓은 보고서 1장을 신 부장에게 건넵니다.

"부장님, HYG US 라는 하이일드 ETF(2020년 SMCCF를 통하여 연준이 매입한 크레디트 상품)의 정반대 포지션 상품이 하나 있습니데이. 이걸 편입하면 수익을 얻을 수 있을 거 같습니데이. 티커는 SJB US이고 자산 구성(그림 4-55)은 T-Bill 및 이를 담보로 이용하여 Markit iBoxx Liquid High Yield Index 하락 시 수익을 얻는 토털리턴 스와프[25]로 되어 있습니다. 시가총액도 3억 달러가 좀 넘으니 장내에서 거래해도 하루 500만 달러에서 1,000만 달러까지는 문제없을 거 같습니데이.

한 가지만 더 말씀드리면, 하이일드 채권의 대용치는 S&P 500과 같은 주가지수입니데이. 주가가 좀 안 좋다 싶으면 하이일드가 먼저 반응합니다. 여기 하이일드와 S&P500 간 회귀분석을 나타낸 그래프가 있습니더

---

25 영문 머리글자를 따서 'TRS'라고도 부르고, '총수익 스와프'라고도 한다. 대출금이나 유가증권 등 기초자산(underlying asset)의 신용위험만을 따로 분리하여 시장에서 거래하는 시디에스(CDS; Credit Default Swap) 같은 신용파생상품과 달리 기초자산에서 발생하는 모든 현금흐름, 즉 시장위험과 신용위험을 모두 이전시키는 상품이다.

그림 4-56 회귀분석(2012년 7월~2022년 6월)

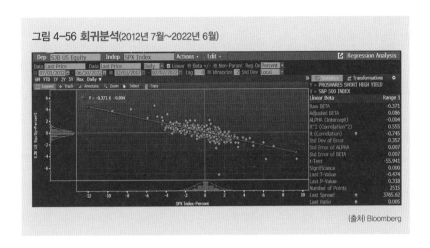

(출처) Bloomberg

(그림 4-56)."

신 부장은 다음과 같이 정리합니다.

"지금 인플레이션이 점점 상승하고 있어서 연준에서는 금리 인상 속도를 빠르게 하여 억제하려 들 것이야. 그러면 채권 금리가 상승할뿐더러 향후 경기침체 우려가 나타나서 위험자산을 기피하는 현상이 나온다. 즉 하이일드 채권 같은 전형적인 위험자산 가격은 당분간 하락할 것이다?"

"네, 맞습니다. 역쉬 부장님께서는 정리하시는 능력이 뛰어나십니데이."

능글능글 웃는 김 주임이 밉지만은 않습니다. 신 부장은 결정합니다.

"좋아, SJB US 1,000만 달러만 오늘 밤에 투자해보라고. 김 주임 첫 투자이니까 사전에 브로커한테 단디 확인하라꼬!"

SJB US Equity(ProShares Short High Yield)

1. 개요
동 ETF는 벤치마크인 Markit iBoxx $ Liquid High Yield Index 수익률과 반대의 수익을 추구합니다.

2. 운용사
Proshares는 레버러지 및 '쇼트' 포지션에 특화되어 있는 ProFunds Group 계열 대형 ETF 운용사입니다.

3. 상장일 및 수수료
상장일은 2011년 3월이며, 총 수수료는 투자금의 0.95%으로 높은 편입니다(패시브 0.10% 내외).

4. 시가총액
USD 2억 9,000만(약 3,000억 원)입니다(2023년 2월 기준).

5. 트래킹 에러
최근 1년 벤치마크 대비 약 3.1%(연환산) 수준입니다.

6. 포트폴리오 구성
구성은 T-Bill 보유분 및 이를 담보로 하여 벤치마크인 'Markit iBoxx $ Liquid High Yield Index'의 1배 쇼트 포지션 토털리턴 스와프로 구성되어 있습니다(2023년 1월 27일 현재).

7. 이런 시장 상황에서 유리해요
경기사이클상 당분간 위험자산 하락이 예상되는 경기 호황 막바지 및 침체 초기, 경기 경착륙 우려가 높아질 경우 등에 유리합니다.

8. 기간별 수익률(연환산 기준, %, 2023년 2월 말 기준)

1개월	3개월	6개월	YTD	1년	3년	5년
2.2	0.8	−1.9	−1.1	4.8	−3.4	−3.8

만기 매칭형 ETF로 듀레이션을 축소하라
BSCN US(2022년 8월 4일)

2011년 8월 4일은 S&P[26]가 미국 신용등급을 AAA에서 AA+로 강등한 날입니다. 감히 세계 초강대국 미국의 신용등급을 떨어뜨리는 대담함의 후폭풍은 컸습니다. 달러가치가 폭등하고 등급이 떨어진 미 국채 매수 유입으로 금리가 급락합니다. 일종의 나비효과로 대서양 건너 유로존 경제 대국인 이탈리아의 재정위기가 불거지면서 크레디트 채권시장 분위기는 그야말로 한겨울 러시아 바이칼호에서 불어오는 칼바람입니다.

11년 후 현재는 인플레이션의 끝없는 상승, 그리고 연준의 뒤늦은 강력 대응으로 위험자산 시장은 급속히 얼어붙습니다. 크레디트 채권 스프레드도 계속 확대모드입니다. 금리는 인플레이션을 따라 계속 상승합니다(그림 4-57).

지난 달 하이일드 채권 수익률의 인버스 ETF인 SJB US 매입으로 약세장에서도 수익의 가능성을 확인한 신 부장은, 좀 더 지키는 포트폴리오 운용을 하고 싶어 합니다. 그가 세워놓은 원칙은 다음과 같습니다.

- 연준과 싸우지 마라. 즉 금리를 공격적으로 올리니 철저하게 듀레이션을 줄여야 한다.
- 공격적인 금리 인상은 경기침체 가능성을 높인다. 즉 위험자산 약세가 예상된다.

---

26 무디스(Moody's), 피치(Fitch)와 더불어 세계 3대 신용평가기관

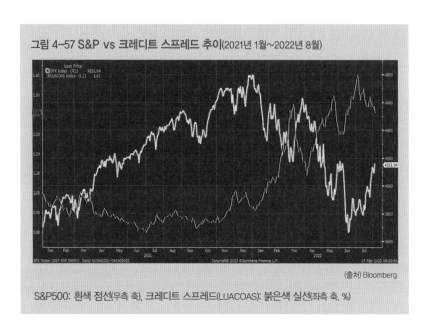

그림 4-57 S&P vs 크레디트 스프레드 추이(2021년 1월~2022년 8월)

(출처) Bloomberg

S&P500: 흰색 점선(우측 축), 크레디트 스프레드(LUACOAS): 붉은색 실선(좌측 축, %)

• 경기침체기 장·단기 금리 차는 더더욱 역전 폭이 커질 것이다.

"김 주임, 잠시 부장실로 좀 올래?"

신 부장은 내선전화로 김승리 주임을 호출합니다.

"부장님, 부르셨는교?"

"지난 번 투자한 SJB 같이 크레디트 스프레드가 확대되는 등 위험자산 기피현상에 적합한 상품 말고, 지금 현재의 시장 상황에 맞는 상품 아이디어 없을까?"

연준이 높아진 인플레이션에 대한 공격적인 대응을 이제 시작하였으므로 향후 몇 개월 동안에는 75bp 기준금리 인상의 '자이언트 스텝'[27]을 밟

---

27 25bp 인상을 '베이비 스텝', 50bp인상을 '빅 스텝', 100bp 인상을 '점보 스텝'이라고 부름. 100bp 인상은 캐나다 중앙은행이 2022년 7월 통화정책회의에서 인상한 사례가 있음

을 것으로 김 주임은 예상하고 있습니다. 브레이크를 급하게 밟으면 차에 동승한 사람들이 자리에서 이탈하여 벽에 부딪치는 불상사가 발생하듯이, 이는 분명히 위험자산에는 독이 될 것입니다. 이럴 때일수록 안전벨트를 제대로 착용해야 할 시점입니다.

"부장님예, 연준이 인플레이션에 맞춰 공격적으로 올린다카믄 당연히 금리가 올라가고 크레디트채권 스프레드가 같이 확대되는 거 아입니까? 결론은 듀레이션이 짧아서 금리 민감도와 크레디트 익스포저가 작은 회사채를 다량으로 매입하면 으뜰가 싶습니데이."

"만기가 짧은 채권형 ETF VCSH US Vanguard Short-term Corporate Bond, IGSB US iShares 1-5yr IG Bond 등 잔존만기 5년 이내 회사채 ETF가 많던데, 그런 상품들을 말하는 건가?"

"예, 그런 상품들도 가능하겠습니다만, 아예 만기가 정해진 ETF를 매입 해서 마음 편하게 만기까지 배당금을 즐기고 하믄 어뜩겠습니꺼? 지금 금리 도 오르고 크레디트 스프레드도 확대되어서 가격도 많이 하락했습니데이."

신 부장은 만기가 정해진 ETF가 ETN Exchange-Traded Note이라고 알고 있습 니다.

"김 주임, 두 가지 의문이 있는데 ETF와 ETN의 차이가 무엇이며 만기 가 정해져 있는 ETF의 경우에는 만기 도래 시 어떻게 되는 건가?"

"예, 우선 ETF는 운용사가 만든 상품으로 기초자산들이 신탁기관에 일 괄 이전, 관리받게 됩니다. 즉 운용사의 신용상태와 관계없이 신탁된 기초 자산의 가치 변동에 따라 동 상품의 가격이 결정됩니다. 반면에 ETN은 증 권사에서 발행하는 일종의 만기가 있는 노트입니다. 즉 이것의 원금 및 수 익금의 지급 주체는 발행주체인 증권사입니다. 이것의 수익률은 발행 시 정한 기초자산지수의 수익률과 동일하며, 일별 수익률과 함께 증권사의 신용상태에 따라 동 상품의 가격이 변하게 됩니다.

아, 그리고 ETF의 만기 도래 시에는 신탁기관이 보관하고 있는 기초자산의 최종 가치에서 운용사의 보수 등 비용을 차감하여, 투자자들에게 지급하게끔 법적 장치가 되어 있습니다. 여기에 착안하여 Invesco라는 미국 소재 대형 운용사가 매년도 시리즈로 하이일드와 투자등급 채권을 포함한 ETF를 상장하였습니데이."

"ETF 만기상품 중에 올해나 내년에 만기가 도래하는 상품은 듀레이션이 짧고, 금리 상승으로 인하여 가격 하락도 되었으니 저가에 매수해서 만기 때 원금을 받으면 이익이 된다는 논리이네?"

"뎃츠 퍼펙틀리 라이트입니다. 부장님. 2023년 만기가 도래하는 투자등급 상품은 BSCN US라는 티커를 가지고 있고예, 하이일드 상품은 BSJN US라는 상품입니데이."

지금같이 중앙은행의 긴축 강도가 엄청나게 셀 때, 등급이 낮을수록 위험합니다. 지난 주에 하이일드 채권의 하락에 베팅을 한 SJB US ETF를 투자하였는데 만기가 정해져 있다고 하이일드 ETF를 동시에 들어가는 것은 운용 전략에 맞지 않습니다. 반면 투자등급 채권은 단기간에 신용등급이 급락할 가능성이 있더라도 원금 상환에는 큰 문제가 없어 보입니다. 가격 민감도를 최소화하면서 안정적인 이자수익을 얻는 것이 신 부장이 정해놓은 원칙과 일치합니다.

"김 주임, BSCN US만 보자. 기초자산 상황 좀 이야기해줄 수 있나?"

"BSCN US 상품 이름은 Invesco BulletShares 2023 Corporate Bond ETF입니다. 이름에서 알 수 있듯이 2023년 만기 채권으로 구성한 기초자산입니다(그림 4-58). 등급으로 보면 망할 일이 없습니다. 그리고 최근 1년 동안, 월별 미국 10년 국채 금리 변동 폭 대비한 동 ETF와 채권지수, 그리고 마 채권 지수를 비교해봤습니데이."

그림 4-58 기초자산 현황(2023년 2월 기준)

Top Industry Groups	02/16/23	Top Geographic	02/16/23	Top Assets	02/16/23
Banks	20.03%	U.S.	78.37%	Corporate	91.961%
Pharmaceuticals	6.75%	Canada	4.23%	Cash and Other	4.777%
Auto Manufacturers	6.40%	U.K.	4.08%	Government	3.262%
Computers	5.34%	Japan	2.82%	Mortgage	.000%
Electric	5.08%	Ireland	1.70%	Preferred	.000%
Software	4.16%	Netherlands	1.47%	Municipal	.000%
Oil&Gas	3.98%	Switzerland	1.09%	Equity	.000%
Retail	3.90%	Luxembourg	.56%		
Diversified Finan Serv	3.86%	Spain	.47%		
Sovereign	3.26%	France	.43%		
@ Hlds Anlys | PORT »	02/16/23	BBG Composite Rating	02/16/23	Maturities	02/16/23
Top 10 Hldings % Port	18.35	A	38.65%	0 - 1 yr	91.23%
		BBB	37.05%	Not Classified	8.19%
		AA	11.59%	1 - 3 yrs	.34%
		BB	2.62%	3 - 5 yrs	.24%
		AAA	1.90%		

(출처) Bloomberg

표 4-3 최근 1년 월별 수익률(2021년 8월~2022년 7월)

구분	21. 8	21. 9	21.10	21.11	21.12	22. 1	22. 2	22. 3	22. 4	22. 5	22. 6	22. 7
ETF	0.1	−0.1	−0.2	−0.2	0.2	−0.7	−0.4	−0.4	−0.4	0.5	−0.4	0.3
채권	−0.2	−0.9	0.0	0.3	−0.3	−2.2	−1.1	−2.8	−3.8	0.6	−1.6	2.4
10년 (전월 대비 변동 폭)	8.6	17.8	6.7	−10.8	6.5	26.6	4.9	51.4	59.6	−9.0	16.9	−36.5

ETF: BSCN US Equity(단위: %)

채권: The Bloomberg US Aggregate Index(블룸버그 티커: LBUSTRUU Index, 단위: %)

10년: 미 10년 국채(단위: bp)

"10년 금리 기준으로 상승 시에는 이 상품이 손실을 최소화하면서 청산 시에는 그대로 상환된 원금을 취할 수 있으니까 유리하겠구먼."

"마, 그렇습더. 채권가격이 Par[28] 미만에 매입해서, 만기 도래 시 Par에 상환받는 전략을 'Par Building'이라고도 합니다."

투자 의사결정 전 마지막 점검사항, 유동성입니다. 신 부장은 유동성의 바로미터인 시가총액에 대하여 물어봅니다.

---

28 채권의 액면가액, 즉 만기도래 시 받는 원금을 의미하며 해외채권 기준 Par 가격은 100으로 한다. 참고로 원화채권은 10,000이다.

"마, 시가총액은 약 25억 달러입니다. 장내에서 거래하는 데 문제 없습니다."

신 부장은 최종 정리를 합니다.

"좋아, 현재 인플레이션 상승발 연준이 공격적으로 금리를 올리기 시작하였으며, 그 끝은 아무도 모른다. 채권 금리는 더욱 상승할 것이므로 금리 민감도인 듀레이션을 줄여야 한다. 그리고 긴축 통화정책이 계속되면 기업의 실적이 악화되고 경기침체가 올 수 있다. 그러므로 신용등급 높은, 우량한 기업의 채권에 투자해야 한다.

이 두 가지 조건을 만족하는 상품이 만기가 곧 도래하는 ETF이다. 그것이 투자등급 이상의 2023년 만기도래하는 채권들로 구성된 BSCN US이다. 맞나?"

"역쉬 부장님의 정리 능력은 우리 모두가 본받아야 할 장점입니데이. 리스펙!"

"좋아 3,000만 달러까지 장내에서 매입하도록 해. 이건 내년 말에 청산할 때까지 보유할 거야."

BSCN US Equity(Invesco BulletShares 2023 Corporate Bond ETF)

1. 개요
동 ETF는 2023년 만기도래하는 투자등급 채권으로 구성한 ETF입니다. 벤치마크는 Nasdaq Bulletshares USD Corporate Bond 2023 Index이며, 매월 벤치마크에 따라 채권비중을 리밸런싱 합니다.

2. 운용사
인베스코는 iShares, Spider(State Street), Vanguard 뒤를 잇는 미국 내 4위의 대형 운용사입니다.

3. 상장일 및 수수료
상장일은 2014년 9월이며, 총 수수료는 투자금의 0.1%입니다.

4. 시가총액
USD 25억(약 3조 원)입니다(2023년 2월 기준).

5. 트래킹 에러
최근 1년 벤치마크 대비 약 0.3%(연환산) 수준입니다.

6. 포트폴리오 구성
2023년 만기 채권. 90% 이상 크레디트 채권이며, 발행사는 주로 미국 소재 기업이다(비중 78%).

7. 이런 시장 상황에서 유리해요
본격적인 통화 긴축정책으로 금리가 지속적으로 상승하며, 긴축이 지속되어 기업의 이익이 감소하고 경기침체 우려가 도래할 때 단기 회사채, 또는 이와 관련한 상품 투자를 검토할 수 있습니다. 동 상품의 수명이 2023년에 종료되는 시한부 상품인 점을 감안하면, 편입한 채권들의 가격이 만기에 Par 수렴하면서 얻을 수 있는 Par Building의 장점을 가질 수 있습니다.

8. 기간별 수익률(연환산 기준, %, 2023년 2월 말 기준)

1개월	3개월	6개월	YTD	1년	3년	5년
0.2	1.0	1.4	0.6	0.6	1.1	2.9

9. 주요 '시한부' ETF(2023년 2월 현재)

구 분	BSCN	BSCO	BSCP	BSJN	BSJO	BSJP
운용사	Invesco	Invesco	Invesco	Invesco	Invesco	Invesco
시가총액 ($억)	27.3	39.6	22.9	7.4	5.6	4.6
상장일	2014-09-17	2014-09-17	2015-10-07	2015-10-07	2016-09-14	2017-09-27
벤치마크	Nasdaq BulletShares Corporate	NASDAQ BulletShares USD Corporate	NASDAQ BulletShares USD Corporate	BS High Yield Corporate Bond 2	NASDAQ BulletShares USD High Yield	NASDAQ BulletShares USD High Yield
수수료 (%)	0.10	0.10	0.10	0.42	0.42	0.42
듀레이션 (년)	0.3	1.3	2.1	0.8	1.6	2.0
만기	2023년	2024년	2025년	2023년	2024년	2025년
등급별 분포(%)						
AAA	1.9	0.7	1.7	13.6		
AA	11.6	8.7	9.5			
A	38.7	44.7	39.2			
BBB	37.1	43.3	46.1			
BB	2.6	2.4	3.3	33.3	43.9	36.5
B				35.1	40.9	50.1
CCC				9.4	6.3	12.5
무등급				1.6	2.9	0.2

05

경기침체 단계 및
대규모 위기 징조

최악을 최상으로
TAIL US(2020년 2월 3일)

본부 내 모든 일에 부정적으로 본다고 하여 '닥터 루비니'라는 별명을 가진 두동강 차장. 자다가 막 일어난 뻗친 머리, 풀린 눈의 소유자로, 2018년 말 다들 금리가 계속 오를 것이라고 이야기할 때 그는 연준이 유심히 들여다보는 미 국채 3개월–10년 커브 역전의 징조(그림 4-59) 및 인플레이션 둔화를 미리 간파하고(그림 4-60) 채권 비중을 늘렸습니다. 그 결과 2019년 내내 금리는 랠리하고 크레디트 스프레드는 축소하여, 외화채권 운용으로 벌어들인 수익이 본부 수익의 50%를 차지하는 등 많은 돈을 벌게 됩니다. 그는 신난은행 '올해의 채권인 상'을 받게 됩니다. 그의 성격과는 반대로 은행 내에서의 입지는 밝았습니다.

2020년 초에도 금리 랠리, 크레디트 스프레드 축소 등 채권 강세가 이어지면서 두동강 차장은 전년도에 이어 높은 수익을 벌고 있었습니다.

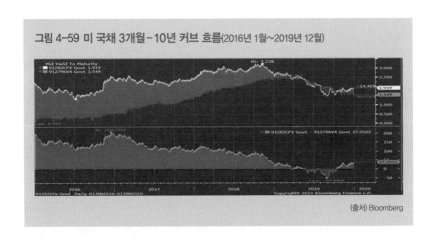

그림 4-59 미 국채 3개월-10년 커브 흐름(2016년 1월~2019년 12월)

(출처) Bloomberg

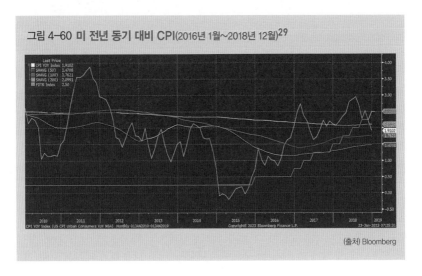

그림 4-60 미 전년 동기 대비 CPI(2016년 1월~2018년 12월)[29]

(출처) Bloomberg

---

29 장기간의 완화정책을 종료하고 2016년 12월부터 기준금리를 인상한다. 당시에는 인플레이션 압력보다는 장기간 저금리로 인한 과잉 유동성을 회수하고 통화정책 정상화에 초점이 맞춰짐. 그러나 2018년 4분기 이후 연준의 지속적인 긴축 시사로 경기침체 우려 목소리가 높아지고, 연준의 목표인 연 2% 인플레이션 아래로 하락하면서 2019년 1월 기준금리 인상을 중단한다. 그 근거가 되었던 것이 3개월-10년 국채 스프레드 역전이었다.

(https://www.federalreserve.gov/econres/notes/feds-notes/dont-fear-the-yield-curve-20180628. html 참조)

1월에만 실현손익 50억 원, 이렇게 가면 금년에도 500억 이상의 실현손익에 거침이 없었습니다. 그러나 두동강 차장은 구정 설 연휴, 인터넷 기사에서 심상치 않은 기사를 읽게 됩니다.

"중국 우한, 이번 설 연휴 때 신종 전염병 '우한 폐렴' 확산을 막기 위하여 도시 봉쇄."

설 연휴가 끝나자마자 두동강 차장은 신 부장에게 달려갑니다.

"드릴 말씀이 있습니다, 부장님."

"야 급한 거 아니면 나중에 이야기해. 형 잠시 눈 좀 붙이자."

고향이 부산인 신달라 부장은 귀경까지 14시간 걸쳐 혼자 운전하느라고 잠시 졸고 있던 터, 잠을 깨운 두 차장에게 신경질적으로 답합니다.

"부장님, 제가 웬만하면 이렇게 안 오죠. 지금 큰일 났어요. 신문 보셨어요? 미스터리한 전염병이 잘못하면 전 세계를 마비시킬 수 있다고요."

"뭐가 세계를 마비시켜. 난 이번 구정 때도 잘 내려갔다 왔구먼. 올해도 저금리가 계속될 거라고 전 세계 주가가 상승하는 거 못 봤어? 넌 항상 세상을 삐딱하게 봐. 저번에 뭐 러시아 인공위성이 한반도에 떨어진다고 일본 갔다 온 인간이 말이야."

"부장님, 이 병의 문제가 뭐냐면요. 이걸 고칠 만한 약이나 치료 방법이 없다는 거예요. 중국 사람이 해외에 좀 많습니까? 분명히 한 달 안에 미국이나 유럽을 마비시킬 거라고요."

여전히 심드렁한 신 부장 "니 말이 맞다고 치자. 그러면 우리 포트폴리오는 어떻게 되는 거야?"

"어떤 일이 일어날지 모릅니다. 사실 작년 말에 한국 CDS^{Credit Default Swap}이 사상 최저인 20bp(또는 0.20%)까지 내려갔을 때, 이거 사려고 했는데 리스크 부서에서 막았잖아요.

지금 저희 채권 포트폴리오는 완전히 무방비예요."

외화채권 포트폴리오는 크게 두 가지 위험 요인에 노출되어 있습니다. 이자율 위험과 신용위험이지요. 현재 두 차장이 운용 중인 외화채권 규모는 총 5억 달러 규모인데 미 국채 이외의 크레디트 채권 비중이 약 85% 정도 되며, 이자율 위험을 헤지하기 위하여 3억 5,000만 달러를 이자율 스와프(고정금리 지급, 변동금리 수취)를 행한 상황이었습니다. 그러나 리스크 부서 등 위험관리 부서의 시각은 2008년 금융위기 당시에 머물러 있었습니다. 당시에 큰 손실을 빚었던 CDS, CDO 등의 파생상품을 일절 투자 금지해놓은 상황이었습니다.

신 부장은 리스크부 황재수 팀장만 생각하면 흥분하는 경향이 있습니다. 운전의 피로가 싹 가신 채 허리를 곧추세웁니다.

"두 차장, 만약에 그 전염병이 전 세계에 급격하게 퍼져서 주식 및 채권 시장을 마비시킨다면 지금이라도 어떻게 대처할 방법이 있어? 황재수 그 자식은 운용부서에서 뭐 말만 하면 다 반대하고 난리잖아."

"지금 할 수 있는 방법은 세 가지가 있습니다. 미 국채를 매입, 달러 매입 및 원화 매도의 'FX 스와프', 그리고 다음과 같은 ETF를 매입하는 것입니다."

신 부장은 평소 미 국채를 이용하여 크레디트 채권을 헤지하는 것에 대해 부정적입니다. 이미 2009년 제로금리 및 양적완화로 인하여, 미 국채로 대표되는 안전자산 금리와 위험자산 간의 상관관계가 상당 부분 깨졌다고 생각하기 때문입니다. 너무 낮은 금리가 제대로 작동할지 의문이었습니다.

"미 10년 국채 금리가 지금 1%대인데 효과가 있겠어? FX 스와프는 내가 파생부 최생파 부장한테 이야기할게. 나머지 하나가 뭐라고?"

두 차장이 목소리를 높입니다.

"이런 긴급 상황에서는 미 국채 금리가 마이너스로 간다고 해도 전혀 이상할 것이 없습니다. 불과 1년 전에 독일 국채 금리가 마이너스로 갈 것이라고 누가 예상했겠습니까? 달러를 매입하는 효과도 있으니까 미 국채를 충분히 사두어야 합니다."

"알았어. 일단 그건 그렇고, 마지막에 니가 설명하려고 했던 상품이 뭐였냐고?"

신 부장은 항상 자신의 주장이 옳다고 밀어붙이는 두 차장을 그다지 좋아하지 않습니다. 그러나 작년에 그렇게 돈을 벌었는데 어찌 합니까? 믿어야지.

"네, TAIL이라는 상품인데요. 전형적인 꼬리 위험에 특화된 상품입니다. 어제 안예슬 대리 통해서 자산 구성에 대하여 잘 만들어오라고 했는데…. (부장실 문을 열고) 안 대리! 이리로 들어와 봐."

안예슬 대리, 외화채권의 일일 운용 현황을 만들다가 뛰어옵니다.

"네, 부르셨습니까?"

"어제 내가 조사하라고 했던 그 ETF 상품에 대하여 부장님께 간략하게 보고드려."

"아 네, 부장님. 기초자산은 미 국채 10년물 83% 및 TIPS 10년물 6% 등 채권 총 90%를 차지합니다. 그리고 나머지는 외가격 S&P Put Option[30] 으로 구성되어 있습니다."

---

30 주가 1pt당 옵션가치=USD100/계약, 최소 계약 수: 100계약, 옵션 종류: European(만기에 행사여부 결정) ⇨ 옵션 1계약당 실제 액면기준 시장가치는 USD 350,000(주가지수 3,500 가정)임

그림 4-61 TAIL 기초자산(2023년 1월 기준)

	Security	Ticker	Source	Position	Pos Chg	% Out	% Net	Curr MV	Rpt MV
1)	US TREASURY N/B	T 4 ⅛ 11/15/32	ETF	186,032	-1,209	.17	83.22	195.94MLN	195.83MLN
2)	TSY INFL IX N/B	TII 0 ⅜ 07/15/30	ETF	13,245		.03	6.01	12.20MLN	14.14MLN
3)	Spot	USD Currncy	ETF	8,600,833	+1.49MLN	.00	3.65	8.60MLN	0
4)	December 23 Put on SPX Strike 3800	SPX US 12/15/23 --	ETF	297		.00	1.85	43,629	4.34MLN
5)	March 24 Puts on SPX Strike 3600	SPX US 03/15/24 --	ETF	237	2	.00	1.72	40,815	4.03MLN
6)	September 23 Puts on SPX Strike 3500	SPX US 09/15/23 --	ETF	409	3	.00	1.65	39,019	3.68MLN
7)	June 23 Puts on SPX Strike 3800	SPX US 06/16/23 --	ETF	224		.00	1.11	26,074	2.62MLN
8)	June 23 Puts on SPX Strike 4000	SPX US 06/16/23 --	ETF	83	1	.00	.64	14,998	1.50MLN
9)	March 23 Puts on SPX Strike 3600	SPX US 03/17/23 --	ETF	151		.00	.15	3,609	358,625

(출처) Bloomberg

신 부장은 채권형 펀드에 주식 옵션이 들어가 있는 것 자체가 신기합니다. 동년배 외화채권 운용 1세대와 저녁식사 자리 등에서, 최근의 채권운용 위험관리 트렌드가 CDS 일변도에서 주가지수에 대한 풋옵션 등을 사용하여 헤지한다는 이야기를 들어온 터였습니다.

"자산 구성을 보니 평소 주식시장이 랠리를 하게 되면, 이론상으로 안전자산의 금리가 오를 테니까 항상 손실을 입는 구조이네?"라고 신 부장은 반문합니다.

부장 말을 잘 듣는 안예슬 대리는 신 부장의 반문에 당황합니다. 어릴 때부터 항상 부모님으로부터 어른의 말씀에는 우선 '네, 알겠습니다'라고 배운 터였기 때문입니다. 문제는 그다음에 어떻게 말을 해야 하는지 못 배운 것입니다.

두 차장이 이어받습니다.

"부장님 말씀이 맞습니다. 장기적인 측면에서 이 상품을 매입 후 보유하는 것은 맞지 않습니다. (안 대리를 향하여) 안 대리, 부장님께 TAIL의 가격 흐름을 좀 보여드려."

"넵, 차장님. (신 부장에게 가격 그래프를 보여주며) 부장님 말씀대로 이 상품은 계속 하락해왔습니다. 2017년 4월에 상장된 후 금리는 오르는 반면, 트럼프 대통령의 '감세정책'으로 주가는 상승하거나 큰 변동성이 없었기 때문입니다. 그런데 2018년 말(붉은색 박스) 연준의 긴축 지속과 시장의 경기 침체 우려가 맞물리면서 주가 변동성이 크게 움직일 때 이 상품은 일시적으로 상승하는 모습을 보였습니다(그림 4-62)."

두 차장이 역대급 목소리로 말합니다.

"부장님, 어차피 이 상품이 손실이 나더라도 지금 보유하고 있는 채권들은 랠리할 것이기 때문에 상계가 될 것입니다. 그러나 만약에 저 신종 전염병 때문에 채권시장이 마비된다면 리스크부에서는 예전과 같이 일단 손실분을 다 팔라고 할 겁니다. 그러면 저희 외화채권 데스크의 운명도 끝이지요."

옆에 신 부장이 먹으려고 사온 알로에 음료수 캔을 따고 한 모금 마신 후, 두 차장은 말을 이어나갑니다.

"지금은 평온한 상황입니다. 다 막지는 못하더라도 '장고래' 본부장님한 테는 '우리가 이렇게까지 위험관리를 하고 있으며, 분명히 이런 재난에 대하여 중앙은행의 조치가 뒤따를 것이다. 그래서 버텨야 한다'라는 논리로

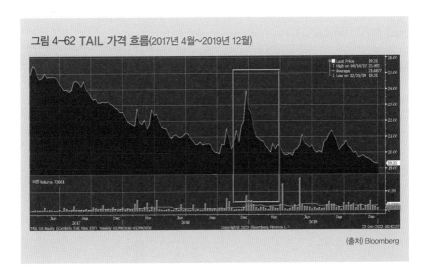

그림 4-62 TAIL 가격 흐름(2017년 4월~2019년 12월)

(출처) Bloomberg

나아가야 합니다."

신 부장은 투자 결정 전에 마지막으로 "그러면 얼마 정도 투자하면 될 거 같아?"라고 두 차장에게 묻습니다.

"일단 3,000만 달러만 증권사 통해서 '리스크 거래[31]'를 하겠습니다. 장 중에서는 매입하기 어렵거든요."

"좋아. 미 국채 10년 1억 달러 하고 TAIL 3,000만 달러 어치 매입해. 저번 2018년 상황을 보니까 일시에 약 15% 정도 올랐더만. TAIL의 경우 10% 이상 수익률을 얻게 되면 최대 3번 안에 매도하도록 해. 지난 금융위기 때도 그러했지만, 결국 TAIL risk는 중앙은행의 개입으로 조기에 끝날 가능성이 크거든."

신 부장은 이어 두 차장이 한 모금 한 알로에 캔을 종이컵에 따른 후 의자에 기대며 한마디 합니다.

"나 이제 좀 쉬어도 되지?"

---

31 장외에서 거래 상대방인 브로커를 통하여 지정가 주문을 하는 것. 장내에서 소화하기 어려운 블록딜을 할 때 주로 사용하는 거래 기법임

TAIL US Equity(Cambria Tail Risk ETF)

1. 개요

동 ETF는 꼬리 위험에 따른 시장가격 급락을 어느 정도 막기 위한 목적으로 만들어졌습니다. 대부분 미국 국채가 포함되어 있으며, 행사가격과 멀리 떨어져 있는 '외가격' S&P 500 풋옵션이 약 9% 비중으로 구성되어 있습니다.

2. 운용사

Cambria Investment Management는 2006년에 설립된 퀀트 및 대체투자에 집중한 ETF 상품을 만드는 운용사입니다. 대표적인 상품으로는 TAIL 이외에 배당 및 자사주 매입에 특화된 기업을 퀀트 기반으로 추출, 구성하는 SYLD 등이 있습니다.

3. 상장일 및 수수료

상장일은 2017년 4월이며, 총 수수료는 투자금의 0.59%입니다.

4. 시가총액

USD 2억(약 2,400억 원)입니다(2023년 2월 기준).

5. 트래킹 에러

액티브 ETF로 벤치마크가 없습니다.

6. 포트폴리오 구성

미국 10년 국채(85%), TIPS(6%), S&P500 Put Option(9%)

7. 이런 시장 상황에서 유리해요

주요 꼬리 위험(2001년 9·11 테러, 2008년 금융위기, 2011년 미국 신용등급 강등, 2020년 팬데믹 등) 시, 금리 하락으로 인한 국채가격 상승, S&P500 급락에 따른 Put Option 가격 상승으로 동 ETF 가격 상승할 수 있습니다. 단독으로 투자하는 것보다는 주식 등 위험자산 보유 시, 동 상품을 편입하는 것이 일반적입니다.

8. 기간별 수익률(연환산 기준, %, 2023년 2월말 기준)

1개월	3개월	6개월	YTD	1년	3년	5년
−2.1	−3.5	−10.4	−4.6	−19.2	−11.4	−7.2

장기물 안전자산으로 대피하라
TLT US(2020년 2월 17일)

'Covid-19'라 불리는 신종 전염병 확산세가 심상치 않습니다. 국내 최초 확진자가 나온 2020년 1월 20일 이후 추가 확진자가 나오면서 방역당국은 긴장합니다. 뚜렷한 치료제, 백신이 없는 상황에서 어떻게 전염병을 막아야 할지 암담한 상황입니다.

위험자산에도 적신호가 켜지고 있습니다. 아직은 주식시장 및 채권 스프레드가 견조하게 지키고 있지만(그림 4-63), 자칫 전염병이 대규모로 퍼졌을 때 사회기능이 마비될 수도 있는 상황입니다.

신 부장은 코로나가 확산 중인 중국의 봉쇄령에 주목합니다. 중국은 이

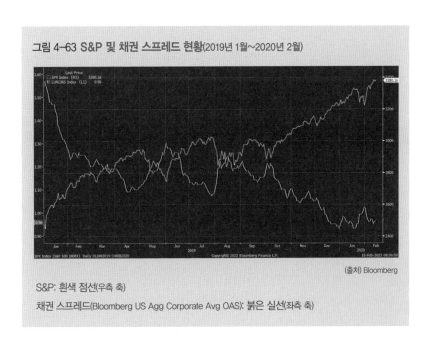

그림 4-63 S&P 및 채권 스프레드 현황(2019년 1월~2020년 2월)

(출처) Bloomberg

S&P: 흰색 점선(우측 축)

채권 스프레드(Bloomberg US Agg Corporate Avg OAS): 붉은 실선(좌측 축)

미 경제활동이 마비되어 있습니다. 중국인들이 얼마나 전 세계 방방곡곡을 다니면서 돈을 써댔던가? 중국인들이 거쳐 간 곳에서 확진자가 생깁니다. 그래서 차 과장과 안 대리가 이번 달 말 계획하였던 싱가포르 현지법인 방문 및 교육 일정이 취소되었던 것입니다.

아침 주간회의에서 신 부장은 자못 엄숙한 목소리로 운을 뗍니다.

"주식시장은 역대 최고가야. 채권스프레드도 10년 이래 가장 낮은 수준이야. 그런데 전염병이 점점 우리 곁에 다가오는 느낌이야. 확진자 동선을 언론이 다 까발리고 있어. 심각한 상황 아닌가?"

시장이 비관론으로 돌아설 때 유독 강한 면모를 보이는 두동강 차장의 의견에 귀를 기울일 필요가 있습니다. 그는 2주 전 이미 이를 알고 TAIL US과 미 국채 10년물을 매입했습니다.

"맞습니다. 지금 솔직히 기계적으로 매입 및 보유하는 건 손실로 향하는 특급열차에 올라 탄 것입니다. 최대한 많이 팔아야 합니다. 시장하고 현실하고 이렇게 동떨어져 가는 경우도 드뭅니다."

차 과장이 이어 받습니다.

"맞습니다아~. 지난주에 싱가포르 출장 취소 때 현지법인 직원과 통화를 했습니다아~. 곁에도 오지 말라는 것이었습니다. 중국에 화교가 많지 않습니까? 코로나 다 뿌리고 다닌 답니다. 상황이 심각합니다아~."

"그러면 이러한 현실을 반영하기 시작하면 위험자산 급락은 시간 문제겠구먼."

실제 중국 CSI300(상하이 및 선전 증시에 상장된 A Share 300종목 인덱스) 가격 급락 중입니다(그림 4-64). 비록 최근에 중국 정부가 경기부양책을 만지작

거리고 있고 사스 감염자 수치를 넘어선 코로나 감염자를 철저히 격리하
겠다는 약속으로 반등하기는 하였지만 모든 것이 불확실합니다.

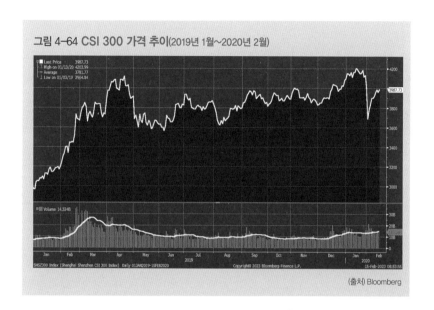

그림 4-64 CSI 300 가격 추이(2019년 1월~2020년 2월)

(출처) Bloomberg

신 부장은 빨리 보유량을 줄여야겠다는 생각뿐입니다.

"우선 오늘부터 손익 기준으로 마이너스가 나지 않은 채권들 중심으로
매도하라고. 지금 보유량이 총 어느 정도인가?"

안 대리가 부서 포트폴리오 명세서를 보면서 대답합니다.

"총 11억 3,000만 달러 규모입니다. 1월에 3억 달러를 매도해서 줄여놨
는데요. 그리고 현재 마이너스가 안 난 채권들이 약 70% 정도 됩니다. 다
팔기는 어렵겠지만 추가로 3억 달러 정도 매도해서 포지션을 줄여놓을 수
있습니다."

"좋아, 일단 안 대리는 시장 열리자마자 크레디트 채권들 매도에 집중해
주라고."

"넵, 알겠습니다."

지시에 충실한 안 대리를 보면 신 부장은 마음이 든든합니다. 그러나 운용역이라면 어떠한 시장 상황에서도 손실을 방지함과 동시에 돈을 버는 것이 사명입니다.

"원래는 작년에 연준을 중심으로 중앙은행들이 완화적인 통화 스탠스 덕분에 경기가 회복되는 모습을 보이고 있고, 금년에는 사실 경기확장 국면이어서 위험자산을 공격적으로 담았어야 하는데 자칫 심각한 경기침체로 접어들 수 있겠어."

나름대로의 경기진단을 한 후에 후에 신 부장은 예의 엄숙한 목소리로 돌아옵니다.

"우리는 어떤 상황에서도 돈을 벌어야 할 사람들이잖아. 코로나라는 전대미문의 전염병 확산, 그리고 이에 따른 사회마비 및 경기침체를 감안할 때 좋은 상품 아이디어 있으면 이야기해줘. 오늘 우리는 아주 중요한 기로에 서 있어."

"부장니임~, 사실 작년에 연준이 금리 인하로 경기침체를 막은 것뿐이지, 그게 없었으면 침체였을 겁니다아~. 결국 전염병이라는 꼬리 위험, 그리고 이후에 닥칠 경기침체를 넘은 공황 상태가 온다고 가정을 하면 세 가지가 떠오릅니다아~. 첫 번째 금, 두 번째 달러, 그리고 미국 국채입니다. 그것도 장기물입니다아~."

차 과장이 투자 아이디어를 내놓습니다. 역시 차 과장은 투자 상품에 대해서는 처음부터 열까지 꿰고 있습니다.

"그런데 차 과장, 금하고 달러는 서로 음의 상관관계를 가지고 있지 않나(그림 4-65)?"

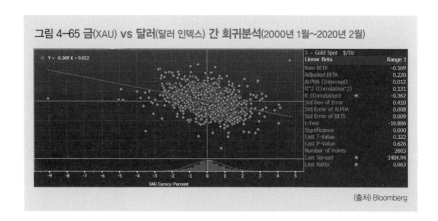

그림 4-65 금(XAU) vs 달러(달러 인덱스) 간 회귀분석(2000년 1월~2020년 2월)

(출처) Bloomberg

리스크 부서 출신답게 두 차장은 뭐든지 꼼꼼하게 따집니다. 사실 공격적인 투자를 지향하는 차 과장은 외화채권부의 '빨간 펜 선생님' 두 차장의 반론이 불편합니다.

"네, 차장님, 말씀하신 부분은 과거 브레튼우즈[32] 체제에서 금 1온스당 35달러 단위로 달러를 교환한 데에서 비롯합니다. 그리고 금은 전통적으로 인플레이션 자산이므로(인플레이션이 상승할 경우, 상품Commodity의 명목가치가 상승하는 반면 화폐가치는 하락) 달러와 반대방향으로 움직인다는 말씀, 동의합니다. 그러나 이러한 경제침체 및 꼬리 위험이 닥치면, 향후 달러와 교환할 수 있는 금과 안전자산의 대명사격인 미국 '돈'과 미국 연방정부가 원리금을 지급하는 법적 상품인 채권으로 돈이 몰립니다. 특이한 케이스입니다."

"어차피 우리는 채권쟁이들이니까 미 국채를 매입하는 방안이 있겠구면. 그런데 우리가 은행계정이라 보험사처럼 장기 채권을 매입하기는 어

---

32 1944년 7월 미국 뉴햄프셔주 브레튼우즈에서 44개 연합국 대표들이 모여, 종전 후 국제 통화질서를 규정함. 이 회의에서 미 달러를 기준으로 한 금본위제를 채택함으로써 본격적인 달러 기축통화 시대가 열리게 됨

렵잖아. 실제 리스크 부서나 자산부채 듀레이션 매칭(일치)[33]을 담당하는 자금부에서 우리가 직접 장기 채권을 사는 것은 막을 거란 말이지. 그런데 분명히 장기 채권이 이러한 '아사리판'[34]에서 유리할 텐데 말이야."

'차 과장이 분명 좋은 아이디어가 있을 텐데.'

신 부장은 차 과장의 번뜩이는 아이디어를 기대합니다. 차 과장이 기대에 부응하듯 대답합니다.

"부장니임~, ETF로 투자하시지요. 당연히 장기 채권 ETF의 대명사 TLT US가 있습니다아~. iShares가 운용을 하고 있고 미 국채 20년 이상으로 구성되어 있습니다아~."

차 과장의 말에 두 차장이 부연 설명합니다.

"차 과장이 말했던 달러와 금은 둘의 (-)의 상관관계 때문에, 두 상품을 동시에 투자하는 것을 좀 꺼림칙하게 생각했던 것도 사실입니다. 그리고 이미 저희가 FX스와프를 통하여 달러를 확보하였기 때문에 금 투자는 필요 없을 거 같습니다. 그러나 국채 투자하는 것은 전적으로 차 과장 아이디어에 동의합니다. 듀레이션이 커서 금리 민감도가 큰 것에 대한 부담도 이러한 아사리판에서는 오히려 투자 유인이기도 합니다."

'아, 맞다. 두 차장은 지지난 주, 이미 TAIL US 아이디어 제안 및 투자를 하면서 동시에 10년 국채를 다량으로 매수했었지.'

신 부장은 2주 전 두 차장의 보수적인 스탠스로 인하여 한시름 놓았던

---

33 ALM(Asset-Liability Match)라고도 하며, 은행, 보험사 등 부채(은행: 예수금, 채권조달 등, 보험사: 보험료)를 기반으로 영업활동을 하는 금융기관의 경우, 부채를 이용하여 자산을 운용할 때 둘 간의 만기(실질만기 또는 듀레이션)를 비슷하게 유지해야 한다. 은행의 경우 부채의 대부분이 기업, 개인 등으로부터 받은 예수금이다. 예수금은 수시입출금, 예금, 적금 등으로 분류되는데 비교적 만기가 짧은 것이 특징이다. 따라서 만기가 짧은 자산을 운용하는 것이 원칙이다.

34 몹시 난잡하고 무질서하게 엉망인 상태

기억을 되살립니다.

"현재 미 국채 30년 금리 수준은 어느 정도이지? 그리고 TLT US 유동성은 어때?"

"넵, 전일 종가 기준 2.04%입니다(그림 4-66). 그리고 TLT 시가총액은 약 197억 달러 수준으로 시장에서 매수하는 데 전혀 문제가 없습니다. 다만 오늘 미국 휴장(프레지던트 데이)이라서 매입은 내일부터 해야 할 거 같습니다."

신 부장은 최종 정리를 합니다.

"자, 2주 전 두 차장이 코로나에 대하여 위험 신호를 보내고 TAIL US 등 각종 안전자산 선호용 상품을 샀을 때만 해도, 코로나가 2015년 우리나라를 공포에 떨게 했던 메르스처럼, 반짝하고 사라질 줄 알았어. 그런데 지금 상황은 자칫 그동안 공들였던 우리 실적과 포트폴리오가 깡그리 무너질 수도 있다는 위기감을 느끼고 있어. 따라서 2주 전 10년물 국채 매입과

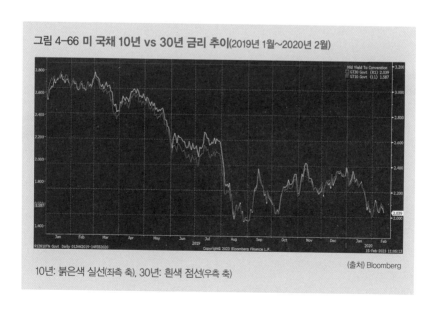

그림 4-66 미 국채 10년 vs 30년 금리 추이(2019년 1월~2020년 2월)

10년: 붉은색 실선(좌측 축), 30년: 흰색 점선(우측 축)

(출처) Bloomberg

함께 오늘 20년 이상 국채로 구성된 TLT US를 최대 5,000만 달러까지 사라고. 안 대리가 3억 달러를 이번 주 동안에 팔게 되면, 포트폴리오의 '몸무게'가 가벼워지니 리스크 관리가 될 거라고 봐.

회의 끝! 그리고 오늘 저녁 어쩌면 코로나 대확산 전 마지막 회식 어때? 내 친구가 하는 여의도 최고의 맛집 '쩡가'라고 있어. 거기 살치살이 죽여준다고."

"역시 부장님! 식당도 기가 막힌 곳 정하십니다. 최고이십니다아~"

차 과장의 신 부장 찬양가를 끝으로 주간 아침회의, 끝!

TLT US Equity(iShares 20+ Year Treasury Bond ETF)

1. 개요
동 ETF는 미국 국채 중 잔존만기 20년 이상 남은 상품을 편입한 ETF입니다. 벤치마크는 ICE U.S. Treasury 20+ Year Bond Index입니다.

2. 운용사
iShares는 BlackRock 계열로 Spider(State Street), Vanguard와 함께 세계 3대 대형 ETF 운용사입니다.

3. 상장일 및 수수료
상장일은 2002년 7월이며, 총 수수료는 투자금의 0.15%입니다.

4. 시가총액
USD 302억(약 36조 원) 입니다(2023년 2월 기준).

5. 트래킹 에러
최근 1년 벤치마크 대비 약 0.6%(연환산) 수준입니다.

6. 포트폴리오 구성
잔존만기 20년 이상 미국 국채

7. 이런 시장 상황에서 유리해요
1) 중앙은행의 통화긴축 막바지에서 일반적으로 발생하는 경기둔화 및 침체 단계, 2) 양적완화로 장기채 수요가 상승할 경우, 3) 꼬리 위험 발생으로 안전자산 선호 현상 강화 시에 유리합니다. 반면 인플레이션 상승기에는 위의 다른 조건을 만족하는 상황이더라도 반드시 피해야 할 상품이기도 합니다.

8. 기간별 수익률(연환산 기준, %, 2023년 2월 말 기준)

1개월	3개월	6개월	YTD	1년	3년	5년
−4.9	−0.3	−7.8	2.7	−26.2	−11.5	−1.1

9. 장기 미국 국채/회사채 ETF 주요 내용(2023년 2월 현재)

구 분	TLT	VGLT	SPTL	TLH	VCLT	BLV
운용사	iShares	Vanguard	Spider	iShares	Vanguard	Vanguard
시가총액 ($억)	302.6	46.5	66.6	83.9	54.9	50.9
상장일	2002-07-26	2009-11-23	2007-05-23	2007-01-11	2009-11-23	2007-04-10
벤치마크	ICE U.S. Treasury 20+ Year Bond	Bloomberg US Long Treasury Total Return	Bloomberg US Long Treasury Total Return	ICE U.S. Treasury 10−20 Year Bond	Bloomberg US Corporate 10+ year	Bloomberg U.S. Gov/ Credit Float
수수료(%)	0.15	0.04	0.06	0.15	0.04	0.04
듀레이션(년)	17.5	16.1	16.0	13.7	13.1	14.3
편입 종목	국채	국채	국채	국채(10~20년)	회사채	국채/회사채

경기침체와 기대인플레이션에 대비하라
IVOL US(2023년 1월 21일)

2023년 새해를 맞아, 신 부장은 지나치게 많이 보유하고 있는 채권 때문에 받는 스트레스가 큽니다. 인플레이션은 분명 정점을 지나 가라앉고 있지만, 미 연방준비위원회, 즉 연준은 기준금리 인상을 계속할 태세입니다. 현재 미국 기준금리가 4.5%임을 감안하면, 10년 국채 금리 수준인 3.5%는 너무 낮습니다. 5% 이상 기준금리를 올리면 국채 금리도 지금보다는 최소 50bp 이상 올라야 합니다. 연준에서 금리 결정할 때 주목하는 10년 국채와 3개월 T-Bill 간의 스프레드는 [그림 4-67]과 같이 2000년대 이후 3번의 금리 인상기 중 가장 높은 수준입니다. 즉 높으면 높을수록 (장·단기 금리 역전 폭이 클수록) 경기침체가 올 수 있다는 해석을 합니다(그림 4-68 붉은색 박스). 경기침체가 오면 포트폴리오 대부분을 차지하고 있는 투자등급 스프레드가 확대되면서 가격 하락을 피할 수 없게 됩니다.

'일단 올해 포트폴리오는 방어태세다. 금리의 민감도라 할 수 있는 금리 기준 듀레이션을 최소화하고 매입하는 만기를 2년 이내로 가져가야겠어'

그렇지만 올해 12월 말 계약 종료를 앞두고 작년에 이어 올해까지 손실을 본다면, 신 부장의 운명도 알 수 없습니다. 그는 팀 막내이지만 아이디어가 많고, 화가 많은 신 부장의 '심기경호'를 잘하는 유학파, 안예슬 대리를 부릅니다. 24시간 화가 나 있는 신달라 부장의 말투는 사실 화가 난 목소리가 상대방에 대한 애정이라고 생각합니다.

"안 대리, 뭐 좋은 상품 없어?"

"글쎄요, 지금 시장 상황이 크레디트 채권을 투자하거나 듀레이션을 늘려서 투자하기는 어렵습니다. 그렇다고 금리선물 매도나 CDS 매수를 할

그림 4–67 10년 국채 – 3개월 T–Bill 간 스프레드

(출처) Bloomberg

그림 4–68 뉴욕 연은 경기침체 확률 그래프

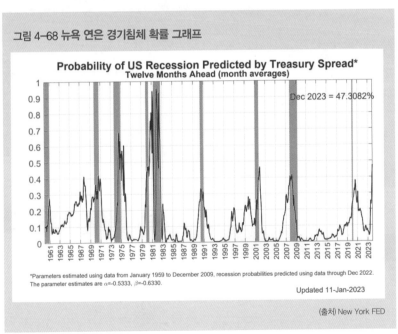

(출처) New York FED

정도로 금리가 지나치게 낮거나 크레디트 스프레드가 타이트(낮다고) 할
수는 없어서요."

"야, 그러면 노냐?"

"사실 그동안 봐둔 상품이 하나 있긴 합니다."

"그래? 그게 뭐야?"

"IVOL이라는 상품인데요. 이 ETF가 경기침체가 오거나 인플레이션 시
기에는 수익을 낼 수 있습니다"

"야, 드래곤볼이냐? 구체적으로 설명을 해봐."

안예슬 대리는 매번 '야! 그래?' 하며 화난 신 부장의 말투가 마치 자신
을 무시하는 것 같아 싫습니다. 그런 감정도 잠시 추스르고 항상 윗사람이
뭐라 하면 '예, 맞습니다. 맞고요' 하는 본인 특유의 캐릭터를 유지합니다.

"네, [그림 4-69]과 같이 이 ETF는 미 인플레이션 채권TIPS에 약 85%,
나머지 15%는 다양한 만기의 미 스와프 스프레드 2-10년 콜옵션으로 구
성되어 있습니다."

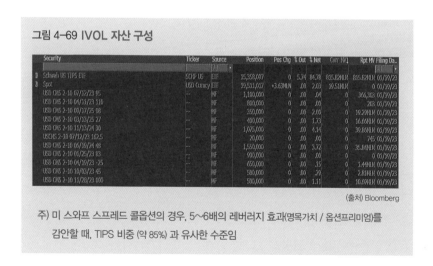

그림 4-69 IVOL 자산 구성

(출처) Bloomberg

주) 미 스와프 스프레드 콜옵션의 경우, 5~6배의 레버러지 효과(명목가치 / 옵션프리미엄)를
    감안할 때, TIPS 비중 (약 85%) 과 유사한 수준임

방향성 거래에만 익숙한 신 부장은 옵션이 들어가 있다는 말에 머리가 복잡해집니다.

"야, 채권형 ETF가 금리면 금리, 크레디트 스프레드면 크레디트 스프레드지 뭔 옵션이야. 그리고 지금 연준이 금리 더 올린다고 하면 장·단기 커브는 더 역전되는 거 아니냐?"

신상품 아이디어를 줄 때마다 신 부장은 항상 반문을 합니다. 그러나 다른 각도로 상품을 분석하는 것 또한 운용역으로서 필요한 덕목이라고 안 대리는 좋게 생각합니다.

"네, 그런데 지금 커브가 역전될수록 콜옵션 프리미엄은 싸져서, 사실 추가 가격 하락은 제한적이라고 생각합니다. 무엇보다도 경기침체가 우려가 되면 금리 커브는 급격하게 스티프닝(장·단기 금리 역전 해소 및 정상화)되는 경향이 있기 때문에, 경기침체 전조가 보이면 IVOL에서는 돈을 버는 구조입니다."

"좋아, 장·단기 커브는 이해는 되겠어. 그런데 지금 연준에서 금리를 계속 올린다 하잖아? 인플레이션은 지금 내려가고 있잖아. 그러면 IVOL 대부분의 구성 자산인 TIPS에서 손실 보는 거 아냐?"

안 대리는 자신의 다이어리 맨 뒷장을 뜯어 공식을 하나 적습니다.

$$r = R - i$$

"부장님, 여기 r은 실질금리입니다. TIPS의 가격결정 요인은 실질금리입니다. 실질금리는 명목금리인 R과 인플레이션 i와의 차이입니다. 실질금리 하락(금리와 가격은 서로 반비례한다)이 TIPS의 가격 상승 요인인데, 두 가지 경우를 가정하여 설명해드리겠습니다."

"야, 나 20분 후에 본부장님 하고 미팅 있어. 빨리 설명해봐."

신상품 아이디어 내라고 독촉은 하면서 정작 설명은 잘 안 들으려 한다. 그래도 본인의 설명이 장황하여 그럴 수 있다고 생각하며 스스로 '부장님 말씀에 '예' 해야지' 하며 침착함을 유지한다.

"우선 경기침체가 가속화되면 금리가 하락합니다. 인플레이션은 정점을 찍고 내려오고 있기 때문에 실질금리 수준은 현재와 큰 차이를 보이지 않을 것으로 보입니다."

"오케이, 명목금리와 인플레이션 둘 다 내려가는 케이스라서 크게 문제는 없을 것이다(그림 4-70)?"

"반면에 연준이 금리 인상을 멈추게 되었을 때 나타나는 현상입니다. 1970년대 후반, 연준은 물가가 하락으로 전환함을 보이자, 금리 인상을 멈추고 도리어 선제적으로 금리 인하를 합니다. 그 결과 2차 오일쇼크와 함께 인플레이션이 다시 문제가 됩니다. 연준에서 지금 걱정하는 것이 이

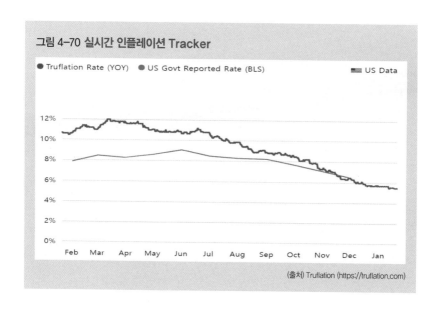

그림 4-70 실시간 인플레이션 Tracker

● Truflation Rate (YOY)　● US Govt Reported Rate (BLS)　US Data

(출처) Truflation (https://truflation.com)

부분인데, 그럼에도 불구하고 경기침체 사인이 분명해지면 분명히 금리 인하 목소리가 커질 겁니다. 올해 많은 비둘기파(인플레이션보다 성장을 중시하는 통화론자)가 투표권을 가지고 있거든요. 이때에는 명목금리 하락, 인플레이션 상승이라는 TIPS의 가격 상승 요인이 분명한 거죠."

신 부장은 점점 IVOL이 진짜 '드래곤볼'이라고 착각합니다. 경기침체 징조가 명확해지면 연준이 통화완화 스탠스를 보일 것이라는 시장 기대가 점점 커질 것이고, 그러면 단기 금리(기준금리와 단기 금리 움직임의 시차는 거의 없다)가 급격히 하락하여 커브 스티프닝을 만들어낼 것입니다. 그리고 기저 인플레이션이 여전히 높은데 연준이 금리 인상을 멈춘다면 TIPS 가격 상승을 기대할 수 있지 않을까 기대해봅니다.

결단력 하나는 화내는 것만큼 화끈한 신 부장은 바로 결정합니다.

"안 대리, 오늘 밤에 IVOL 50만 주 매입해."

IVOL US Equity

1. 개요
동 ETF는 채권 변동성 및 기대인플레이션 상승, 그리고 미 국채 장·단기 금리 차 확대(스티프닝) 시 이익을 얻는 구조로 설계된 '적극적(Active)' 상품입니다.

2. 운용사
Quadratic Capital Management 는 2013년, Nancy Davis(전 골드만삭스 Credit, Derivatives and OTC Trading Head) 가 설립한, 채권에 특화된 ETF 운용사입니다.

3. 상장일, 수수료
상장일은 2019년 5월이며, 총 수수료는 투자금의 1.04%으로 높은 편입니다

4. 시가총액
USD 8억 3,000만(약 1조 원, 2023년 2월 기준)

5. 트래킹 에러
적극적 ETF로 추종하는 벤치마크가 없으므로, 해당사항 없습니다.

6. 포트폴리오 구성
구성은 다음과 같습니다(2023년 1월 27일 현재).

7) Top Fund Hlds │ MHD »	Net Fund
11) Schwab US TIPS ETF	86.248%
12) USD CMS 2-10 11/13/24 30	3.795%
13) USD CMS 2-10 06/19/24 48	3.281%
14) USD CMS 2-10 09/17/25 08	1.884%
15) USD CMS 2-10 03/13/25 27	1.597%
16) USD CMS 2-10 11/28/23 000	.940%
17) USD CMS 2-10 10/03/23 45	.231%
18) USD CMS 2-10 04/19/23 -25	.098%
19) USD CMS 2-10 07/12/23 95	.020%

(출처) Bloomberg

여기서 맨 아래에 있는 'USD CMS 2–10 07/12/23 95' 의미를 설명하면,

1) USD CMS 2–10: 미 달러 CMS(Constant Maturity Swap) 2년 10년 간 국채 금리 차로써 최근 5년 간 흐름은 다음과 같습니다. 현재는 −67bp(−0.67%)입니다.

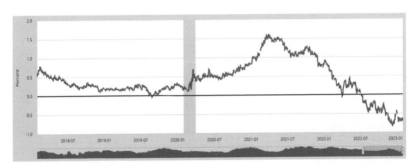

2) 07/12/23: 스왑션 만기

3) 95: 행사가격(95bp)이며, 스왑션 만기도래 시 95bp 내외로 형성할 경우, 2–10년 스프레드 확대 스와프에 참여할 수 있는 옵션입니다.

7. 이런 시장 상황에서 유리해요

상품 설명서에 따르면 1) TIPS 가격 상승(실질금리 하락), 2) 변동성 상승, 3) 기준금리 인하 기대감 상승, 그리고 4) 장기 금리 상승 〉 단기 금리 상승 시 이익을 얻을 수 있습니다.

포트폴리오 구성요소를 위의 시나리오에 적용을 하면, 1)은 TIPS ETF(SCHP US), 2)는 2–10년 커브에 대한 스왑션, 3)과 4)는 스왑션의 기초자산인, 미 스와프 금리 2–10년간 금리 차 확대에 적용할 수 있습니다.

8. 기간별 수익률(%)

1개월	3개월	6개월	YTD	1년	3년	5년
−4.8	−7.3	−10.1	−7.0	−20.0	−3.1	

06

Tail risk,
경기침체 후기

주택가격 바닥이 보인다
MBB US (2018년 11월 25일)

신 부장은 2008년 금융위기의 '원흉'으로 지목된, 서브프라임, CDO 등의 부동산 관련 상품을 10여 년간 쳐다보지도 않았습니다. 부동산 관련한 상품을 투자하면 왠지 찝찝함을 떨어낼 수가 없었기 때문입니다. 10년 후 2018년 말, 원인은 그때와 다르지만 시장은 온통 연준의 불필요한 긴축모드로 인하여 경기침체가 오지 않을까 걱정입니다. 위험자산 급락뿐만 아니라 부동산 가격 지수 또한 전월 대비 상승세가 대폭 둔화되고 있습니다(그림 4-71).

2006년 초까지 약 2년간 지속되어온 연준의 긴축(기준금리 1% ⇨ 5.25%) 정책으로 부동산 거품이 꺼지면서 각종 문제가 터졌듯이, 지금 연준의 긴축이 계속되어 금리 상승으로 인한 모기지대출 금융비용 증가와 더불어 부동산발 위기가 재림하지 않을까 걱정입니다.

신 부장은 '미스터 민' 차영하 과장을 호출합니다.

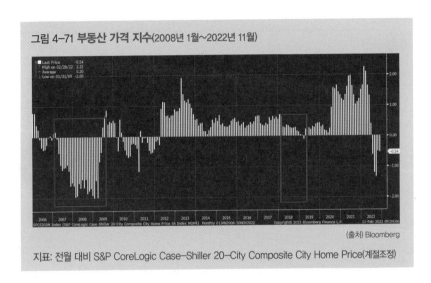

그림 4-71 **부동산 가격 지수**(2008년 1월~2022년 11월)

(출처) Bloomberg

지표: 전월 대비 S&P CoreLogic Case-Shiller 20-City Composite City Home Price(계절조정)

"차 과장, 두동강 차장 말대로 우리가 포지션을 많이 줄이긴 했지만 요즘 채권가격이 많이 떨어졌지?"

"예에~, 정확히 보셨습니다아~. 그래도 부장님의 혜안으로 포지션도 많이 줄였고 이자율 스와프 비중이 높지 않아서 손실 폭은 제한이 있습니다아~."

신 부장이 화제를 돌립니다.

"요즘 미국 부동산 시장은 어때? 최근 케이스 쉴러 20개 대도시 주택가격 기준으로 보면 상승세가 대폭 둔화돼서 조만간 마이너스로 바뀔 거 같은데 말이야."

"맞습니다아~. 특히 지난달에 파월 의장이 현재 금리가 중립금리에 한창 못 미친다는 발언 이후에 시장이 확실히 얼어 있습니다아~. 금리도 금리지만 최근 MBS와 국채 간 스프레드도 벌어지고 있고, 모기지 비용도 증가하고 있어서 좋지는 않습니다아~(그림 4-72)."

신 부장은 오랜만에 모기지 상품을 보니 용어에 익숙하지 않습니다.

"차 과장, 지금 보여준 모기지 스프레드에 대하여 설명을 좀 해주겠나?"

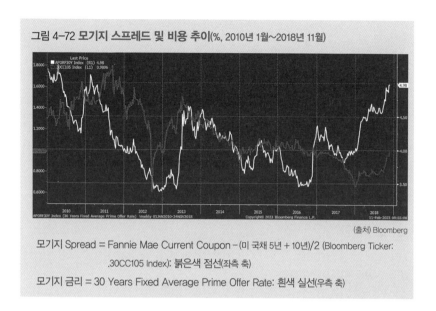

그림 4-72 **모기지 스프레드 및 비용 추이**(%, 2010년 1월~2018년 11월)

(출처) Bloomberg

모기지 Spread = Fannie Mae Current Coupon − (미 국채 5년 + 10년)/2 (Bloomberg Ticker:

.30CC105 Index): 붉은색 점선(좌측 축)

모기지 금리 = 30 Years Fixed Average Prime Offer Rate: 흰색 실선(우측 축)

가이스트 금융공학과 석사 출신인 차 과장은 국내 파생상품의 대가 박합수 교수에게 미국 Agency MBS에 대하여 정통으로 지식을 사사받은 제자입니다.

"예에~, 세 가지를 차례대로 말씀드리겠습니다아~.

1. 발행사

우선 미 Agency MBS 발행사는 Ginnie Mae, Fannie Mae, Freddie Mac 이 3개 기관입니다. 여기서 Ginnie Mae는 미 연방정부의 원리금 보증[35]을 받는 기관입니다아~. Fannie Mae와 Freddie Mac은 저희가 금융

---

[35] Ginnie Mae securities are the only MBS to carry the full faith and credit guaranty of the United States government, which means that even in difficult times, an investment in Ginnie Mae MBS is one of the safest an investor can make.

(출처: https://www.ginniemae.gov/about_us/who_we_are/Pages/funding_government_lending.aspx)

위기 때 알고 있는 모기지 붕괴의 한복판에 있었던 정부 스폰서 기관이었습니다. 2008년 이들 기관에 대한 구제금융을 통하여, 현재 미 연방정부가 이들 기관에 대한 우선주 100% 지분을 보유[36]하고 있습니다아~.

여기서 말씀드리고 싶은 것은 지금 이들 기관의 크레디트 위험은 미국 연방정부와 동일하다는 것입니다아~. 즉 어느 순간이 되어 진짜 경기침체가 오면 이 상품은 도리어 가격이 상승할 수 있습니다아~.

2. 조기상환

미 Agency MBS의 가장 큰 특징은 조기상환 옵션이 있다는 것입니다아~. 사실 미국 모기지론에는 조기상환에 대한 수수료 자체가 없습니다. 빌리고 다음 날에 갚아도 됩니다. 그래서 이것을 구조화하여 만든 MBS 또한 매월 조기상환이 됩니다아~.

혹시 부장니임~, 영화 '빅쇼트' 보셨습니까?"

"응, 봤지."

"거기 마이애미에서 스트립걸로 일하는 한 여성이 온통 빚으로 집을 몇 채를 사고, 이것을 담보로 다시 대출을 받아서 소비하는 행태. 이것이 미국인들의 흔한 소비 행태거든요. 기억나십니까아~?"

"어, 기억이 나네."

"그렇습니다. 집값이 오르면 집을 팔고 대출을 갚습니다아~. 그리고 새로운 집을 사지요. 금리가 떨어지면 대부분 고정금리 모기지인 미국의 경우에 대출자들이 이를 갚고 더 낮은 금리로 대출을 받으려는 유인이 생깁

---

36 2008년 9월 6일, Ginnie Mae의 관리·감독기관인 연방주택청(FHFA)이 이들 모기지 기관에 대하여 이사선임권 등 경영권을 사실상 행사하는 '후견인 제도(Conservatorship)'을 발동함. 이의 후속조치로 매 재무부는 이들과 우선주 매입을 통한 구제금융 제공함

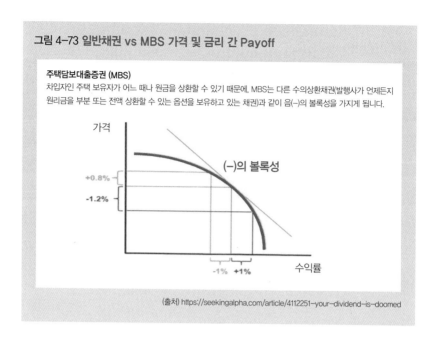

그림 4-73 일반채권 vs MBS 가격 및 금리 간 Payoff

주택담보대출증권 (MBS)
차입자인 주택 보유자가 어느 때나 원금을 상환할 수 있기 때문에, MBS는 다른 수의상환채권(발행사가 언제든지 원리금을 부분 또는 전액 상환할 수 있는 옵션을 보유하고 있는 채권)과 같이 음(−)의 볼록성을 가지게 됩니다.

가격

(−)의 볼록성

+0.8%

-1.2%

-1% +1% 수익률

(출처) https://seekingalpha.com/article/4112251-your-dividend-is-doomed

니다아~.

이러한 특징이 고스란히 MBS에 들어가서, 일반 채권과 달리 MBS는 가격과 금리 간 음의 볼록성Negative Convexity이 있습니다(그림 4-73). 금리가 계속 떨어져도 조기상환 성격으로 MBS 가격은 100에 수렴하게 됩니다. 반대로 금리가 계속 오르면 대출자들은 기존 대출을 갚기를 꺼리기 때문에 상품 듀레이션이 길어지게 되고, 가격 하락 속도는 빨라집니다아~.

결론적으로 지금 금리 상승 및 주택가격 상승 둔화 및 하락 전환을 앞두고 있는 상황에서 MBS 가격은 많이 하락해 있습니다. 만약 이것이 경기 및 주택가격의 바닥이라고 한다면, 금리가 하락하여 모기지 상환비율이 높아져서 가격은 100 미만에서 100으로 바로 수렴하기 때문에 수익을 높일 수 있는 기회가 될 것입니다아~."

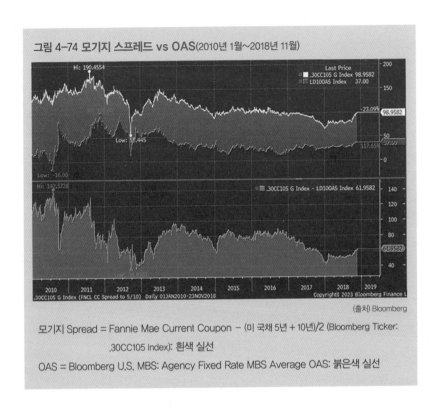

그림 4-74 모기지 스프레드 vs OAS(2010년 1월~2018년 11월)

(출처) Bloomberg

모기지 Spread = Fannie Mae Current Coupon − (미 국채 5년 + 10년)/2 (Bloomberg Ticker:
.30CC105 Index): 흰색 실선

OAS = Bloomberg U.S. MBS: Agency Fixed Rate MBS Average OAS: 붉은색 실선

3. 스프레드

조기상환 옵션이 있기 때문에 MBS는 [그림 4-74]에서 보여드린 명목
상 모기지 스프레드와 이 옵션가격을 차감한 OASOption Adjusted Spread가 있
습니다.

여기서 아래 붉은색 실선 그래프가 두 스프레드 간 차이입니다. 즉 조기
상환 옵션가격을 나타낸 것인데요. 이 스프레드가 클수록 옵션가격이 싸
다는 것입니다. 현재 시점에서 조기상환 옵션가격 자체는 그리 싸지는 않
지만, 집값과 금리가 조기상환에 유리한 환경으로 전환하면 점차 둘 간의
차이가 커져서 옵션가격이 저렴해질 수 있습니다."

차 과장의 일목요연한 설명에 신 부장은 과거 금융위기 때의 트라우마를 잠재울 수 있을 듯합니다.

"자, 정리를 하면, 과거와 달리 MBS를 발행하는 기관 모두 사실상 미 연방정부의 위험과 동일하고, 지금은 조기상환 유인이 별로 없고 금리가 올라서 듀레이션이 늘어나고 가격 하락 폭도 빨랐는데, 연준이 정책을 피봇하는 순간 가격 상승할 수 있다는 거지?"

"그렇습니다아~. 그래서 제가 보기에는 주택가격이 만약 전월 대비 하락 추이를 3개월 이상 보인다면 연준에서 통화정책을 바꿀 것이라고 봅니다아~. 지금 통화정책 정상화 말고는 사실 금리를 올릴 이유가 하나도 없다고 보입니다아~."

신 부장은 MBS 투자를 하고 싶어 합니다. 그런데 은행에서는 유독 자산유동화채권 등 구조화 상품에 대하여는 엄격한 잣대로 투자를 못 하게 하고 있습니다. 금융위기 때의 트라우마와 기초자산의 불투명성이라는 시대에 맞지 않은 기준 때문입니다. 그렇다고 심사역과 리스크 부서를 설득시키기에는 지금 시장 상황이 좋지 않습니다. 침묵이 때로는 필요한 법입니다.

"그러면 차 과장 생각으로는 어떻게 이 시장에 진입할 수 있겠나?"

"ETF가 있지 않습니까아~. MBB US라는 Agency MBS로 구성된 ETF입니다. 추종 벤치마크는 'The Bloomberg US Mortgage Backed Securities^MBS Index'입니다아~. 배분은 다음과 같습니다(그림 4-75)."

그림 4-75 MBB US 자산배분

Top Industry Groups	02/09/23	Top Geographic	02/09/23	Top Assets	02/09/23
GNMA2 Collateral	21.02%	U.S.	98.37%	Mortgage	98.372%
FGLMC Collateral	3.96%			Cash and Other	1.628%
GNMA Collateral	.61%			Government	.000%
FNMA Collateral	.16%			Corporate	.000%
FHLMC Collateral	.01%			Preferred	.000%
				Municipal	.000%
				Equity	.000%

(출처) Bloomberg

차 과장은 한 가지 덧붙입니다.

"MBS는 결국 미 국채와 동일한 신용을 가지고 있습니다만, 조기상환의 특성 때문에 미 국채 대비 스프레드가 형성되어 있는 것입니다아~. 즉 금리 하락에 따른 가격 상승은 기대하기 힘들지만, 금리가 박스권에 있는 횡보장에서는 수익률이 높기 때문에, 국채뿐만 아니라 회사채보다도 메리트가 있는 상품이라고 말할 수 있습니다아~. 2018년 한 해 가격 흐름은 다음과 같습니다. 여기서는 배당금을 제외한 가격 흐름입니다아~."

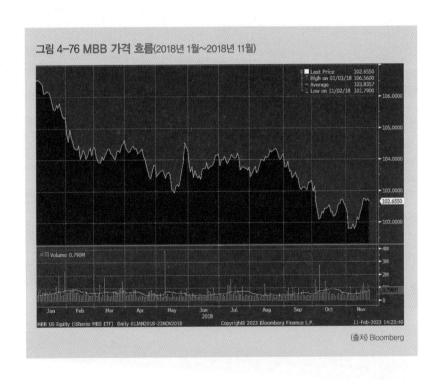

그림 4-76 MBB 가격 흐름(2018년 1월~2018년 11월)

(출처) Bloomberg

"많이 빠져서 가격 자체는 올라갈 수 있는 여지가 충분하구먼."

신 부장은 마지막으로 유동성을 점검합니다.

"시가총액하고 벤치마크 괴리는 어떻게 되나?"

"네에~, 시가총액은 250억 달러입니다. 당연히 장중에서 거래할 유동성 풍부합니다. 괴리 수준도 낮아서 효율적으로 운용되고 있는 ETF입니다아~."

결정의 시간, 비록 10여 년간 외면하던 상품이지만 주택시장의 급격한 둔화는 분명 정책당국에게 부담이 될 것입니다.

"좋아, 2,000만 달러 3일 동안에 적절히 배분해서 매입하도록 해. MBS 특성대로 금리가 급격하게 빠져서 원금 회수가 빨리되면 좋겠네, 그려."

MBB US Equity(iShares MBS ETF)

1. 개요
동 ETF는 미 연방정부의 명시적 보증(Ginnie Mae), 암묵적 보증(Fannie Mae, Freddie Mac)을 받는 Agency가 발행한 MBS Passthrough를 대부분 포함한 상품입니다. 벤치마크는 The Bloomberg US Mortgage Backed Securities(MBS) Index입니다.

2. 운용사
iShares는 BlackRock 계열로 Spider(State Street), Vanguard와 함께 세계 3대 대형 ETF 운용사입니다.

3. 상장일 및 수수료
상장일은 2007년 3월이며, 총 수수료는 투자금의 0.40%입니다.

4. 시가총액
USD 250억(약 30조 원)입니다(2023년 2월 기준).

5. 트래킹 에러
최근 1년 벤치마크 대비 약 0.3%(연환산) 수준입니다.

6. 포트폴리오 구성
미국에서 발행한 Agency MBS Passthrough[37]

7. 이런 시장 상황에서 유리해요
경기사이클상 경기침체가 본격화 되어 주택가격 급락 시 중앙은행의 완화적인 통화정책으로의 변화가 기대될 시점부터 경기확장 국면에서 투자 시 수익을 얻을 확률이 높아집니다. 동일한 위험도의 미 국채 대비 높은 수익률을 가지고 있어, 금리 방향성 없이 박스권 형성 시 유리한 상품입니다.

---

37 Specified Pool 또는 Spec이라고 부르며, 이는 이자가 같고 유사만기를 Pooling하여 30년 또는 15년 만기로 통일하여 발행하는 상품임. 모기지 성격 그대로 조기상환 위험 등에 노출되어 있다.

8. 기간별 수익률(연환산 기준, %, 2023년 2월 말 기준)

1개월	3개월	6개월	YTD	1년	3년	5년
−2.7	−0.3	−2.5	0.8	−9.2	−3.5	−0.1

9. 미 MBS ETF 주요 내용(2023년 2월 현재)

구 분	MBB	VMBS	SPMB
운용사	250.5	149.7	41.3
시가총액($억)	2007-03-16	2009-11-23	2009-01-27
상장일	Bloomberg US MBS Index Total Return	Bloomberg US MBS Float Adjusted	Bloomberg US MBS Index Total Return
벤치마크	iBoxx USD Liquid High Yield Index	Bloomberg VLI: High Yield TR	ICE BofA US High Yield Constra
Passive?	Yes	Yes	Yes
수수료(%)	0.04	0.04	0.04
듀레이션(년)	5.8	6.4	5.8

채권형인데 주식 상승에 따른 추가 이익이 가능하다고?
CWB US(2019년 1월 10일)

2018년 채권시장은 암흑기였습니다. 2008년 금융위기 이후 지금까지 긴축정책이라는 것을 잊고 살았던 대부분의 채권 트레이더에게 작년 한 해는 지속적인 연준의 긴축정책과 트럼프의 대중 강경노선으로 금리도 상승하고 위험자산도 하락 국면을 맞이합니다. 특히 지난 10월 파월 의장의 발언[38]으로 경기침체 우려 목소리가 높아지면서 4분기 주가 및 크레디트 스프레드, 그리고 금리 동시에 악재가 발생합니다(그림 4-77).

신 부장은 2018년 3월 외화채권부장으로 경력직 입사하여 한 해 내내

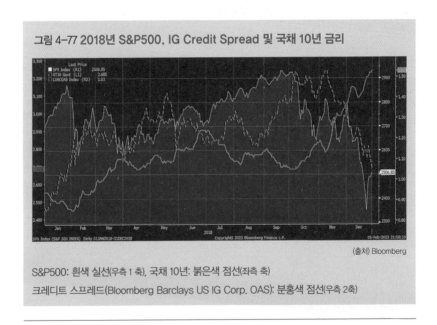

그림 4-77 2018년 S&P500, IG Credit Spread 및 국채 10년 금리

(출처) Bloomberg

S&P500: 흰색 실선(우측 1축), 국채 10년: 붉은색 점선(좌측 축)

크레디트 스프레드(Bloomberg Barclays US IG Corp. OAS): 분홍색 점선(우측 2축)

---

38 "Interest rates are still accommodative, but we're gradually moving to a place where they will be neutral," he added. "We may go past neutral, but we're a long way from neutral at this point, probably."(in a question-and-answer session with Judy Woodruff of PBS on 10/3/2018)

아무것도 보여주지 못합니다. 일희일비하는 '고래 선생' 장대성 본부장의 질책은 하루가 멀다 하고 계속됩니다.

"신 부장, 눈은 왜 뜨고 있나? 채권 금리가 올라갈 거 같으면 국채선물을 매도쳐서라도 이익을 볼 생각을 해야지. 맨날 소극적으로 가지고만 있으니까 계속 손실 나는 거 아냐? 그리고 크레디트 스프레드가 이렇게 벌어지는 데 손만 놓고 있을 거야? CD(신용부도 스와프) 거래라도 해서 손실을 막아야지?"

신 부장은 할 말이 많습니다. 외화채권부장으로 입사하였을 때, 부서 내에 국채선물을 할 수 있는 권한도 시스템도 없었을뿐더러, CDS 같은 파생상품 투자는 2008년 이후 빙하기에 접어들어 리스크 부서에서 절대 못하게 하는 상황이었습니다. 이 모든 것을 설명해도 고래 선생은 다 핑계라며 더 혼낼 게 분명했습니다.

"장고래 저 인간, 걸핏하면 남 탓 하는데, 지는 대학교재로 채권 배운 주제에 왜 자꾸 결과 가지고만 사람을 쥐잡듯이 잡는지 모르겠네."

그러나 2018년 말 현재 위험을 회피하겠다고 금리 상승에 베팅을 하거나 크레디트 스프레드를 막겠다며 CDS 투자를 하는 타이밍이 너무 늦었다고 생각하였습니다. 도리어 신 부장은 파월 의장이 곧 긴축을 멈출 것이라고 확신하였습니다.

"지금 연준이 생각하는 긴축은 단순히 금리 정상화를 위함이야. 인플레이션은 2%를 상회하지만 상당히 안정적이고, 명목 10년 금리는 상승하고 있지만 인플레이션 스와프 포워드 금리는 이미 꺾였다는 것은 곧 10년 금리도 인플레이션 스와프 금리의 방향성 대로 꺾일 거야."

그렇습니다. 인플레이션은 연준의 예상과 달리 연 2% 내외로 안정세를 유지하고 있었습니다. 그리고 2018년 파월 의장의 매파 발언 이후 10년 금리는 상승하였으나 기대인플레이션 지표인 5y5y(5년-5년) 달러 인플레이션 포워드 금리는 도리어 하락으로 전환한 상황이었습니다(그림 4-78).

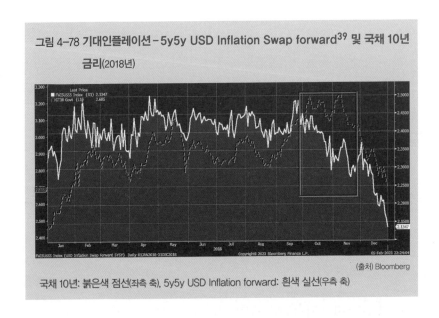

그림 4-78 기대인플레이션 – 5y5y USD Inflation Swap forward[39] 및 국채 10년 금리(2018년)

국채 10년: 붉은색 점선(좌측 축), 5y5y USD Inflation forward: 흰색 실선(우측 축)

2019년 초, 파월 의장은 시장의 경기침체 우려를 의식했는지 3개월 전 발언을 뒤집는 발언[40]을 합니다. 실질적으로 통화정책의 피봇Pivot이 온 것입니다. 주식시장은 랠리로 전환하였고, 채권 금리는 하락 반전합니다. 1년

---

39 중앙은행 및 시장참여자들이 사용하는 기대인플레이션 수치로서 명목적인 의미는 5년 후 시점에서 바라보는 5년 기대인플레이션 수치이며, 백분율로 나타냅니다. 산식은 다음과 같습니다.

2×(10년 제로쿠폰 인플레이션 스왑 금리 [USSWIT10 BGN Curncy]) − (5년 제로쿠폰 인플레이션 스왑 금리 [USSWIT5 BGN Curncy])

이 지표가 명목금리(특히 미 국채 10년 금리) 하락 또는 상승의 선행지표로 사용됩니다.

40 Following the Fed's December meeting, Powell had said that the central bank's balance sheet wind-down was on "autopilot." He reversed that impression and reassured investors Friday that the Fed would be flexible with all of its policy tools, including the balance sheet (in the American Economic Association and Allied Social Science Association Annual Meeting in Atlanta, Georgia, U.S., on Friday, Jan. 4, 2019)

동안 신규 투자를 최소화하고 참아왔던 그의 인내가 빛을 발할 때입니다.

신 부장은 '미스터 민' 차영하 과장을 호출합니다.

"차 과장, 연준이 정책을 변경할 거 같아. 금리 인하 시그널을 준 만큼 그 동안 아껴왔던 우리 한도를 최대한 활용하여 투자를 해야겠어. 채권 직접 투자를 일단 많이 늘리고 듀레이션도 최대한 확장해서 금리 민감도를 최대화하라고."

"예! 알겠습니다아~. 그런데 부장니임~, 이 위험자산 선호 현상에서 저희도 주식만큼 수익을 올릴 수 있는 상품이 있습니다아~."

신 부장은 환하게 웃으며, "그래? 우리 포트폴리오도 주식 수익률만큼 올릴 수 있다는 건가? 어떤 상품인가?"

차 과장은 그래프 한 장과 함께 설명을 이어나갑니다(그림 4-79).

"예, CWB US라는 ETF입니다아~. 부장님께서 더 잘 아시겠지만, 이 ETF는 달러로 발행된 전환사채를 기초자산으로 포함한 상품입니다아~.

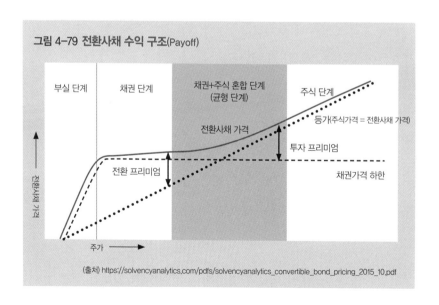

그림 4-79 전환사채 수익 구조(Payoff)

(출처) https://solvencyanalytics.com/pdfs/solvencyanalytics_convertible_bond_pricing_2015_10.pdf

참고로 전환사채를 간단히 설명해드리자면, 주가 하락기에는 채권의 성격이, 그리고 주가 상승기에는 주식의 성격을 가지게 됩니다아~."

그의 말꼬리가 길어질수록 중요한 설명이라는 뜻입니다.

"이 그래프에서 보시다시피 전환사채의 기초자산 주가가 하락한 경우에는 기초자산 주가 변동 단위당 채권가격의 변동성, 즉 델타는 작아지게 되므로 전환사채의 쿠폰이자 중심의 수익이 형성됩니다아~. 만기가 되면 당연히 원리금을 수령하게 되고요. 반면에 주식가격이 상승하면 점점 델타가 커지면서 주식 수익과 비슷한 수준으로 수익을 얻게 됩니다아~."

차 과장은 전환사채 투자가 적기임을 강조합니다.

"작년 말에 주가가 많이 떨어져서 현재 델타가 많이 낮아져 있기 때문에 추가로 하락하더라도 주가 하락해도 이 상품 가격 하락 정도는 매우 제한적입니다아~."

신 부장은 기초자산 구성에 대하여 좀 더 알고 싶어 합니다.

"어차피 주식 ETF에 투자한다고 가정했을 때는 업종과 국가별 분포가 중요한데 말이야. 준비된 거 있나?"

차 과장은 기다렸다는 듯이 "예에~, 역시 부장님께서는 김테일이십니다아~. 여기 업종 및 국가별 비중이 나와 있습니다아~. 참고로 이 ETF의 벤치마크는 Bloomberg U.S. Convertibles Liquid Bond Index Total Return Unhedged USD입니다아~(그림 4-80)."

"전환사채 발행 수요는 역시 IT 쪽이 많긴 하구먼. 그리고 전형적인 미국 주식 ETF라고 보면 되겠구나."

"예에~, 맞습니다아~. 소프트웨어를 합친 IT 업종은 흔히 성장주 아니겠습니까아~. 연준이 피봇을 결정한 이상, 금리가 당분간 하락하면서

그림 4-80 CWB 기초자산 업종 및 국가별 비중(2023년 2월 1일 기준)

Top Industry Groups	02/01/23	Top Geographic	02/01/23
Internet	18.39%	U.S.	84.89%
Software	14.40%	Cayman Islands	6.80%
Electric	5.56%	Bermuda	1.70%
Healthcare-Products	5.31%	Jersey	1.20%
Media	4.75%	Panama	1.09%
Biotechnology	4.66%	Canada	1.05%
Banks	4.11%	Israel	1.03%
Pharmaceuticals	3.64%	Liberia	.94%
Computers	3.63%	Luxembourg	.86%
Commercial Services	3.61%	Denmark	.27%

(출처) Bloomberg

DCF를 기반으로 한 이들 회사의 밸류에이션을 높여줄 것으로 예상합니다아~."

차 과장은 확신에 찬 목소리로 신 부장에게 보고하면서도 출구 전략을 잊지 않습니다.

"물론 경기침체가 심각해져서 연준의 의도와 달리 위험자산이 계속 하락할 수 있습니다아~. 그러나 아까도 설명하였듯이 현재는 이들 전환사채의 델타가 매우 낮아서 가격 하락 정도가 제한되어 있습니다아~. 즉 이들 전환사채는 현재 채권의 가격 변화 요소에 더 민감합니다아~. 그런데 금리는 어쨌든 떨어지는 형국이므로 금리 민감도에 따른 가격은 오히려 상승할 수 있습니다아~. 부장님께서는 지금 '꽃놀이패'를 쥐고 계신 겁니다아~. 대단하십니다아~."

신 부장은 투자 결정 전 유동성에 대하여 체크하는 것을 잊지 않습니다.

"차 과장, 이론적으로 아주 좋아. 그러면 이 ETF 유동성은 어떤가?"

"시가총액 약 40억 달러로 저희 부서 가이드라인인 1억 달러를 훨씬 상회합니다아~. 장내에서 수천만 달러를 투자하는 것, 전혀 문제없습니다아~. 벤치마크와의 트래킹 에러도 매우 낮아서 유동성에는 전혀 지장 없다고 봅니다아~."

신 부장은 결정합니다. 비록 주가와 연계하는 상품이라서 살짝 마음이 떨리지만, 연준이 긴축에서 완화정책으로 확실히 돌리겠다고 말한 이상 주가 상승은 시간문제입니다.

"좋아! 차 과장, 2~3차례에 걸쳐서 2,000만 달러를 장내에서 매입하라고."

CWB US Equity(SPIDER Bloomberg Convertibles)

1. 개요
동 ETF는 벤치마크인 Bloomberg U.S. Convertibles Liquid Bond Index Total Return Unhedged USD 수익률을 추구합니다.

2. 운용사
Spider는 State Street 계열로 iShares(BlackRock), Vanguard와 함께 세계 3대 대형 ETF 운용사입니다.

3. 상장일 및 수수료
상장일은 2009년 4월이며, 총 수수료는 투자금의 0.40%으로 높은 편입니다(주식 ETF 패시브 0.10~0.20% 내외).

4. 트래킹 에러
최근 1년 벤치마크 대비 약 1.8%(연환산) 수준입니다.

5. 포트폴리오 구성
발행 시 3억 5,000만 달러 이상, 잔존원금 2억 5,000만 달러 이상으로 잔존만기 1개월 이상 조건의, 미국 법에 따른 공모 및 준공모 전환사채

6. 이런 시장 상황에서 유리해요
경기사이클상 경기침체 후반기(중앙은행의 완화적인 통화정책으로의 변화 시작점)에서 경기확장 국면에서 투자 시 수익을 얻을 확률이 높아집니다.

7. 기간별 수익률(연환산 기준, %, 2023년 2월 말 기준)

1개월	3개월	6개월	YTD	1년	3년	5년
−1.6	1.5	−0.1	4.5	−9.4	9.2	8.9

8. 회사채 ETF 주요 내용(2023년 2월 현재)

구 분	CWB US	GCVB LN	ICVT US
운용사	Spider	Spider	iShares
시가총액	USD 43.1억	USD 10.3억	USD 12.3억
상장일	2009-04-16	2014-10-14	2015-06-04
벤치마크	Bloomberg U.S. Convertibles Liquid Bond	Refinitiv Qualified Global Convertibles	Bloomberg U.S. Convertibles Cash Pay 〉 $250mn Total Return Unhedged USD
Passive?	Yes	Yes	Yes
수수료	0.40%	0.50%	0.20%
업종별(Top4)			
Communications	24.9%	23.9%	26.3%
Technology	21.0%	21.6%	24.4%
Consumer Non-cyclical	18.7%	18.9%	20.4%
Consumer Cyclical	12.2%	13.8%	14.0%
국가별(Top3)			
미국	84.9%	54.1%	84.9%
케이만군도	6.8%		
프랑스		5.0%	8.2%
버뮤다	1.7%		
독일		4.9%	1.9%

이미 최악은 일어났다. 남은 건 상승뿐
SWAN US(2020년 4월 30일)

코로나로 인한 금융시장 붕괴, 그리고 전 세계 주요 중앙은행 및 정부의 과감한 통화 및 재정정책으로 시장은 바닥을 다지고 회복되기 시작하였습니다. 비록 확진자 수는 지속적으로 증가하고 '사회적 거리두기'를 여전히 시행 중이지만, 백신 생산 기대감 그리고 전주 코로나 긴급 재정지출을 미 하원에서 승인하는 등 금융시장은 안정을 찾는 듯한 모습입니다.

외화채권부 전 직원은 2020년 2월부터 비상체제 운영으로 지금까지 밤을 새워 달러 유동성을 확보하고 보유 포트폴리오 손실을 최소화하는 데에 힘을 쏟았습니다. 그러나 손실은 매일 50억 원씩 늘어납니다. 2020년 3월 24일 아침 안예슬 대리는 일일손익 현황을 만들다가 외화채권 손실이 당시 잔액 6억 달러 대비 약 7%인 4,100만 달러, 약 450억 원 수준에 이르렀다고 신 부장에게 보고합니다.

"부장님, 어제 자로 저희 보유 채권 중에 노무라은행, J.P. Morgan 등 주요 해외은행채 7종목이 손절매 가격 이하로 떨어졌습니다. 바로 정리하는 게 낫지 않겠습니까?"

2008년 금융위기 때도 위기 전 미 국채를 대량으로 매수하면서 포트폴리오를 지켜왔고, 이러한 '꼬리 위험'은 '최후의 대부자Last Resort[41]'의 이론에 따라 중앙은행의 과감한 통화정책 등으로 해결해왔음을 신 부장은 잘 알고 있습니다.

---

41 고유의 발권력을 이용, 유동성 위기에 처한 금융기관 앞으로 긴급자금을 지원함으로써 그들의 파산을 막는 중앙은행의 주요 역할임. 2008년 금융위기, 2009년 유로존 재정위기 등에서 연준, ECB 등에서 시행

"안 대리, 이럴 때일수록 침착해야 해. 지금 팔면 손실을 회복할 수 없어. 그래도 두동강 차장이 TAIL US ETF를 사 놔서 그 종목들 손실 정도는 커버가 가능할 거 같은데…. 며칠 더 보자."

안 대리는 "부장님, 지시대로 하겠습니다. 다만 저희가 3일 안에 매각을 하지 않으면 리스크위원회에 손절매 유보 승인을 받아야 합니다. 그것도 같이 진행하겠습니다."

신 부장은 의외로 이런 위기 상황에서 매우 침착해지는 스타일입니다.

"그래, 수고해줘."

그리고 1개월이 지났습니다. 시장이 조금씩 회복되고 포트폴리오 손익도 바닥을 찍고 약 100억 원 상승하는 모습을 보입니다.

'후~ 이제 한 숨 돌린 거 같아!'

신 부장은 그 계기는 손실 최대를 찍은 2020년 3월 24일 새벽에 나온 미 연준의 투자등급 회사채 매입 및 4월 9일의 정크본드와 지방채 매입 등 위험자산에 대한 직접적인 개입 발표가 결정적이었다고 생각합니다. 연준을 신뢰한다면, 이제 위험자산을 투자해도 될 타이밍인 듯싶습니다.

"두 차장, 잠시 시간 되면 나 좀 봅시다."

신 부장은 두동강 차장을 방으로 부릅니다.

"네, 부장님 부르셨습니까?"

"이제 어느 정도 금융시장은 돌아선 거 같은데, 어때?"

회의론자인 두동강 차장은 "부장님, 아직은 섣부른 판단인 거 같습니다. 우선 회사채 매입은 지난 2008년 금융위기 당시에도 '국민의 세금으로 망해가는 회사들을 살리기 위하여 돈을 쓰면 되느냐'고 반대 여론이 컸던 걸로 기억합니다. 과연 연준이 위험자산을 직접 살 수 있을지 의문입니다" 라고 반대합니다.

"연준이 무슨 터키 중앙은행인 줄 아는가? 발표한 내용을 안면몰수하고 바꾸지는 않아."

"부장님, 아직은 TAIL ETF는 들고 가는 게 맞겠습니다."

신 부장은 리더의 덕목은 팀원들의 자율을 보장하고 위임하는 것이라고 믿고 있습니다. 그러면서도 결정적인 순간일 때는 팀원들을 설득하여 본인의 방향대로 가는 것이 중요함을 잘 압니다.

"두 차장, 이미 TAIL은 정점을 찍고 내려오고 있잖나. 국채 금리는 바닥인 데다가 파월 의장이 말했듯이 '연준은 마이너스 금리로 가지 않을 것이다'라고 말하기도 했고 말이야. 좀 더 가지고 있으면 TAIL로 인한 수익은 사라질 거야."

이어서 신 부장은 "그리고 2월에 내가 TAIL ETF 승인한 조건은 10%가 넘으면 분할해서 이익을 시현하라고 말했는데, 아직도 가지고 있으면 뭘 하나. 내가 보기에는 지금 이걸 팔고 회사채를 투자하는 것이 맞는 것 같은데 두 차장은 어떻게 생각해?"

두 차장은 절대 본인의 의사를 굽히지 않는 성격이지만, 최근 위기 동안 완전히 차분해진 그의 목소리에 왠지 설득되어 갑니다.

"네, 부장님. 그러면 TAIL을 절반인 1,500만 달러 리스크 거래를 통하여 매도하고, 대신에 교체매매를 하는 것이 어떻겠습니까? 이걸 편입하면 위험자산의 상승, 하락 모두에 베팅할 수 있는 손익 구조를 만들 수 있습니다."

웬일로 수긍하는 두 차장의 모습에 신 부장은 본인의 논리가 나름 먹혔다고 생각하니 기분이 좋습니다.

"그래, 어떤 상품인가?"

"SWAN이라는 상품입니다. 보유자산은 국채 3년물부터 30년물까지 다양한 비중으로 편입을 하고, 약 10% 내외의 SPY ETF Call Option[42]을 매수하는 포지션입니다(그림 4-81).”

신 부장은 개인적으로 SPY ETF을 하는 관계로 이 ETF 상품에 친숙합니다.

“SPY는 State Street가 운용하는 S&P 500 지수를 벤치마크로 하여 추종하는 대표적인 주식 ETF잖아? 원래는 내가격 옵션이었는데 지금 주가가 워낙 빠져서 자연히 외가격이 된 상태가 된 거네. 그러면 가격 하락보다는 상승 시에 가격 변동성이 올라가서 주가 상승에 유리하겠구먼(그림 4-82).”

“네, 그렇습니다. SWAN하고 TAIL이 비록 옵션의 기초자산은 명목상 다르지만, 실제로는 S&P500이라는 공통점이 있습니다. 100% 정확한 구조는 아니지만, 행사가격이 다른 콜과 풋이 만나는 롱 스트레들Straddle(그림 4-83) 전략을 통하여 위험자산의 상승, 하락 모두에 베팅할 수 있는 손익

그림 4-81 보유 기초자산(2023년 1월 기준)

	Security	Ticker	Source	Position	Pos Chg	% Out	% Net	Curr MV
			All					
1)	US TREASURY N/B	T 3 08/15/52	ETF	64,974	0	.09	22.66	57.75MLN
2)	US TREASURY N/B	T 4 10/31/29	ETF	40,489	0	.12	16.39	41.67MLN
3)	US TREASURY N/B	T 4 3/8 10/31/27	ETF	40,695	0	.09	16.40	41.65MLN
4)	US TREASURY N/B	T 2 3/4 08/15/32	ETF	43,984	0	.04	16.33	41.55MLN
5)	US TREASURY N/B	T 4 1/4 10/15/25	ETF	41,083	0	.10	16.32	41.44MLN
6)	US TREASURY N/B	T 4 3/8 10/31/24	ETF	6,888	0	.02	2.72	6.90MLN
	SPY OPTI CLL OPT 06/23 370	--	MF	1,899	0	.00	3.52	0
8)	December 22 Calls on SPY US Strike 380	N.A.	ETF	0	-2,084	.00	.00	0
9)	June 23 Calls on SPY US Strike 370	N.A.	ETF	0	-1,899	.00	.00	0
10)	Spot	USD Curncy	ETF	0	0	.00	.00	0
	Cash & Other	--	MF	3,485,641	0	.00	1.38	0
	SPY OPTI CLL OPT 12/23 380	--	MF	2,084	0	.00	4.29	0

(출처) Bloomberg

---

42 보유 Call Option은 TAIL ETF와는 달리 기초자산 가격 이하의 '내가격(In-the-money)'이며, 실제 ETF에 미치는 영향은 Option 가치의 7~10배 수준임(ETF 가격 결정의 50~60%). 그러나 2020년 주가 폭락으로 인하여 본 Option은 일시적인 '외가격(Out-of-the-money)' 상태였음

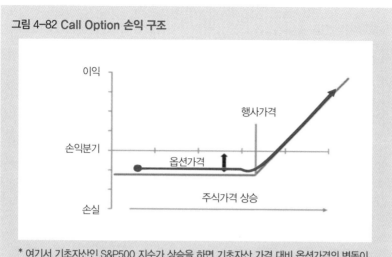

그림 4-82 Call Option 손익 구조

* 여기서 기초자산인 S&P500 지수가 상승을 하면 기초자산 가격 대비 옵션가격의 변동이
가팔라지게 되면서 붉은색 화살표 방향대로 기초자산의 가격 변화의 100%를 따르게 됨

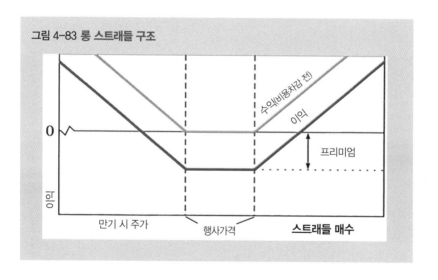

그림 4-83 롱 스트래들 구조

구조를 만들 수 있습니다."

두 차장은 이어 말합니다.

"SWAN에는 단기물부터 장기물까지 국채 금리 상승 위험에 노출되어

있습니다만, 현 팬데믹이 매우 불확실하여 경제 정상화까지 시간이 걸릴 거 같습니다. 연준은 기준금리를 당분간 제로금리로 유지할 가능성이 큽니다. 금리 상승 가능성은 아직 보이지 않습니다."

신 부장은 정리합니다.

"자, 이 ETF 상품에 들어가 있는 미 국채는, 현재 금리 상승 위험에 노출되어 있지만 금리 상승 가능성이 낮고, 나머지 S&P500을 추종하는 SPY의 Call Option 매수 포지션은 일시적으로 외가격으로 밀려 있어 주가 하락에 따른 손실은 제한되어 있는 반면에, 주가가 상승하면 등가격(행사가격과 기초자산의 가격이 일치하는 수준) 및 내가격으로 진입하여 그 상승 속도가 빨라진다는 거네."

두 차장이 미소를 지으며 "예, 맞습니다. 부장님" 하며 대답합니다.

"좋아, 1,500만 달러 매수하도록 해. 이제 본격적으로 돈을 벌, 경기 바닥 시점이란 말이지? 하하하하하!"

SWAN US Equity(Amplify BlackSwan Growth & Treasury Core ETF)

1. 개요
동 ETF는 미 국채 금리 하락 및 S&P500 상승 시 수익을 얻는 상품입니다. 과거 안전자산과 위험자산 간에는 음의 상관관계가 성립하였으나, 2008년 금융위기 이후 주요 선진국의 양적완화 후 금리 하락과 위험자산 상승이 동시에 발생하는 양의 상관관계가 성립합니다. 이를 이용하여 수익을 얻고자 하는 구조로 만들었습니다. 벤치마크는 S-Network BlackSwan Core Total Return Index입니다.

2. 운용사
Amplify는 약 42억 달러 규모를 운용하는 ETF 운용사로, 주요 테마는 위험 헤지, 성장주, 배당 등 안정적인 수익 등을 바탕으로 상품을 설계합니다. 대표적인 상품으로는 SWAN, BATT(배터리, 리튬 생산 기업 주식) 등이 있습니다.

3. 상장일 및 수수료
상장일은 2018년 11월이며, 총 수수료는 투자금의 0.49%입니다.

4. 시가총액
USD 2억(약 2,400억 원)입니다(2023년 2월 기준).

5. 트래킹 에러
최근 1년 벤치마크 대비 0.4% 수준입니다.

6. 포트폴리오 구성
미국 국채(91%), SPY US(Spider S&P 500 ETF) Call Option

7. 이런 시장 상황에서 유리해요
중앙은행의 통화정책 피봇으로 완화적인 정책으로 바뀔 때, 금리 하락 및 주식시장 상승을 기대할 수 있습니다. 전통적인 채권 및 주식의 음의 상관관계에서, 최근 10여 년간 완화적인 통화정책이 시작될 때 양의 상관관계로 바뀌면서 동 상품은 수익을 얻을 수 있습니다. 단 경기가 본격적으로 확장이 될 경우부터는 포지션을 줄이는 것이 좋습니다.

8. 기간별 수익률(연환산 기준, %, 2023년 2월 말 기준)

1개월	3개월	6개월	YTD	1년	3년	5년
−4.4	−3.9	−7.2	0.7	−21.3	−2.7	

2023년, 우리는 경기사이클의 어디에 서 있는가?

40여 년 만에 찾아온 인플레이션 시대. 2022년 한 해는 2008년 리먼브라더스 파산으로 시작한 금융위기 이후, 위기를 극복하는 과정에서 나타난 저금리, 저물가라는 한 시대의 종언을 고하는 시기였습니다. 주식, 채권 등 주요 자산 수익률은 마이너스, 마이너스, 마이너스였습니다.

2022년 자산군별 수익률

주식(MSCI World Index): −19.5%

채권(Bloomberg Barclays Aggregate): −13.0%

부동산(iShares Global REITs ETF): −24.1%

그리고 2023년을 맞이한 지금, 투자 방향을 두고 갑론을박이 한창입니다. 2년 미 국채가 2021년 말 0.7%에 불과했던 금리가 2023년 2월 말 4.8%을 상회한 것을 두고, 이미 높아질 대로 높아진 채권 금리 매력도를 감안하여 채권 매입을 늘리자는 의견과 여전히 뜨거운 노동시장, 높은 인플레이션을 감안하면 아직 시기상조이며 현금 중심의 보수적인 투자가 바람직하다는 의견 등으로 나눠져 있습니다.

연준은 3번의 자이언트 스텝(기준금리 75bp 인상)을 포함한 강력한 긴축 정책을 펼쳤음에도 불구하고, 뜨거운 고용시장 및 인플레이션이 좀처럼 가라앉지 않고 있습니다. 그러나 경기침체의 바로미터라고 간주하는 10년 국채와 기준금리 간 역전 현상이 시작되었고, ISM 제조업 지수가 50을 하회하는 등 경기사이클은 경기가 정점에 이르러 하강하는 모습을 보이기도 합니다. 연준이 고민하는 지점이 여기라고 봅니다.

2023년, 경기가 어느 방향으로 향하고 인플레이션이 잡혀서 하락하며 고용시장이 냉각될지는 아무도 모릅니다. 그러나 현재 우리가 어느 위치에 있는지는 알고 있어야 합니다. 채권 금리는 연준이 밝힌 제약적 수준인 5.1% 근처까지 상승하였고, 실업률을 대표하는 고용지표가 후행지표라는 점, 그리고 인플레이션이 어쨌든 정점을 찍고 내려오고 있습니다. 따라서 현재 경기사이클은 정점에서 경기침체로 향하는 변곡점에 있다고 합리적인 추론이 가능합니다. 따라서 장기적인 관점에서 이자수익 중심의 채권투자는 현재 경기사이클상에서 바람직한 투자 전략으로 판단합니다.

한 가지 덧붙이고 싶은 것은, 단순히 채권을 투자하여 금리 하락, 스프레드 축소에 기대하는 상황은 경기사이클 중에 극히 일부 기간에 국한한다는 점입니다. 때로는 2008년이나 2020년 같은 Tail risk가 발생할 수도 있고, 2021년 같은 경기확장국면을 만날 수도 있다는 점입니다. 이 글을 읽으신 독자 여러분께서는 어떠한 경기사이클에서도 돈을 벌 수 있어야 합니다. 그 부분에서 여러분이 다양한 전략을 대표하는 해외채권형 ETF를 정확하게 이해하고 투자에 적용했으면 합니다.

영국의 역사가인 E. H. 카는 '역사는 과거와 현재의 끊임없는 대화'라고 말했습니다. 과거의 경기사이클이 항상 똑같이 반복되는 것은 아니지만, 과거에 높은 투자 성과를 보인 상품이 현재 유사한 사이클에서 어떻게 적용하여 투자할 수 있는지를 고민하고, 높은 투자 성과를 거두길 바라는 마음뿐입니다.

20년 차 신 부장의 채권투자 이야기

초판 1쇄 발행 2023년 6월 30일
초판 2쇄 발행 2023년 11월 20일

지은이   신년기
펴낸이   임충진

펴낸곳   지음미디어
출판등록   제2017-000196호
전화   070-8098-6197
팩스   0504-070-6845
이메일   ziummedia7@naver.com
ISBN   979-11-980673-4-0 03320

값 23,000원

ⓒ 신년기, 2023